Anne Deremetz
Die BDSM-Szene

Die Reihe »Angewandte Sexualwissenschaft« sucht den Dialog: Sie ist interdisziplinär angelegt und zielt insbesondere auf die Verbindung von Theorie und Praxis. Vertreter_innen aus wissenschaftlichen Institutionen und aus Praxisprojekten wie Beratungsstellen und Selbstorganisationen kommen auf Augenhöhe miteinander ins Gespräch. Auf diese Weise sollen die bisher oft langwierigen Transferprozesse verringert werden, durch die praktische Erfahrungen erst spät in wissenschaftlichen Institutionen Eingang finden. Gleichzeitig kann die Wissenschaft so zur Fundierung und Kontextualisierung neuer Konzepte beitragen.

Der Reihe liegt ein positives Verständnis von Sexualität zugrunde. Der Fokus liegt auf der Frage, wie ein selbstbestimmter und wertschätzender Umgang mit Geschlecht und Sexualität in der Gesellschaft gefördert werden kann. Sexualität wird dabei in ihrer Eingebundenheit in gesellschaftliche Zusammenhänge betrachtet: In der modernen bürgerlichen Gesellschaft ist sie ein Lebensbereich, in dem sich Geschlechter-, Klassen- und rassistische Verhältnisse sowie weltanschauliche Vorgaben – oft konflikthaft – verschränken. Zugleich erfolgen hier Aushandlungen über die offene und Vielfalt akzeptierende Fortentwicklung der Gesellschaft.

BAND 13
ANGEWANDTE SEXUALWISSENSCHAFT
Herausgegeben von Ulrike Busch, Harald Stumpe,
Heinz-Jürgen Voß und Konrad Weller
Institut für Angewandte Sexualwissenschaft
an der Hochschule Merseburg

Anne Deremetz

Die BDSM-Szene

Eine ethnografische Feldstudie

Psychosozial-Verlag

Bibliografische Information der Deutschen Nationalbibliothek
Die Deutsche Nationalbibliothek verzeichnet diese Publikation
in der Deutschen Nationalbibliografie; detaillierte bibliografische Daten
sind im Internet über http://dnb.d-nb.de abrufbar.

Originalausgabe

E-Mail: info@psychosozial-verlag.de
www.psychosozial-verlag.de

Umschlagabbildung: BDSM-Emblem © Fotolia
Umschlaggestaltung & Innenlayout nach Entwürfen von Hanspeter Ludwig, Wetzlar
Satz: metiTec-Software, me-ti GmbH, Berlin, www.me-ti.de
ISBN 978-3-8379-2812-9 (Print)
ISBN 978-3-8379-7420-1 (E-Book-PDF)
ISSN 2367-2420

Inhalt

Einleitung

Es ist 19:45 Uhr an einem Samstag. Die heutige Veranstaltung fängt zwar erst um 21:00 Uhr an, aber die Vorbereitungen dafür beginnen natürlich immer etwas früher: TANOS kümmert sich um das grobe Setting und ATHIA um die Gäste, sprich: um die Organisation. Mein Aufgabenbereich ist der Tresen und der Ausschank. Ich bereite die Sektgläser vor, denn heute gibt es für jeden Gast einen Prosecco zur Begrüßung gratis. Generell sind die Getränkepreise an die der regionalen Bar- und Kneipenkultur angepasst. Ich treffe hier und da noch einige Vorbereitungen und stimme mich langsam auf den Abend ein. ATHIA berichtet von etwa 80 Anmeldungen, wobei sie stets davon ausgeht, dass zehn Prozent davon erst gar nicht auftauchen. Manchmal herrsche so richtiges An- und Abmeldechaos, sagt sie. Wie üblich gibt es auch heute Abend einen Dresscode: die Kleidung sollte außeralltäglich sein – gerne frivol, gerne modisch der Szene entsprechend, gerne elegant. Auf den einschlägigen Internetseiten weisen die Veranstaltenden auch stets darauf hin, dennoch gibt es hin und wieder Spielende – und nicht nur Neulinge – die diese Regel scheinbar nicht kennen oder unbeachtet lassen: »Na ja, dann geht man halt hin und spricht sie darauf an. Im Zweifelsfall haben sie noch was anderes dabei, oder man lässt es durchgehen, oder sie dürfen gehen«.

Das heutige Event ist eine gängige Play-Party: offen für alle Fetische, Neigungen und Rollenverständnisse, die sich innerhalb des Begriffes *BDSM* finden und ausleben lassen können. Viele Gäste unterhalten sich an diesem Abend über die Verfilmung der Roman-Trilogie von *Fifty Shades of Grey* von E. L. James, die aktuell in den Kinos läuft. Der Film löst doch einige Entrüstung unter den Anwesenden aus: Das, was dort als BDSM gezeigt werde, sei noch lange kein BDSM. Es werde ganz anders dargestellt, als es eigentlich sei. Ich stelle mir die Frage, was eigentlich genau mit dem Begriff BDSM gemeint ist.

Das Akronym BDSM setzt sich aus den Wörtern *Bondage & Discipline* (B & D), *Dominance & Submission* (D/S) und *Sadism & Masochism* (SM) zusammen. Man kann sie zunächst als Teildisziplinen, als Spielpraktiken, als Beziehungsstruktur aber auch als Teil eines Lebensstiles ansehen. Ein Konsens besteht bisher jedenfalls darin, dass BDSM als ein Agglomerat sozialer Praktiken verstanden werden kann, die allesamt etwas mit dem Spiel um und mit Macht, Kontrolle, Gewalt und Sexualität zu tun haben.

BDSM kann aus den unterschiedlichsten Perspektiven betrachtet werden. In einer ersten allgemeinen Annäherung an das Thema mag BDSM als gesellschaftliche Subkultur oder als Szene Wahrnehmung finden. BDSM kann aber auch als Produkt sozialer Interaktionen verstanden werden, die zwischen zwei oder mehreren Akteur*innen stattfinden.

Von außen betrachtet mag BDSM auf den Einen oder Anderen durchaus fremd, womöglich unalltäglich und dadurch *unnormal* oder auch *pervers* wirken – und allzu sehr wird BDSM im Alltagsgebrauch mit einer gewissen Anrüchigkeit assoziiert – ja sogar als *abnormal* oder auch als *krank* bezeichnet. Mediale Vermittlungen von BDSM – als eine solche wird die oben beschriebene Verfilmung verstanden – würden gerade *nicht* über *richtiges* BDSM aufklären, sondern im Gegenteil die bereits vorhandenen Klischees weiter verstärken.

Welche verschiedenen Betrachtungen und Perspektiven auf BDSM können überhaupt eingenommen werden? Worin unterscheiden sich diese Perspektiven und was haben sie gemeinsam? Zunächst mag der Gedanke intuitiv einleuchtend erscheinen, BDSM als ein ungeordnetes Sammelsurium aller möglichen sexuellen wie non-sexuellen Paraphilien und Perversionen zu behandeln. Doch auf den zweiten Blick ist diese Betrachtungsweise unzureichend: BDSM konstituiert sich innerhalb unterschiedlichster Vergemeinschaftungsformen und produziert dabei seine jeweils eigenen Regeln und Normen und somit auch sein jeweils *eigenes* abweichendes Verhalten – kurz gesagt: BDSM stellt sich als eine eigene Wissensordnung mit eigenen Regeln und Normen dar. Dieses Wissen kreist um die Themen Macht, Gewalt, Sexualität etc. Gerade diese Themen scheinen ein gewisses soziales Konfliktpotenzial zu besitzen. Wie lebt man Macht und Gewalt über einen anderen Menschen aus, wenn diese Themen zunehmend aus der Öffentlichkeit exkludiert werden? Wie setzt man aggressive, menschliche Triebe in erlaubte soziale Formen um, wenn Gesellschaften zunehmend Gewaltfreiheit und Frieden postulieren? Die Frage nach sozialen Umgangsformen mit den hier genannten Thematiken stellt sich für gegenwärtige Gesellschaftsdiagnosen dabei als unmittelbar relevant heraus. Gerade BDSM-Praktiken – mit ihrer Betonung von und ihrem Umgang mit asymmetrischen Macht-Beziehungen[1], Gewalt und Sexualität – können wesentlichen Aufschluss darüber geben, wie diese Themen von verschiedenen gesellschaftlichen Ordnungen behandelt werden:

> »Sadomasochism directly touches and sometimes embarrassingly illuminates the degree to which hierarchy, with the immediate implication of power and control, permeates virtually all aspects of social life. Aspects of social life that claim for themselves an egalitarian character tend to do so with a self-consciousness that announces its intention to avoid hierarchy. It is love, for example, that is supposed to have the power to level all, though the same folk psychology just as easily admits to an inevitable appearance of the dominant and dominated, even when gender does not predict all outcomes« (Simon, 1996, S. 129f.).

Gesellschaftliches Unbehagen, mediale Skandalisierungen über BDSM und dessen Etikettierung als *abweichend* oder sogar als *pervers* erscheinen dabei als einige von vielen möglichen Umgangsweisen mit nicht zur gesellschaftlichen Ordnung gehörenden Themen und sozialen Praktiken:

> »Folge der modernen Vorgehensweise ist Intoleranz gegenüber allem nicht der Ordnung Anpassbarem. An dieser Stelle muss man sich klarmachen, dass es der *Fremde* ist, durch den die Moderne sich in ihren Ordnungsbemühungen bedroht sieht. […] Der Fremde bedroht die Vergesellschaftung« (Kron, 2002, S. 219 [Hervorheb. im Orig.]).

Aber auch gegenteilige Umgangsweisen sind möglich: So lässt sich heutzutage beispielsweise auch eine breitere gesellschaftliche Akzeptanz oder zumindest Toleranz gegenüber sexuellen Paraphilien wie BDSM erkennen – sie werden als normaler, womöglich gängiger betrachtet und verlieren teilweise sogar ihre negative Konnotation. Postmoderne Theoretiker haben sich mit der Frage moderner – bzw. postmoderner – sozialer Ordnung insofern auseinandergesetzt, als einige von ihnen eine Art Paradigmenwechsel in den gesellschaftlichen Idealen und somit eine vonstattengehende Veränderung der etablierten Ordnung vermuten:

> »Man könnte sagen: Ein neuer theoretisch-ideologischer Konsens zeichnet sich ab, der einen anderen, über hundert Jahre alten, ablösen soll. Waren sich zu Zeiten der Moderne Linke und Rechte, Progressive wie Reaktionäre darin einig, daß Fremd-

1 Auf diese Thematik werde ich im Weiteren noch näher eingehen.

> sein anormal und bedauerlich sei und daß es in der überlegenen (weil homogenen) Ordnung der zukünftigen Welt keinen Platz für Fremde geben werde, so kennzeichnet die postmodernen Zeiten eine fast generelle Übereinstimmung darüber, daß Differenz nicht nur unvermeidlich, sondern gut, wertvoll, schützens- und kultivierenswert sei« (Bauman, 1999, S. 59).

Im Zuge vermeintlicher postmoderner Liberalisierungstendenzen sind somit auch die Themen Macht, Gewalt und Sexualität alten wie neuen Umgangsformen unterworfen. So stellen sich Normalisierungsbestrebungen neben Tabuisierungen, treten zumeist sogar zeitgleich auf. Für das Thema Sexualität proklamiert beispielsweise Volkmar Sigusch in seinem Buch *Neosexualitäten* (2005) die Annahme, dass sich im Zuge der sexuellen Revolutionen und Befreiungen neue Formen von Sexualität, Intimität und Geschlecht herausbilden, dass also gegenwärtig eine neosexuelle Revolution stattfinde, die neue Freiräume für die individuelle Sexualität schaffe: »Dadurch, dass inzwischen Vorlieben und Sonderbarkeiten, die früher als unaussprechlich und pervers galten, öffentlich nachhaltig verhandelt worden sind, hat sich die Grenze zwischen Normalität und Anormalität, zwischen Privatheit und Öffentlichkeit beträchtlich verschoben« (Sigusch, 2005, S. 101).

Die postmoderne Verhandlungsmoral passt zu einer gegenwärtigen sozialwissenschaftlichen Diskursperspektive: BDSM wird zum Gegenstand gesellschaftlicher Aushandlung der Themenbereiche Macht, Sexualität, Gewalt etc. BDSM kann dabei als Produkt interaktiver Aushandlungsprozesse verstanden werden. Gerade diejenigen Praktiken und Begriffe, die mit dem Etikett BDSM versehen werden, scheinen einem anhaltenden Diskurs über deren Einteilung in *normal* und *nicht-mehr-normal* unterworfen zu sein:

> »Sicher, die Inszenierung von Macht und Gewalt im SM wird aufgrund der Verhandlungsmoral überhaupt erst legitimierbar. Da aber originär als undemokratisch geltende Elemente wie Macht, Gewalt, Schmerz, zentrale Elemente der SM-Sexualität sind, entsteht (nicht nur) für den SM-Bereich ein Legitimationsproblem« (Wagner, 2014, S. 26).

Wenn man den Begriff SM – und später dann BDSM[2] – im Laufe seiner Entwicklung weiter betrachtet, so war und ist er auch heutzutage Gegenstand unterschiedlicher Diskurse und Diskursivierungen. Beide Begriffe – die später noch näher erläu-

2 Elisabeth Wagner arbeitet heraus, dass die Verwendung von BDSM den Begriff *SM* zunehmend ablöst (vgl. hierzu Wagner, 2014, S. 21–56).

tert werden – scheinen innerhalb der Diskussionen über *normale* und *nicht-mehr-normale* Formen menschlicher Sexualität vorherrschend wahrnehmbar zu werden. Dazu gesellen sich die gesellschaftlichen Diskurse über Gewalt und Macht – vor allem die im BDSM gelebte Asymmetrie von Macht. Es geht also um gesellschaftliche Grenzziehungen und um die Etikettierung sozialer Praktiken in *noch*-normal und nicht-mehr-normal. Die BDSM-Szene[3] kann dabei als *exemple par excellence* einer solchen Grenzziehung betrachtet werden, verbindet sie doch die Themen Gewalt, Macht und Sexualität miteinander zu solchen institutionalisierten sozialen Praktiken, die auch heute noch als deviant bezeichnet und negativ etikettiert werden und somit von einer allgemeinen sozialen Ordnung weiterhin ausgeschlossen bleiben. In der BDSM-Szene zeichnet sich eine gesellschaftliche Schnittstelle zwischen Normalität und *Nicht-Normalität* ab – doch zwischen beiden Begriffen liegt die Szene nur bedingt: Sie liegt zwischen denjenigen Normen und Regeln, die sie sich selbst setzt und denjenigen Grenzen, die ihr von außen gezogen werden.

Wie kann man das Phänomen BDSM fassbar machen? Welche verschiedenen Betrachtungsweisen auf BDSM können dabei herausgearbeitet werden? An dieser Stelle wird es darum gehen, von den hier bereits angedeuteten äußeren Perspektiven auf BDSM zu einer Innenperspektive zu gelangen, die ich mittels einer explorativen Feldforschung einzunehmen versuche. Expliziter interessiert mich dabei vor allem, welches Wissen sowohl innerhalb als auch außerhalb der Szene über BDSM produziert wird, welche Regeln und Normen es innerhalb der BDSM-Szene überhaupt gibt und vor allem, welche Folgen ihre Überschreitung mit sich bringt – wer hätte bei äußerer Betrachtung schon angenommen, dass *heterosexueller Geschlechtsverkehr* plötzlich einen anrüchigen Beigeschmack bekommen kann? Dass es nicht *Ladies first*, sondern *Subbies last* bedeuten kann und dass man tatsächlich Lust- von Schmerzensschreien unterscheiden kann?

Antworten auf diese Fragen soll die vorliegende Analyse geben. Sie entstand im Rahmen einer nebenberuflichen Anstellung als Barkeeperin bei verschiedenen BDSM-Events. Durch diese Tätigkeit konnte ich einen intensiven Einblick in die Innenperspektive bekommen.[4]

3 In diesem Buch wird BDSM einerseits in Form der Szene-Vergemeinschaftung, andererseits als Agglomerat sozialer Praktiken behandelt. Eine Kategorisierung von BDSM wird später noch stattfinden.

4 An dieser Stelle bedanke ich mich vor allem bei meinen Kolleg*innen sowie bei T. und A. für ihre Unterstützung und ihre Toleranz, für die Möglichkeit, an mir bis dahin noch unbekannten Lebensentwürfen und Erfahrungen teilhaben zu dürfen und für den Einblick in eine weitere Facette sozialen Miteinanders.

Die Vorgehensweise gestaltet sich dabei wie folgt: Nach der Einleitung werden die zugrunde liegenden sozialtheoretischen und methodologischen Haltungen zum Forschungsfeld vorgestellt. Sie sind insofern von Bedeutung, als damit die wissenschaftliche Ausrichtung erfolgt, mit welcher der Forschungsgegenstand BDSM betrachtet und angegangen wird. Sie sind zudem grundlegend, um eine erste äußere Perspektive auf das Thema BDSM einnehmen und die getroffenen Überlegungen und Annahmen nachvollziehen zu können. Die sozialtheoretische Verortung ist dabei nicht als Hypothesenbildung zu verstehen, sie soll lediglich den Blick auf das Feld rahmen. Aus dieser Haltung heraus wird sich die Perspektive auf den Forschungsgegenstand weiter verengen, indem aufgezeigt wird, welche Perspektiven die bisherige Forschung über BDSM eingenommen hat und welche Haltung den aktuellen Stand der Forschung darstellt.

Anschließend steht – als notwendiger Exkurs – die Unterscheidung soziologischer Analyseebenen im Fokus, also die Einordnung von BDSM als ein Phänomen auf verschiedenen sozialen Ebenen: BDSM als Subkultur, BDSM als Szene und BDSM als Agglomerat interaktionistischer Praktiken. Die Analyseebene konzentriert sich dabei auf BDSM-Praktiken innerhalb der BDSM-Szene.

Im Anschluss wird die äußere Rahmung von BDSM abgeschlossen und es werden sich erste konkrete Fragen an den zu untersuchenden Gegenstand formieren. Diese Fragen leiten dabei einen Übergang von den äußeren zu inneren Perspektiven auf das Thema BDSM ein.

Der Übergang von der Außen- zur Innenperspektive kennzeichnet sich durch die Beschreibung der methodischen Vorgehensweise. Ziel ist es, durch einen Zugang zum konkreten Forschungsfeld eine erste innere Perspektive auf das Thema BDSM zu generieren, BDSM also in der Praxis beobachten und analysieren zu können. Der Feldzugang ist dabei ein explorativ-ethnografischer und verbindet sich mit der Methode der teilnehmenden Beobachtung durch berufliche Eingliederung zu einer ersten inneren Wahrnehmung auf das Thema BDSM. Die zu analysierenden Situationen sind dabei BDSM-spezifische Events, die durch die Erhebung von Daten aus teilnehmender Beobachtung, Gesprächen, Beobachtungsprotokollen, problemzentrierten Experteninterviews sowie eigener Recherche konstituiert und erschlossen werden.

Dem tatsächlichen Feldzugang vorgelagert wird zunächst ein allgemeiner Überblick über das Thema BDSM gegeben. Dabei werden relevante Begrifflichkeiten und Elemente von BDSM vorgestellt und erläutert und insbesondere einzelne BDSM-Situationen in den Blick genommen.

Für die darauffolgende Analyse wurden dann fünf verschiedene BDSM-Events in einer spezifischen Örtlichkeit ausgesucht und auf ihre Gemeinsamkeiten und Unterschiede hin untersucht. Die Beschreibung der Örtlichkeit kann dabei als *topologische Rahmung* oder Eingrenzung der Events verstanden werden, also architektonische oder räumliche Restriktionen und Besonderheiten, die einen Einfluss auf die Organisation und Realisierung der einzelnen Events haben können. Die Hausordnung der Örtlichkeit stellt dabei die *normative Rahmung* dar. Sie ist letztlich für alle Events gleich bindend. Aufbau und Ablauf der einzelnen Events werden durch die *strukturelle* und *organisatorische Rahmung* dargestellt. Aufbau, Ablauf und spezifische Eventregeln sind dabei abhängig von dem jeweiligen Eventthema sowie von den Organisator*innen der Events.

All diese Rahmungen werden dezidiert betrachtet. Dies geschieht durch die konkrete Erläuterung der einzelnen Events. Die strukturelle sowie die organisatorische Rahmung wurden insbesondere mittels problemzentrierten Experteninterviews bearbeitet, analysiert und ausgewertet. Die Befragten sind dabei allesamt Organisierende der hier ausgewählten BDSM-Events. Ich siedle das Sampling meiner Untersuchung auf der institutionellen Ebene an – also organisational, wenn man so will. Demnach repräsentieren die Interviewten in dieser Untersuchung die institutionelle oder organisatorische Rahmung von BDSM-Events.

Die Datenanalyse und Auswertung erfolgt teilweise mit dem methodologischen Ansatz der *Grounded Theory* (1996) nach Anselm Strauss und Juliet Corbin, der zur Genese weiterer Fragestellungen an das Feld dient.

Zum Schluss geht es um ein mögliches Explanans in Form einer verdichteten These. Die generierte These öffnet wiederum die eingenommene Innensicht und soll explizit neue Perspektiven auf das Feld zulassen, die in einem Fazit und Ausblick auf mögliche gesellschaftliche Entwicklungen und Trends dargestellt werden.

Sozialtheoretische und methodologische Ausrichtung

> »Alle Gesellschaften produzieren Fremde, doch jeder Gesellschaftstyp seine eigene Art und auf eigene, unnachahmliche Weise. […] Während sie ihre Grenzen zieht und ihre kognitiven, ästhetischen und moralischen Landkarten entwirft, gebiert eine Gesellschaft zwangsläufig Menschen, die Grenzlinien verdecken; Grenzlinien, die diese Gesellschaft als unverzichtbar für ihr geordnetes und/oder sinnvolles Leben erachtet, und jenen Menschen wirft man deshalb vor allem vor, ein überaus schmerzhaftes, schier unerträgliches Gefühl des Unbehagens zu erzeugen.«
>
> *Bauman (1999, S. 35)*

Die vorliegenden Untersuchungen basieren in ihrer theoretischen und methodologischen Ausrichtung auf sozialkonstruktivistischen sowie diskurstheoretischen Annahmen, die sich in der Vorgehensweise der ethnografischen Feldforschung unter Beachtung ihrer vorgelagerten sozialtheoretischen Forschungstraditionen verbinden und realisieren.

Die hier vorgestellten Thesen werden im Folgenden näher beschrieben und in ihre sozialwissenschaftlichen und soziologischen Theorieströmungen eingebettet. Dabei werden wichtige Begrifflichkeiten erklärt und die eingenommene Haltung zum Forschungsfeld verständlich dargestellt. Dieses Kapitel ist jedoch nicht als Erläuterung oder Aufzählung verschiedener sozialwissenschaftlicher Denkrichtungen zu verstehen. Die Beschreibung der theoretischen Ansätze wird kurzgehalten und dient lediglich dazu, die eingenommene Haltung zum Untersuchungsgegenstand zu rahmen und nachvollziehbarer zu machen.

In diesem Zusammenhang wird Wirklichkeit als soziales Konstrukt begriffen. Gesellschaft ist somit als soziales Miteinander zu betrachten, das sich durch soziale Interaktionen konstituiert. Aus diesen Interaktionen emergiert ein bestimmtes Wissen innerhalb einer bestimmten Ordnung. Diese Ordnung ist dabei innerhalb einer Rahmung[5] oder auch Begrenzung vorstellbar, in der bestimmte

---

5 Der Begriff des Rahmens wird insbesondere von Erving Goffman herausgearbeitet und zu einer eigenständigen Analysemethode weiterentwickelt. Diese Analysemethode wird

soziale Praktiken und Interaktionen ablaufen. Die gedachte Rahmung bildet eine Begrenzung zu all jenen Praktiken und Interaktionen, die dieser Ordnung nicht angehören. Die bestehenden Grenzen bilden somit Zugehörigkeiten und Nicht-Zugehörigkeiten heraus, die interaktionistisch ausgehandelt und mittels sozialer Kontrollformen aufrechterhalten werden.

Um für alle ihre Mitglieder bindend zu sein, muss die Ordnung als stabil erfahrbar sein – sie ist somit aber nur bedingt an äußere Umweltbedingungen oder innere Dynamiken anpassungsfähig. Dennoch ist die Aktualisierung ihrer Grenzen für ihr weiteres Bestehen unabdingbar. Eine Möglichkeit der Aktualisierung dieser bestehenden Ordnung ist in den Begriffen des Diskurses und der Diskursivierung zu sehen: Diejenigen sozialen Praktiken, die in diese Ordnung fallen und auch diejenigen, die dieser Ordnung nicht angehören, werden diskursiv konstituiert, das heißt, sie werden zum Gegenstand gesellschaftlicher Thematisierung und unterliegen somit der Aushandlung. Die diskursive Herstellung von Ordnung ist letztlich der ständigen Aktualisierung unterworfen. Man kann dieses Verfahren somit als diskursiven Aushandlungsprozess dessen verstehen, was momenthaft als *normal*, *wirklich*, *richtig* etc. bezeichnet wird und was nicht.

Die Hervorbringung und Einbettung dieser Thematiken in bestimmte Diskurse geschieht in Form der Diskursivierung. Unter diesem Begriff kann man den Prozess verstehen, der die jeweiligen Thematiken zum Gegenstand macht – diese also in die Diskurse inkludiert oder exkludiert. Dabei resultiert die Vergegenständlichung der Thematiken darin, sie gesellschaftlich sowohl sichtbar als auch nicht sichtbar zu behandeln oder werden zu lassen. Der mediale Skandal wäre ein Beispiel für die diskursive Sichtbarmachung, die Tabuisierung sozusagen ein Beispiel für diskursive *Verschleierung* oder Unsichtbarmachung. Die Diskursivierung ist somit als eine von mehreren möglichen sozialen Kontrollformen zu verstehen. Diskursivierungen tragen

als *Rahmen-Analyse* aber auch als *Frameanalyse* oder *frame analysis* bezeichnet. Die Rahmenanalyse kann als Weiterentwicklung des sozialwissenschaftlichen Paradigmas des Symbolischen Interaktionismus der Chicagoer Schule angesehen werden, die sich insbesondere auf mikrosoziologischer Ebene mit unterschiedlichen sozialen und kulturellen Deutungsmustern in sozialen Interaktionen befasst. Es geht dabei um die Aufdeckung dieser Deutungsmuster, die der jeweiligen Situation ihren Sinn, ihre Bedeutung und dadurch die Möglichkeit ihrer Decodierung ermöglichen. Die Analyse dieser *gerahmten* Situation geht insbesondere auf das Konzept der *sozialen Situation* nach William Thomas (1923) zurück (vgl. hierzu vor allem die Arbeiten zur Rahmen-Analyse von Goffman, 1977; zum Begriff der Situationsdefinition vgl. Thomas, 1923).

dazu bei, gesellschaftliche Thematiken zu ordnen, zu verwalten, zu regulieren etc.

Eine Form der Diskursivierung, die hier eine besondere Betrachtung finden soll, ist die *Normalisierung*. Unter Normalisierung kann der diskursive Prozess verstanden werden, bestimmte soziale Praktiken aus dem bisher exkludierten Bereich der Ordnung umzudeuten, um sie der bestehenden Ordnung integrieren zu können. Dabei erfährt die jeweilige soziale Praktik nicht nur eine soziale Umetikettierung (z. B. von *pervers* zu *normal*) die Praktik selbst wird gegebenenfalls angepasst, womöglich sogar abgemildert. Man könnte diesen Prozess auch als das *Gesellschaftsfähig-Machen* einer sozialen Praktik bezeichnen.

Dieser kurze Abriss der hier zugrunde liegenden sozialwissenschaftlichen Ausrichtung wird im Weiteren in seine einzelnen Komponenten zerlegt und näher beschrieben und erläutert werden.

Ethnografische Feldforschung

Wie lässt sich der oben beschriebene und angenommene Aushandlungsprozess einer bestimmten sozialen Ordnung nun erkunden und analysieren? Letztlich sind doch die Bemühungen um die Herstellung und Aufrechterhaltung der sozialen Ordnung selbst als soziale Praktiken zu begreifen. Auch sie unterliegen einer gewissen Ordnung innerhalb bestimmbarer Grenzen. Die Grundhaltung der ethnografischen Feldforschung trägt diesem Umstand insofern Rechnung, als sie von der Annahme ausgeht, dass soziale Praktiken nur innerhalb ihrer zugewiesenen Ordnung *normal* oder reibungslos ablaufen können. Eine Veränderung der Situation (z. B. durch Verlagerung in eine künstlich hergestellte Laborsituation) bringt eine Veränderung des Verhaltens der Einzelnen sowie eine Ab- oder Veränderung des Untersuchungsgegenstandes mit sich, also derjenigen sozialen Praktiken, welche die Forscher*innen eigentlich interessieren. Aus der Sicht der Feldforschung sollen sie sich daher dorthin begeben, wo diese Praktiken stattfinden: ins Feld selbst (vgl. Mayring, 2002, S. 54f.). Die Feldforschung geht also von der simplen Annahme aus, dass der Berg nicht zum Propheten kommt, sondern der Prophet den Berg aufsuchen muss.

Die Vorgehensweise der Feldforschung hat sich mit der Etablierung als wissenschaftliche Disziplin zunehmend systematisiert. Es steht dabei nicht die Analysemethode – also das Werkzeug – im Vordergrund, sondern es ist der Forschungsgegenstand selbst. Das kreative Moment besteht also darin, die sozialwissenschaftlichen Werkzeuge so einzusetzen, dass man den Gegenstand möglichst breit und tief erschließen kann. Georg Breidenstein und Kolleg*innen bringen die Haltung ethnografischer Forschung wie folgt auf den Punkt:

> »Die Ethnografie ist keine Methode. Das heißt, sie ist kein Regelwerk […]. Man kann sie eher als einen integrierten Forschungsansatz bezeichnen. Dieser kombiniert Beobachtungen mit Interviews, technischen Mitschnitten und Dokumenten aller Art. […] Die teilnehmende Beobachtung bildet allerdings das Zentrum der Ethnografie. Sie stiftet die soziale Form, in der alle möglichen Daten erst gewonnen werden können« (Breidenstein et al., 2013, S. 34).

Die Grundsätze der ethnografischen Feldforschung werden insbesondere deutlich, wenn man sich die verschiedenen ethnologischen sowie soziologischen Einflüsse vergegenwärtigt, die sie in sich vereint: die ethnologische Kulturanalyse – allen voran Bronislaw Malinowski –, die Stadt- und Subkulturforschung der Chicagoer School nach Robert Park, Ernest Burgess und William Thomas sowie das phänomenologische Postulat der Alltagssoziologie nach Alfred Schütz und später Peter Berger und Thomas Luckmann.[6] Diese Prämissen werden im Weiteren näher erläutert.

Ethnologische Kulturanalyse

Das Aufkommen der Ethnologie fällt zusammen mit den Anfängen der Globalisierung im 15. Jahrhundert. Ihre Etablierung als wissenschaftliche Disziplin kann auf das 19. Jahrhundert datiert werden (vgl. Breidenstein et al., 2013, S. 13f.). Die Entdeckung neuer geografischer Gebiete, neuer Verkehrs- und Handelswege sowie Durchbrüche in den Wissenschaften – vor allem das Aufkommen des darwinistischen Weltbildes – machen die Auseinandersetzung mit fremden Völkern und Kulturen möglich und unabdingbar zugleich. Erste Forschungsexpeditionen sind generell noch von bereits etablierten Wissenschaften – insbesondere naturwissenschaftlichen Disziplinen – beherrscht. Allmählich bilden sich das Interesse und die Neugier an den sozialen Lebens- und Verhaltensweisen der dortigen *Eingeborenen* heraus. Dabei dominiert die Vorstellung, »so wie Darwin Pflanzen und Tiere in der ganzen Welt studiert hatte, könne man auch Gesellschaften klassifizieren und miteinander vergleichen« (ebd., S. 14). Dies geschieht zu Beginn

6 Eine umfassende und detaillierte Beschreibung dieser Forschungstraditionen liefern Breidenstein und Kolleg*innen (2013, S. 13–31).

jedoch aus einer sicheren Distanz zum Forschungsobjekt heraus und vor allem noch sehr unstrukturiert. Erst zur Wende des 20. Jahrhunderts etablieren sich im Rahmen der britischen und amerikanischen Anthropologie (z. B. durch Frank Hamilton Cushing und Lewis Henry Morgan) neue experimentelle Methoden zur Erforschung fremder Kulturen. Als einer der Ersten vereint und systematisiert Malinowski diese Schritte zu einem strukturierten und beschreibbaren Methodenkatalog. Er trägt somit erheblich zur Verwissenschaftlichung der ethnologischen Forschung bei. Sein berühmter Vorwurf an die Veranda-Ethnologie legt den Grundstein der Feldforschung und soll daher nicht unbeachtet gelassen werden:

> »Was die ethnologische Feldforschung betrifft, so verlangen wir […] eine neue Methode, Beweismaterial zu sammeln. Der Ethnologe muss seine bequeme Position im Liegestuhl auf der Veranda des Missionsgeländes oder im Bungalow des Farmers aufgeben, wo er, mit Bleistift und Notizblock und manchmal mit einem Whisky-Soda bewaffnet, gewöhnt war, Berichte von Informanten zu sammeln, Geschichten niederzuschreiben und viele Seiten Papier mit Texten der Primitiven zu füllen. Er muss hinaus in die Dörfer gehen und den Eingeborenen bei der Arbeit in den Pflanzungen, am Strand und im Dschungel zusehen; er muss mit ihnen zu entfernten Sandbänken und zu fremden Stämmen fahren und sie beim Fischen, Handeln und bei zeremoniellen Überlandexpeditionen beobachten. […] Ethnologie im Freien ist im Gegensatz zu Notizen vom Hörensagen harte Arbeit, aber sie macht auch großen Spaß« (Malinowski, 1973, S. 128f.).

Malinowski plädiert für die Genese und Anwendung von Primärdaten, also für direkte Informationen vom Forschungsgegenstand selbst. Dabei stellen die Kenntnis der dort gesprochenen Sprache und die temporäre Aufgabe der eigenen Kultur zugunsten einer längerfristigen Adaption der zu erforschenden Kultur die Grundbedingungen ethnologischer Feldforschung dar. Malinowski zufolge sollte das Ziel ethnologischer Feldforschung sein, »den Standpunkt des Eingeborenen, seinen Bezug zum Leben zu verstehen und sich *seine* Sicht *seiner* Welt vor Augen zu führen. Unsere Aufgabe ist es, Menschen zu studieren, wir müssen untersuchen, was sie am unmittelbarsten betrifft, nämlich ihre konkreten Lebensumstände« (Malinowski, 1979, S. 49 [Hervorheb. im Orig.]).

Die in diesem Zitat bereits enthaltenen Komponenten legen den Grundstein für die Intensivierung der Feldanalyse auf dem Gebiet der Stadt- und Subkulturforschung rund um die Chicagoer Schule sowie die Weiterentwicklung zum späteren Lebensweltansatz bei Alfred Schütz.

Die Chicagoer Schule und das interaktionistische Prinzip

Die Chicagoer Schule beschäftigt sich wissenschaftlich mit der Art und Weise sowie mit den Folgen und Konsequenzen von Migration, Urbanisierung und Industrialisierung zwischen den 1920er und den 1940er Jahren in den USA. Gerade die Städte an den großen Seen (z. B. Detroit, Chicago etc.) florieren aufgrund der wachsenden Industrie – allen voran die Automobilbranche – und liefern Arbeit und Lebensraum für die stetig ankommenden Einwander*innen aus Europa und Asien (vgl. Breidenstein et al., 2013, S. 20f.). Die daraus resultierende kulturelle Vielfalt macht Großstädte gewissermaßen zu einem ethnologischen Forschungsgegenstand im eigenen Land:

> »Vielschichtig differenzierte Wissensgesellschaften bringen also eine große Zahl von kulturellen Feldern hervor, die weder einer allgemeineren Alltagserfahrung noch der Sozialwissenschaft ohne weiteres zugänglich sind. Insofern multiplizieren sich die Möglichkeiten von Fremdheitserfahrungen in der eigenen Gesellschaft und es wird fruchtbar, spezialsprachliche Expertengemeinschaften und Subkulturen methodisch als fremde Kulturen zu behandeln« (ebd., S. 24f.).

Aus der Perspektive der Chicagoer Stadtforschung nehmen die Prämissen der ethnologischen Kulturanalyse – vor allem das Postulat der Feldforschung – eine besondere Stellung ein. Die Chicagoer Schule verbindet die Perspektive auf das Feld in seinem natürlichen Zustand mit den strukturellen, künstlichen Gegebenheiten der Stadt als soziales Laboratorium. Ergebnis ist eine Art »Inventar der besonderen Typen, Berufe und Szenen einer amerikanischen Großstadt zu Beginn des Jahrhunderts: Studien über Ladenmädchen, Taxi-Dancer (bezahlte Tanzpartnerinnen), Pfandleiher, Kindermädchen, Fahrstuhlführer und Handlungsreisende; Studien über das Hotelleben, die Börse, Ladenketten und das Nachrichtenwesen« (ebd., S. 21). Es ist vor allem die Erforschung und Beschreibung neuer Lebensweisen, Subkulturen und anderen Ausprägungen sozialer Institutionalisierungen, welche die Chicagoer Schule zum Gegenstand hat. Die daraus resultierende Forschung ist somit vor allem explorativ. Dabei wendet sie unterschiedlichste Methoden an, die Informationen über das Feld ermöglichen:

> »Wegen ihrer flexiblen Beschaffenheit ist die explorative Untersuchung nicht an irgendeinen bestimmten Satz von Techniken gebunden. Ihr Leitsatz ist es, sich jeder ethisch vertretbaren Vorgehensweise zu bedienen, die die Wahrscheinlichkeit dafür bietet, daß man ein genaueres Bild dessen gewinnt, was in dem Gebiet des sozialen Lebens vor sich geht« (Blumer, 1981, S. 123).

Die vielleicht zu Beginn durchaus unstrukturierte Herangehensweise systematisiert sich im Laufe ihrer Entwicklung als wissenschaftliche Disziplin. Der Fokus der Chicagoer Schule liegt dabei jedoch nie auf methodischer Strenge, sondern betont die Kreativität und Fantasie, überhaupt einen Feldzugang zu finden, also explorative Forschung überhaupt erst möglich zu machen:

> »Einfallsreichtum und Findigkeit sollten den Zufall befördern, den es braucht, um lohnende Beobachtungen zu machen und gute Interviewpartner zu finden. Der Feldforscher sollte ein hellhöriger und scharfsichtiger Indiziensammler sein, der kleine Details aufspürt, um sich anhand solcher interessanter Scherben einen Reim auf größere Zusammenhänge zu machen« (Breidenstein et al., 2013, S. 23).

Alltagssoziologie und Lebenswelt

Geht die Ethnologie noch von der Beschreibung und Erforschung fremder Kulturen und Völker aus, nimmt die Stadtforschung der Chicagoer Schule bereits die eigene Kultur in den Fokus. Sie untersucht dabei die unterschiedlichen Ausdifferenzierungen, welche die eigene Kultur erfahren kann und behandelt diese als fremd oder verstehensbedürftig. Noch etwas feingliedriger wird die Perspektive bei Erving Goffman auf der einen und Alfred Schütz auf der anderen Seite.[7] Beiden geht es um die Verfremdung des Alltäglichen – später als Alltagssoziologie bekannt – sowie um die Betonung des interaktionistischen Moments in sozialen Situationen. Darin liegt gleichzeitig die Abwendung – oder auch Ablehnung – von zu dieser Zeit vorherrschenden makrotheoretischen Ansätzen, allen voran das strukturfunktionalistische Paradigma nach Talcott Parsons. Die Rückführung der Soziologie zum Individuum, also »[d]as Festhalten an der subjektiven Perspektive [bietet] die einzige, freilich auch hinreichende Garantie dafür, dass die soziale Wirklichkeit nicht durch eine fiktive, nicht existierende Welt ersetzt wird, die irgendein wissenschaftlicher Beobachter konstruiert hat« (Schütz & Parsons, 1977, S. 65f.).

---

7 Goffmans Auseinandersetzung mit diesem Thema wird von der Forschungstradition des Symbolischen Interaktionismus beeinflusst und dieser wiederum von Goffmans Arbeiten zu abweichendem Verhalten in mikrosoziologischer Perspektive. Der Lebensweltansatz von Schütz verdichtet sich im deutschen Sprachraum zu einer wissenssoziologischen Perspektive und in Weiterführung durch Berger und Luckmann zu ihrer wissenschaftlichen Etablierung (vgl. hierzu insbes. Goffman, 1973; Schütz & Parsons, 1977; Berger & Luckmann, 2012).

Sinn und Wirklichkeit werden bei dieser Perspektive nicht als gegeben verstanden, sondern aus streng konstruktivistischer Perspektive heraus betrachtet: »Die interindividuelle und interaktive Konstruktion der Wirklichkeit organisiert […] den Aufbau subjektiver Sinn- und Wissensstrukturen als Teil einer gemeinsam organisationalen Praxis« (Froschauer & Lueger, 2005, S. 224).

Soziales Handeln wird dadurch ermöglicht, dass die Sinn- und Wirklichkeitsgenerierung wesentlich repetitiv verläuft; es bilden sich kollektive Interaktionsmuster heraus, die eine Institutionalisierung finden, sie werden zur Regel, zur Gewohnheit, zur Normalität oder besser gesagt: zum Alltag: »Als Alltag bezeichnen wir unsere gewöhnlichsten, laufend wiederholten Tätigkeiten, deren Abwicklung für uns kein Problem darstellt, kein Thema von Gesprächen ist, uns meist nicht einmal zu Bewusstsein kommt« (Breidenstein et al., 2013, S. 26).

Das dadurch produzierte Wissen ist jedoch situativ abhängig. Das bedeutet, dass nicht alles Wissen jedem gleich zugänglich ist. Schütz führt hierzu das Konzept der Lebenswelt ein. Lebenswelten sind abgeschlossene Wirklichkeitsbereiche. Die Lebenswelt kann man sich vorstellen als »eine intersubjektiv geteilte Welt, ein Wissensvorrat, bestehend aus Typisierungen, Fähigkeiten, wichtigen Kenntnissen und Rezepten zum Betrachten und Interpretieren der Welt und zum Agieren in dieser Welt« (Münch, 2007, S. 201).

Durch diesen Ansatz wird das soziologische Interesse auf das Gewöhnliche und Alltägliche sozialer Situationen ausgeweitet – eben auf jenes kollektiv geteilte und dadurch kollektiv anerkannte Wissen, das jedem vertraut und bekannt, aber nicht zwingend bewusst ist. Dies setzt eine generelle Verfremdung des Forschungsgegenstandes voraus:

> »Das weitgehend Vertraute wird dann betrachtet, als sei es fremd, es wird nicht nachvollziehend verstanden, sondern methodisch befremdet: es wird auf Distanz zum Beobachter gebracht. Die Ethnografie erschließt dann nicht einfach ein spezifisches Forschungsgebiet, also etwa kuriose Subkulturen. Kurios ist eher der ethnografische Blick, der bemüht ist, alle möglichen Gegenstände kurios zu machen, also zum Objekt einer ebenso empirischen wie theoretischen Neugier. Man kann sich geradezu das allzu Vertraute, nämlich selbstverständlich Hingenommene einer Kultur zu seinem fragwürdigen Gegenstand machen« (Breidenstein et al., 2013, S. 25f.).

Somit kommen für die soziale und soziologische Analyse nicht mehr nur neue oder noch unbekannte soziale Praktiken infrage, sondern auch gewöhnliche Alltagssituationen[8], Routinen und Selbstverständlichkeiten. Die Soziologie erreicht damit – wenn man so will – die Ausweitung ihres Forschungsgegenstandes und damit verbunden auch ihren Einzug in das kulturwissenschaftliche Feld.[9]

Gesellschaft als interaktionistisches Konstrukt

Das interaktionistische Prinzip, das durch die Chicagoer Schule vertreten und durch Schütz weiter ausgearbeitet wurde, wird von Berger und Luckmann Ende der 1960er Jahre aufgegriffen und in eine wissenssoziologische Perspektive eingebettet: Wirklichkeit wird demnach als sozial konstruiertes Wissen verstanden, hergestellt in der kleinsten soziologischen Einheit – der situativen[10] sozialen Interaktion. Dabei wird eine kollektiv geteilte Ordnung hergestellt, innerhalb derer sich das konstituierte Wissen formiert. Diese Ordnung kann als historisch gewachsen angesehen werden:

> »Ich erfahre die Wirklichkeit der Alltagswelt als eine Wirklichkeitsordnung. Ihre Phänomene sind vor-arrangiert nach Mustern, die unabhängig davon zu sein scheinen, wie ich sie erfahre, und die sich gewissermaßen über meine Erfahrung von ihnen legen. Die Wirklichkeit der Alltagswelt erscheint bereits objektiviert, das heißt konstituiert durch eine Anordnung der Objekte, die schon zu Objekten deklariert worden waren, längst bevor ich auf der Bühne erschien« (Berger & Luckmann, 2012, S. 24).

Diese hergestellte Wissensordnung wird kollektiv geteilt und somit in ihrer Wirklichkeit und Wahrhaftigkeit anerkannt. Dennoch gibt es nicht nur eine, sondern viele kleine hergestellte Wirklichkeiten – es stellt sich somit die Frage, wie dann nur eine Wissensordnung von allen anerkannt und geteilt werden kann. Berger und Luckmann übernehmen hierbei den von Schütz geprägten

8 Die Betonung von Alltagssituationen eröffnet die sich immer noch im Prozess befindende Abgrenzung der Soziologie als Wissenschaft von den sozialen Tatbeständen, die jedem einleuchtend erscheinen, das *Jedermann-Wissen* sozusagen (vgl. Breidenstein et al., 2013, S. 26).

9 Diese Entwicklung zeichnete sich insbesondere im sogenannten *cultural turn* ab (vgl. hierzu exemplarisch Moebius, 2009).

10 Die Situation oder der situative Raum als Analyseeinheit wird später noch näher erläutert. Hier meint situativ zunächst: zeitlich und räumlich im Interaktions- und Deutungsrahmen begrenzt.

Begriff der »Alltagswelt« als eine übergeordnete Wirklichkeit – sie ist allen anderen Wirklichkeiten gegenüber als vorrangig zu betrachten (vgl. ebd., S. 24). Das Prinzip dieser obersten Wissensordnung wird kollektiv anerkannt. In einer anderen Sprechweise könnte man sie als vorherrschend – also hegemonial[11] – bezeichnen. Diese Vorrangstellung der Alltagswelt wird dabei wie folgt begründet:

> »Die Wirklichkeit der Alltagswelt wird als Wirklichkeit hingenommen. Über ihre einfache Präsenz hinaus bedarf sie keiner zusätzlichen Verifizierung. Sie ist einfach da – als selbstverständliche, zwingende Faktizität. Ich *weiß*, daß sie wirklich ist. Obgleich ich in der Lage bin, ihre Wirklichkeit auch in Frage zu stellen, muß ich solche Zweifel doch abwehren, um in meiner Routinewelt existieren zu können« (ebd., S. 26 [Hervorheb. im Orig.]).

Alle anderen Wirklichkeiten oder auch Wissensordnungen folgen dem Prinzip der kollektiv anerkannten Alltagswelt. Diese anderen Wirklichkeiten werden von Schütz mit dem Begriff der »Lebenswelt«, von Berger und Luckmann als »Sinnprovinzen« bezeichnet:

> »Verglichen mit der Wirklichkeit der Alltagswelt, erscheinen andere Wirklichkeiten als umgrenzte Sinnprovinzen, als Enklaven in der obersten Wirklichkeit. Ihre Grenzen sind markiert durch fest umzirkelte Bedeutungs- und Erfahrungsweisen. Die oberste Wirklichkeit umhüllt sie gleichsam von allen Seiten und das Bewußtsein kehrt immer wieder wie von einer Reise zu ihr zurück« (ebd., S. 28).

Betrachtet man die hier beschriebenen Theorieströmungen noch einmal gemeinsam, so lässt sich Folgendes festhalten: Die ethnografische Feldforschung verbindet den *Entdecker-Willen* und die dadurch eingenommene explorative Vorgehensweise der ethnologischen Kulturanalyse mit der Stadt- und Subkulturperspektive sowie dem interaktionistischen Prinzip der Chicagoer Schule. Sie wird weiter durch das sozialkonstruktivistische Apriori nach Schütz und auch durch die spätere wissenssoziologische Ausrichtung nach Berger und Luckmann beeinflusst und ergänzt. Gegenstand ethnografischer Feldforschung sind somit interindividuell hergestellte Lebenswelten oder auch Wissensordnungen, die sich dabei alle an ein und derselben vorherrschenden Alltagswelt ausrichten. Sie alle erfahren dabei die gleiche Verfremdung – so außergewöhnlich oder alltäglich sie

11 Dieser Begriff wird später noch näher erläutert.

auch sein mögen. Durch die wissenssoziologische Komponente wird der ethnografische Forschungsansatz insofern erweitert, als nunmehr explizit dieses geteilte und hervorgebrachte Wissen erforscht und beschrieben werden soll.

Es geht also um die Frage, welches Wissen über BDSM wie hervorgebracht wird und wie sich dieses Wissen in der kollektiv geteilten Alltagswelt und in ihren Sinnprovinzen ausdrückt und manifestiert.

Die hier erläuterten Grundprämissen der ethnografischen Feldforschung sowie die ihr zugrunde liegende sozialkonstruktivistische Haltung werden später noch mit Annahmen diskurstheoretischer Perspektiven verbunden. Es geht mir vor allem darum, soziale Wissensordnung als diskursiven Aushandlungsprozess zu begreifen, also als eine interaktive Verständigung und Einigung darüber, welche sozialen Praktiken zur etablierten Ordnung gehören und welche von ihr ausgeschlossen sind oder werden. Daher werden im Folgenden sowohl der Diskursbegriff als auch die Annahme einer diskursiven Wirklichkeitskonstruktion erklärt und näher erläutert.

Die Konstruktion gesellschaftlicher Ordnung[12]

> »Die Wahrheit ist von dieser Welt; in dieser wird sie aufgrund vielfältiger Zwänge produziert, verfügt sie über geregelte Machtwirkungen. Jede Gesellschaft hat ihr eigene Ordnung der Wahrheit, ihre ›allgemeine Politik‹ der Wahrheit: d. h. sie akzeptiert bestimmte Diskurse, die sie als wahre Diskurse funktionieren läßt; es gibt Mechanismen und Instanzen, die eine Unterscheidung von wahren und falschen Aussagen ermöglichen und den Modus festlegen, in dem die einen oder anderen sanktioniert werden; [...] es gibt einen Status für jene, die darüber zu befinden haben, was wahr ist und was nicht« (Foucault, 1978, S. 51).

Liberalisierung, Postmodernisierung, Diskursivierung, Normalisierung – dies alles sind Schlagwörter bzw. Perspektiven für heutige gesellschaftliche Veränderungen und Prozesse. Allen gemeinsam ist zumindest der Versuch, gesellschaftliches Miteinander zu sehen, zu verstehen und bestenfalls zu erklären, und gerade darin divergieren sie oft weit. Worin sich die meisten – zumeist soziologischen – Perspektiven einig werden können, ist die hier bereits beschriebene Annahme, dass Gesellschaft als Realisierung menschlichen Miteinanders angesehen werden

12 In Anlehnung an den Titel des Buches von Berger und Luckmann (2012): *Die gesellschaftliche Konstruktion der Wirklichkeit.*

kann, dass gesellschaftliches Miteinander innerhalb einer bestimmten Ordnung geschaffen und realisiert wird und dass diese Ordnung nach bestimmten Regeln funktioniert und aufrechterhalten wird. Soziale Ordnung und auch ihre Kontrolle generieren, organisieren und realisieren prozessual ein geregeltes – und zumeist friedlich gewünschtes – Koexistieren der Individuen innerhalb eines bestimmbaren und abgegrenzten Gefüges. Dabei geht es vor allem um die Einteilung und Verortung sozialer Praktiken innerhalb dieser bestimmten und bestimmbaren Ordnungsgrenzen. Die Grenzen bilden sozusagen einen Rahmen für den Gültigkeitsbereich der bestehenden Ordnung.

Der Begriff des Rahmens wird insbesondere von Goffman aufgegriffen und in seiner *Rahmen-Analyse*[13] (1977) spezifiziert. Diese Rahmung stellt gewissermaßen die soziale und kulturelle Einbettung sozialer Praktiken mittels vorhandener – sozialisierter, internalisierter sowie auch institutionalisierter – Deutungsmuster dar. Durch das geteilte Wissen um die Bedeutung dieser oder jener Praktik in diesem oder jenem Kontext kann die soziale Situation erst decodiert und verstanden werden. Die Herstellung dieses Rahmens wird dabei – wenn man so will – als Aushandlung dessen verstanden, wer oder was zu dieser Ordnung gehört, wer oder was diese Ordnung bedroht oder destabilisiert und wer oder was nicht zu dieser Ordnung gehören soll. Die Ordnung stellt gewissermaßen das kollektive Wissen eines sozialen Gebildes dar. Es ist ein Prozess der Einteilung, Bewertung und Etikettierung[14] sozialer Praktiken. Als soziale Praktiken können dabei zuerst einmal alle sozialen Interaktionen und Handlungen verstanden werden, die intersubjektiv hergestellt und realisiert werden.[15]

Manche sozialen Praktiken ermöglichen eine eindeutige Zuteilung – oder es besteht vielmehr ein zeitnaher und mehrheitlicher Konsens darüber, ob sie der etablierten Ordnung zugeteilt oder davon ausgeschlossen werden können. Die Einteilung der Praktiken kann man sich als eine Art Kategorisierung vorstellen. Einige Kategorien weisen dabei dichotome Ausprägungen auf, beispielsweise die

---

13 Zur Methode der Rahmenanalyse vgl. Goffman (1977).

14 Der Etikettierungsansatz oder auch *Labeling Approach* gründet in der Forschungstradition der Chicagoer Schule, vor allem durch Howard Beckers Auseinandersetzung mit Außenseitern. Er kann als ein etablierter Ansatz in der kriminologischen Forschung betrachtet werden (vgl. hierzu Becker, 1981).

15 Die Subjekte können dabei auf den unterschiedlichsten Ebenen angesiedelt werden. Es muss sich dabei nicht generell um Individuen handeln, auch Organisationen oder Institutionen sind denkbar. Aggregierte und emergierte soziale Praktiken sind in dieser Sichtweise somit einbezogen. Mein Fokus liegt letztlich aber nicht auf dem Subjektbegriff, sondern betont das interaktionistische Moment.

Einteilung in normal/nicht-normal, wahr/unwahr, richtig/falsch etc. – man kann folgerichtig behaupten, dass die etablierte Ordnung dabei als *Normalität, Wahrheit, Richtigkeit* etc. bezeichnet und anerkannt wird. Die dieser Ordnung nicht angehörigen Praktiken tragen somit die Bezeichnungen *Nicht-Normalität, Nicht-Wahrheit, Nicht-Richtigkeit*[16] etc. Auch die Themen Sexualität, Gewalt, Aggression und Macht realisieren sich in sozialen Praktiken. Einige dieser Praktiken sind eindeutig zuzuordnen; beispielsweise gehören in den meisten Ländern Mord oder sexueller Missbrauch von Kindern[17] nicht zur etablierten Ordnung und somit nicht zur Normalität. Andere Praktiken mit diesen Themen sind dagegen schwieriger zuzuordnen.

Es ist vor allem der soziale Umgang mit diesen uneindeutigen Praktiken, also solchen, die eine bereits etablierte Ordnung irritieren können. Sie können als Abweichungen begriffen werden, welche die Ordnung immer wieder neu herausfordern oder sogar abzulösen drohen. Sie gehören der Ordnung nur insofern an, als sie deren Begrenzung markieren. Diese Praktiken symbolisieren in diesem Verständnis das Äußere – oder den äußeren Rand der vorherrschenden Ordnung. Sie können als ungewohnt, unbekannt, vielleicht sogar als fremd, auf jeden Fall als deviant kategorisiert werden. Erst in Abgrenzung zu diesem Außen kann die Ordnung eine Begrenzung finden, somit Gestalt annehmen und als Normalität sichtbar werden:

---

16 Ich möchte hier keine Definitionen für genannte Begriffe geben, sondern das ihnen zugrunde liegende Konzept erörtern. Es geht also – wie bereits herausgestellt wurde – um die Genese von Wissen und Wirklichkeit. Die Benennungen *Normalität, Wahrheit, Richtigkeit* etc. werden lediglich als *Signifikanten* des hier erörterten Prozesses der Wirklichkeitskonstruktion verstanden.

17 In erster Linie sind beide Beispiele als soziale Praktiken zu betrachten, die die Themen Gewalt, Sexualität und Aggression in sich realisieren. Letztlich bergen sie explizite Momente, die sie als nicht der Ordnung zugehörig ausweisen. Bei Mord ist es unter anderem das nicht einvernehmliche Moment, also die Tatsache, dass nicht beide Interaktionspartner einvernehmlich dem Mord zustimmen können. Bei Kindesmissbrauch ist es der Adressat, also das Kind, das aufgrund seiner Reife noch nicht in einvernehmliche sexuelle Handlungen einwilligen kann oder dem noch keine eigene Sexualität zugesprochen wird. Gleichzeitig gibt es Formen der Machtasymmetrie, die nur in bestimmten sozialen Praktiken geduldet werden (z. B. Machstrukturen zwischen Arbeitnehmer*innen und Arbeitgeber*innen oder zwischen Vorgesetzten und Ausführenden). Anders sieht es aus bei Praktiken, die beispielsweise unter das Etikett der *Sklaverei* fallen. Von der machtstrukturellen Komponente her gleichen sie dem Verhältnis zwischen Über- und Untergeordneten. Somit sind es soziale Etikettierung und Zuschreibung, die soziale Praktiken von der Ordnung ein- oder ausschließen.

> »Das Normale regiert allerdings als nicht-expliziertes, als ›blinder Fleck‹ die Taxinomien [sic] des Anormalen. Es reguliert die Zonen der intelligiblen Normalität und der verworfenen Abweichung, reguliert Toleranzen und mögliche Übergänge zwischen den Zonen [...]. Erst in der Untersuchung der Abweichungen zeigt sich daher, wie die Norm operiert: Als ›regulierendes Ideal‹, das anleitet, wie Subjekte als sinnhafte und nicht-sinnhafte gebildet werden« (Hark, 2013, S. 236).

Das Abweichende, das *Fremde*[18] dient dabei als Referenz zum Eigenen und vice versa. Nur in der Bestimmung was nicht ist, wird sichtbar, was ist. Dabei erzeugt jede Ordnung ihre eigenen Ein- und Ausschlüsse, produziert also ihre eigenen Abweichungen und Formen, mit ihnen umzugehen: »Wer als ›Fremder‹ zu gelten und wie man ihm zu begegnen hat, ist ein Spiegelbild der jeweiligen Selbstdefinition einer sozialen Gruppe. Das Eigene und das Fremde sind aufeinander bezogene, historisch veränderliche soziale Definitionen« (Eickelpasch, 1999, S. 105).

Gerade dem Umgang mit den Themenkomplexen Sexualität, Macht und Gewalt soll hier besondere Aufmerksamkeit geschenkt werden. Welche sozialen Praktiken mit diesen Thematiken können in welcher Weise sozial verträglich ausgelebt werden? Und wer darf darüber bestimmen? Es bleiben letztlich gesellschaftliche Kernfragen. Die Herstellung von Norm und Devianz wird – wie bereits beschrieben – als interaktionistischer Aushandlungsprozess verstanden. Es geht dabei letztlich um folgende Fragestellung: *Wer darf was, wie, wann, wo, mit wem und wozu?*

Die bisher getroffenen Annahmen und Fragen münden unweigerlich in einer diskurstheoretischen Perspektive. Die Herstellung von Normalität und Nicht-Normalität, von Norm und Devianz kann dabei als *diskursive Praxis* verstanden werden (vgl. Dollinger & Raithel, 2006, S. 129).

> »Denke man die erkenntnistheoretische Prämisse konsequent zu Ende, dass die Wirklichkeit ein genuin soziales Produkt sei, so seien nicht die Ursachen von Normabweichungen zu untersuchen. Es gelte vielmehr, den Vorgang der Wirklichkeitsherstellung durch die Verwendung von Devianzkonstrukten zu erhellen« (ebd., S. 124).

---

18 Mit der sozialen Funktion des *Fremden* hat sich vor allem Georg Simmel auseinandergesetzt. Aber auch Zygmunt Bauman beschäftigt sich in postmoderner Perspektive mit dem Konzept des Fremden (vgl. hierzu Simmel, 1983; Bauman, 1999).

Die diskursive Konstruktion sozialer Wirklichkeit[19]

Diskurs und hegemoniale Ordnung

Der hier verwendete Diskursbegriff ist unmittelbar mit dem Namen Michel Foucaults verbunden. Seine Arbeiten legen den Grundstein für die sich aktuell etablierende wissenschaftliche Strömung, die inter- wie intradisziplinär den Diskursbegriff theoretisch und methodologisch weiterentwickelt. Der Foucault'sche Diskursbegriff variiert dabei, je nach dem, mit welchem Werk Foucaults man sich befasst und welche Interpretation man dazu in der Hand hält.[20] Für eine allgemeine Definition bleibt er somit diskutierbar. Ich möchte auf die Definition eines allgemeiner gehaltenen Diskursbegriffes zurückgreifen. Für Clemens Kammler und Kolleg*innen stellen sich Diskurse beispielsweise als »materiell nachweisbare Formen gesellschaftlicher Rede [dar], die stets nach Praxisbereichen spezialisiert und institutionalisiert sind, sodass es Diskurse mit distinkten Formations- und Ausschließungsregeln und jeweils eigener Operativität gibt« (Kammler et al., 2008, S. 235). Man kann sagen, dass Diskurse ihre jeweils eigene Thematik hervorbringen und behandeln. Sie konstituieren und konstruieren ihren eigenen Gegenstand und schaffen somit Wissensordnungen, Wahrheiten und die dazugehörigen Unwahrheiten mittels Prozeduren und Kontrollmechanismen. Diskurse können somit reguliert und eingegrenzt werden (vgl. Allolio-Näcke, 2010, S. 666f.; Strübing, 2013, S. 172). Diese Grenzen werden mittels bestimmter Strategien reguliert:

> »In Foucaults Systematik gehören dazu erstens Strategien der Ausschließung (z.B. Verbote, Grenzziehungen wie die bis heute relevante zwischen normal/nicht normal oder zwischen Wahnsinn und Vernunft, sowie der Wille zur Unterscheidung von wahr und falsch), zweitens Formen der Reglementierung von Diskursen (alle genannten Formen der Diskursverknappung wie sie der Kommentar oder auch die Instanz des Autors darstellen) und drittens die Reglementierung des Zugangs zu Diskursen (z.B. durch Verknappung der zum Sprechen berechtigten Subjekte über Rituale oder formale Qualifikationen)« (Kammler et al., 2008, S. 235).

---

19 In Anlehnung an den Titel des Buches von Reiner Keller und Kolleg*innen (2005): *Die diskursive Konstruktion von Wirklichkeit.*

20 Vgl. hierzu die unterschiedlichen soziologischen Ableitungen des Foucault'schen Diskursbegriffes und die daraus entstandenen unterschiedlichen Schulen und Methoden (vgl. u.a. Keller, 2005, 2006; Keller et al., 2005; Jäger, 2004).

Dem Diskurs – und nicht den darin sprechenden Subjekten – kommt dabei die Rolle der definitorischen Macht zu, das heißt: Der Diskurs konstituiert und erschafft durch seine Kontroll- und Verknappungsmechanismen selbst das Innen und das Außen mit den dazugehörigen Regeln darüber, was von wem, wie, wann und wo gesagt werden darf und was nicht. Der Diskurs stellt dabei ein Regulationssystem dar, das sich immer wieder selbst regulieren, verknappen aber auch konstituieren muss:

> »Um nun aber überhaupt ein System bilden zu können, muß er sich über die Grenze zu einem Außen definieren, die aber nicht einfach eine weitere Differenz sein darf, denn damit würde diese wieder zum Bestandteil des Diskurses selbst werden und hätte ihren Charakter als Grenze verloren. [...] Das heißt mit anderen Worten, daß sich Diskurse nur imaginär schließen können, indem einem Element die Rolle zukommt, die Grenze zu repräsentieren [...]« (Auer, 2008, S. 250).

Es etabliert sich ein Verständnis und ein Wissen darüber, was als *normal, wirklich, richtig* gilt und was nicht. Die Herstellung des Wissens um eine bestimmte Normalität und ihrer dazugehörigen Nicht-Normalität ist dabei als andauernder Prozess zu verstehen. Dies bedeutet aber auch, dass sich eine Wissensordnung als vorherrschend herausbildet, die als Referenzkategorie zu anderen Ordnungsvorstellungen dient – an der sich quasi die sozialen Praktiken vergleichen, messen, ausrichten lassen. Diese vorherrschende Ordnung könnte man auch als hegemonial bezeichnen.

Die wissenschaftliche Auseinandersetzung mit dem Hegemoniebegriff geht insbesondere auf die Arbeiten Antonio Gramscis zurück. Hier bezeichnet Hegemonie allgemein noch »ein Machtverhältnis zwischen zwei Seiten, in dem der Machtvorteil der einen Partei einen Machtnachteil der anderen bedeutet« (vgl. Angermüller, 2005, S. 36). Ernesto Laclau und Chantal Mouffe führen den Hegemoniebegriff in die politikwissenschaftliche Disziplin ein und erweitern dessen Bedeutung um das diskurstheoretische Moment. Demnach versteht sich Hegemonie als

> »Konstruktion heterogener Ensembles von Elementen in einem Diskursraum, der keine stabilen, *natürlichen* Grenzen zu seinem Außen aufweist und daher kein geschlossener Container sein kann. [...] Nach Laclau/Mouffe muss der Diskurs das paradoxe Problem verhandeln, seine Grenze zum Außen gleichsam in seinem Inneren zu ziehen, d. h. als Antagonismus. Der Antagonismus begründet einen konstitutiven Riss im Diskurs, der nie vollständig geschlossen *(vernäht)* werden kann und nach immer neuen Akten kontingenter *(artikulatorischer)* Praxis verlangt« (ebd., S. 37 [Hervorheb. im Orig.]).

Hegemonie in diesem diskurstheoretischen Sinne bedeutet also, dass die diskursive Aushandlung von Normalität und Nicht-Normalität immer nur prozesshaft gedacht werden kann. Dabei wird die hegemoniale Ordnung nur in ihrer diskursiven Grenzziehung sichtbar, aktualisiert und bestätigt. Einfacher gesagt heißt das: Erst durch die Verneinung und Exklusion bestimmter und bestimmbarer sozialer Praktiken kann deutlich werden, welche sozialen Praktiken bejaht und somit in die bestehende Ordnung inkludiert sind und an welchen Grenzen diese Ordnung endet. Die Aushandlungssituation über Normalität und Nicht-Normalität ist dabei der ständigen Aktualisierung unterworfen, die diskursiven Einigungen sind – wenn man so will – also nur kurzzeitige Momentaufnahmen, die mehr oder weniger stabil oder langfristig sein können, jedoch durchaus als verbindlich erlebt werden.

Diskursivierungen als Form sozialer Kontrolle

Eine Möglichkeit der Aktualisierung der bestehenden Ordnung ist in den Diskursivierungen zu sehen, die als Formen gesellschaftlichen Umgangs mit Themenkomplexen verstanden werden können, die aktuell diskutabel und auszuhandeln sind. Man kann sich diese Diskursivierungen wie das Seilziehen um umstrittene Begriffskategorien oder Etikettierungen vorstellen, auf deren einen Seite sich die Normalität, auf der anderen Seite die Nicht- oder *Nicht-mehr-Normalität* befindet. Diejenigen sozialen Praktiken, die an den Grenzen der etablierten Ordnung vorzufinden sind, dienen dabei – so könnte man sagen – als Kampfarenen, in denen die Grenzziehungen der etablierten Ordnung stets aufs Neue ausgehandelt und sichtbar werden. In dieser Zone herrscht die Aushandlung oder auch der Streit – letztlich um Gültigkeit und Aktualität von Definitionen sowie um den Anspruch auf Wirklichkeit: »Das Abweichende wird als augenfälliges Phänomen thematisiert, das die Norm sichtbar macht. Das Abweichende stellt sich somit als Teil der sozialen Ordnung dar« (Wagner, 2014, S. 41f.).

Dabei lassen sich die verschiedenen Diskursivierungsformen in zwei Pole unterteilen: Das diskursive Unsichtbarmachen und das Sichtbarmachen gewisser Themenkomplexe:

> »Zum Begriff des Diskurses gehört nicht nur all das Gesagte und Geschriebene, sondern auch das, was zu sagen und zu schreiben nicht erwünscht und erlaubt ist, sowie auch all das durch Nichtthematisierung überhaupt Undenk- und Unsagbare. Das Kritikpotenzial der Diskursanalyse liegt entsprechend in der Relativierung des Absolutheits- und Wahrheitsanspruchs des aus der eigenen SprecherInnenpositi-

> on heraus oft als ›natürlich‹, ›normal‹ oder selbstverständlich Angenommenen« (Ulrich, 2008, S. 22).

Die Vermeidung oder das Unsichtbarmachen gewisser Thematiken kommt gesellschaftlich oft dann zur Anwendung, wenn diese Themen erhebliches Potenzial für soziale Konflikte enthalten, die als noch unlösbar oder nicht mehr lösbar betrachtet werden. Die öffentliche Aushandlung dieser Thematiken birgt letztlich ein zu hohes Risiko, die etablierte Ordnung insofern zu destabilisieren, als sich soziale Grundsatzdebatten daran entzünden könnten. Formen des Unsichtbarmachens stellen vor allem das Verbot und das Tabu dar.

Tabus können als eine der extremsten Formen diskursiver – und somit sozialer – Exklusion angesehen werden, das heißt absolutes Sprechverbot über bestimmte Bereiche oder Gegenstände (vgl. Ruoff, 2007, S. 77). Tabus sind in gewisser Weise unlösbare soziale Widersprüche und Konflikte, die still- oder niedergelegt wurden,

> »über die die gesellschaftliche Entwicklung hinweggegangen ist, die ungeklärt zurückbleiben mussten, weil ihre Austragung das gesellschaftliche Gleichgewicht hätte gefährden können. In Tabus sind aber auch Bedürftigkeiten und Sehnsüchte der Menschen eingehüllt, die gesellschaftlich nicht zugelassen werden können, obwohl sie der Widersprüchlichkeit der modernen Gesellschaft entspringen, einer Gesellschaft, deren Fortschritt auch auf Triebunterdrückung und Triebleugnung basiert. Der Kern des Tabus ist nicht das Verbot, sondern das Schweigen« (Böhnisch, 2010, S. 17f.).

Eine weitere Form des Unsichtbarmachens oder Vermeidens stellt das Verbot dar, worunter Foucault zufolge ein diskursives Ausschließungssystem zu verstehen ist, das sich anhand verschiedener Verknappungen organisiert: Es darf nicht jeder über jedes Thema reden, das Thema an sich darf nicht besprochen werden oder man darf sich nur nach einem bestimmten Procedere innerhalb eines bestimmten Kontextes zu dem Thema äußern (vgl. Foucault, 1991, S. 11):

> »Es gibt, glaube ich, eine dritte Gruppe von Prozeduren, welche die Kontrolle der Diskurse ermöglichen. [...] Es geht darum, die Bedingungen ihres Einsatzes zu bestimmen, den sprechenden Individuen gewisse Regeln aufzuerlegen und so zu verhindern, daß jedermann Zugang zu den Diskursen hat: Verknappung diesmal der sprechenden Subjekte. Niemand kann in die Ordnung des Diskurses eintreten, wenn er nicht gewissen Erfordernissen genügt, wenn er nicht von vornherein dazu qualifiziert ist. Genauer gesagt: nicht alle Regionen des Diskurses sind in glei-

> cher Weise offen und zugänglich; einige sind stark abgeschirmt (und abschirmend), während andere fast allen Winden offenstehen und ohne Einschränkung jedem sprechenden Subjekt verfügbar erscheinen« (ebd., S. 25f.).

Andere Formen der Diskursivierung können auch innerhalb juristischer Diskurse wahrgenommen werden, beispielsweise die Legalisierung oder Illegalisierung wie auch die damit verbundene Kriminalisierung oder Entkriminalisierung bestimmter sozialer Praktiken.

Gerade BDSM-Praktiken enthalten vermehrt Elemente von Gewalt und Aggression. Gewisse Praktiken könnte man dabei – wenn sie nicht einvernehmlich geschehen würden – mit gesellschaftlich diskreditierten Methoden wie der Folter oder der Freiheitsberaubung verwechseln. BDSM wird somit zum Gegenstand der Diskursivierung um Legalität und Kriminalisierung. Es ist letztlich – wie noch ausgeführt wird – der schmale Grat zwischen Spiel und Realität, zwischen Einvernehmlichkeit und Zwang, der BDSM als legale Praktiken erscheinen lässt. Der Rechtsschutz, den BDSM-Praktiken genießen, basiert dabei auf dem Postulat des *safe, sane and consensual* (SSC oder SSC-Regel), das bedeutet, dass alle Handlungen im bewussten, freiwilligen Einvernehmen der Interaktionspartner*innen geschehen und von den Beteiligten sicher ausgeführt werden. BDSM fällt somit unter §228 StGB: »Wer eine Körperverletzung mit Einwilligung der verletzten Person vornimmt, handelt nur dann rechtswidrig, wenn die Tat trotz der Einwilligung gegen die guten Sitten verstößt«.[21]

Der Paragraf schützt soziale Praktiken, die gewisse körperliche – oder auch seelische – Verletzungen beinhalten, die aber im Einvernehmen mit der Person geschehen, die diese Verletzungen in Kauf nimmt (z.B. plastische Chirurgie, Tätowierungen, Piercings und eben auch BDSM-Praktiken). Letztendlich stellt sich hier nur die Frage, wo – und vor allem von wem – die Grenze zur Sittenwidrigkeit bestimmt wird. Ein Verstoß gegen die *guten Sitten* liegt beispielsweise dann vor, wenn man in seine eigene Tötung oder Kastration einwilligt. Dies ist aktuell juristisch nicht haltbar und stellt somit keine Einwilligung im Sinne des §228 StGB dar, wird also strafrechtlich verfolgt.[22]

---

21 Vgl. http://dejure.org/gesetze/StGB/228.html (12.11.2017).

22 Die Diskussion um die Grenzen der Einwilligung hat sich zuletzt mit dem *Kannibalen von Rothenburg* aktualisiert und festgelegt. Demnach darf man nicht in seine eigene Tötung einwilligen, geschweige denn darin, von einem anderen Menschen gegessen zu werden (vgl. hierzu das Interview mit Armin Meiwes, dem Kannibalen von Rothenburg: http://www.hna.de/lokales/rotenburg-bebra/armin-meiwes-interview-kannibalen-rotenburg-3024156.html (12.11.2017).

Die Illegalisierung nimmt in diesem Verständnis von Diskursivierung eine doppelte Position ein. Sie kann als sichtbare und als unsichtbare Form der Diskursivierung verstanden werden. Sie ist sozial institutionalisiert und somit durch den meist öffentlich geführten Strafprozess oder die Anklage etc. sichtbar. Andererseits stellen die damit verbundenen sozialen Sanktionen (z. B. Inhaftierung, Stigmatisierung) dennoch eine Exklusion aus der Gesellschaft dar.[23]

Die Diskursivierung der Sexualität – vor allem ihre diskursive Sichtbarmachung – soll hier eine besondere Betonung finden. Bereits 1955 weist Helmut Schelsky in seiner *Soziologie der Sexualität* auf die scheinbare Notwendigkeit der sozialen Kontrolle der menschlichen Sexualität hin, wenn er behauptet, dass die »kulturelle Überformung der sexuellen Antriebe [...] sicherlich ebenso zu den ursprünglichen Kulturleistungen und Existenzerfordernissen des Menschen [gehört] wie Werkzeug und Sprache« (Schelsky, 1955, S. 12). Auch Foucault widmet sich dieser Thematik, unter anderem in seinem dreibändigen Werk *Sexualität und Wahrheit*, und untersucht die Mechanismen, die eine soziale Kontrolle des Sexes und der menschlichen Sexualität ermöglichen:

> »Seit dem 18. Jahrhundert hat der Sex unaufhörlich eine Art allgemeinen diskursiven Erethismus hervorgerufen. Und die Diskurse über den Sex haben sich nicht außerhalb der Macht oder ihr zum Trotz vermehrt, sondern genau dort, wo sie sich entfaltete [...]. Man scheucht den Sex auf und treibt ihn in eine diskursive Existenz hinein« (Foucault, 1977, S. 38).

Formen der diskursiven Sichtbarmachung werden von Foucault mit den Begriffen des Dispositivs und der Pastoralmacht benannt und erörtert. In weiteren gedanklichen Ausführungen gelangt er zum Begriff der Gouvernementalität – verstanden als Hervorbringung, Förderung und Verwaltung von Selbstführungstechniken (vgl. Singelnstein & Stolle, 2008, S. 127) – und schließlich zum Begriff der Bio-Macht, deren wesentliches Element in der Verwaltung, Produktion und Erhaltung der Bevölkerung liege und hier vor allem bei den Körpern und der

23 Die Inhaftierung kann beispielsweise als diskursives Unsichtbarmachen verstanden werden, da eine öffentliche Einsicht in Justizvollzugsanstalten zwar in Absprache möglich ist, die Insass*innen aber dennoch eingeschlossen und dadurch aus der Gesellschaft ausgeschlossen bleiben. Gefängnisse könnten somit als Institutionen verstanden werden, die bestimmte soziale Praktiken aus der Gesellschaft ausgeschlossen halten, indem sie sie durch Einschließung unsichtbar machen: Goffman würde hierbei von einer *totalen Institution* sprechen, Foucault würde den Begriff der Heterotopie verwenden (vgl. hierzu Goffman, 1973; Foucault, 1992, 2005).

menschlichen Sexualität ansetze. Das Thema Sexualität werde demnach kulturell und sozial konstruiert. Sexualität erhalte damit bestimmte gesellschaftliche Funktionen:

> »Es [das kulturelle Konstrukt Sexualität] bietet der Bio-Macht einen Angriffspunkt, an dem sich über die Lust des Körpers viele kleine Praktiken organisieren lassen. Die Macht etabliert deshalb den Sex als Dreh- und Angelpunkt. Seine außerordentliche Wirksamkeit besteht darin, dass man ihn im Subjekt selbst tief verankern kann, indem der Sex als unterdrückt behandelt wird« (Ruoff, 2007, S. 187).

Für Foucault ist die *vermeintliche* sexuelle Befreiung daher als Form sozialer Kontrolle zu verstehen. Durch das Sichtbarmachen, durch die Befreiung aus der sexuellen Unterdrückung, konstituiere sich der Sex als diskursiver Gegenstand. Sexualität werde zunehmend mediatisiert und öffentlich ausgehandelt:

> »Wenn der Sex unterdrückt wird, wenn er dem Verbot, der Nichtexistenz und dem Schweigen ausgeliefert ist, so hat schon die einfache Tatsache, vom Sex und seiner Unterdrückung zu sprechen, etwas von einer entschlossenen Überschreitung. Wer diese Sprache spricht, entzieht sich bis zu einem gewissen Punkt der Macht, er kehrt das Gesetz um und antizipiert ein kleines Stück der künftigen Freiheit. Daher der feierliche Ernst, mit dem man heute von Sex spricht« (Foucault, 1977, S. 15).

Die vermeintliche Freiheit, über Sex zu sprechen, entlarve sich sukzessive als Zwang, über ihn sprechen zu müssen, um ihn sichtbar zu halten. Durch seine öffentliche Sichtbarkeit könne er gelenkt und kontrolliert werden. Das Sexualdispositiv stellt sich dabei als ein rationalisiertes Kontrollverfahren dar: über Sex zu sprechen wird zu einer Art Geständnis, das diskursiv in öffentliche Gnade oder Ungnade fällt: »Das Geständnis über die Sexualität liefert die Nahrung für die Intensivierung der disziplinierenden Durchdringung der Intimsphäre des modernen Menschen, die ihn der ›kargen Alleinherrschaft des Sexes‹ (Foucault, 1983 S. 190) unterwirft« (Hillebrandt, 1997, S. 121).

William Simon und John Gagnon konstatieren dieses Phänomen in einer »deutlichen Zunahme der Darstellung und Diskussion von Sexualität in fast allen ihren Formen innerhalb von Massenmedien« (Simon & Gagnon, 1970, S. 14). Diese Sichtbarmachung geht dabei mit einer Mediatisierung einher, um somit eine breite Öffentlichkeit zu erreichen: es sollen sich möglichst viele Personen an der Diskursivierung von Sexualität beteiligen. Vom Skandal über Reportagen und Biografien bis zum *Hype* – die Veröffentlichungsform ist dabei variabel und multimedial.[24]

Die Normalisierung sozialer Praktiken

Eine weitere mögliche Form der Diskursivierung stellt die Normalisierung dar. Der Begriff der Normalisierung entspringt letztlich Jürgen Links Auseinandersetzung mit dem Normalitätsbegriff und dessen Weiterentwicklung innerhalb einer literatur- und sprachwissenschaftlichen, historischen Diskursperspektive (vgl. hierzu Link, 2006, 2013). Dieser Begriff wird von Sabine Hark sozialwissenschaftlich aufgegriffen und wie folgt definiert:

> »Normalisierung soll dabei zunächst ganz allgemein als Regulationsprozess verstanden werden, der nicht nur die Bildung normal(isiert)er Subjektivitäten anleitet, sondern auch Grenzen gegenüber interventions- und regulations-bedürftigen Devianzen produziert. Normalisierung zielt als Begriff auf jene Formen institutionalisierter und umfassender statistischer Selbstbeobachtung von Gesellschaften, die nicht zuletzt dazu dienen, Normalität und Abweichung zu bestimmen. [...] Devianz ist nicht eindeutig vom Normalen geschieden, vielmehr dient sie als beständige Versicherung der eigenen Normalität wie als Drohung, dass letztere immer nur einen Steinwurf von der Zone des Abweichenden entfernt ist« (Hark, 2013, S. 224).

Der Normalisierungsansatz wird von Tobias Singelnstein und Peer Stolle insofern erweitert, als sie davon ausgehen, dass sich – im Zuge der sich immer weiter ausdifferenzierenden und pluralisierenden Lebensweisen – die Verwaltung des *empirisch Normalen* (vgl. Singelnstein & Stolle, 2008, S. 61) als geeignete Kontrollform sozialer Ordnung darstelle, die es ermögliche, noch bis dahin als deviant geltende Verhaltensweisen einer allgemeiner gehaltenen Wert- oder Normdefinition zuzuordnen und somit als *normal* zu etikettieren.

In ihren Annahmen besteht die Verwaltung des *empirisch Normalen* darin, dass »nicht mehr die Normierung im Sinne einer Ausrichtung an einer feststehen-

24 Auf das Thema BDSM angewendet schildert Wagner den Max Mosley-Fall, der sich 2008 zugetragen hat (vgl. Wagner, 2014, S. 32–42). Dabei wurden Videofilmaufnahmen von sadomasochistischen Praktiken der genannten Person mit Prostituierten multimedial verbreitet und lösten einen Skandal aus. Einen umfassenden und detaillierten Überblick über diesen und weitere Diskurse mit dem Thema BDSM liefert Wagner (ebd., S. 21–78).

den, allgemeingültigen Norm angestrebt wird. Stattdessen gehen die Techniken sozialer Kontrolle vom empirisch Gegebenen aus und versuchen, diese Normalität möglichst effektiv zu verwalten« (ebd., S. 59). Das ist sozusagen die Einigung darüber, dass jede Ordnung ihre Anomalien produziert, die demnach anerkannt und durch Regulation kontrolliert oder in Schach gehalten werden. Die Verwaltung der Normalität – des Status quo, wenn man so will – wird so zu einer gesellschaftlichen Hauptaufgabe, denn die historischen Liberalisierungswellen haben ein ganzes Arsenal an Befreiungen geschaffen, mit denen erst einmal sozial umgegangen werden müsse. Liberalisierungen gingen dabei mit einem erweiterten Normalitätsbegriff einher. Somit können mehr soziale Praktiken zumindest als normal bezeichnet und integriert werden:

> »Normal ist dann entweder das, was üblich ist, was alle oder sehr viele tun oder was sich in einem Spektrum des statistisch Vorkommenden bewegt, auch wenn es statistisch seltener ist. Damit wäre auch Randständiges und in diesem Sinne das Abweichende in ein Normalfeld integrierbar, auch wenn es dort das Randständige bliebe« (Wagner, 2014, S. 18).

Die Grenzzone zwischen Abweichung und Normalität wird somit – wenn auch nur langsam – aktualisiert:

> »Oft hat die Gesellschaft bereits gelernt, solche häufiger begangenen devianten Handlungen zu tolerieren, während sie sich noch weigert, sie als legitim anzuerkennen. [...] Ebenso erfordert nicht die unmittelbare Folge oder der eigentliche Charakter einer Handlung, sie als deviant zu bestimmen, sondern die Schwierigkeiten, sie bereits vorhandenen Definitionen von konformem Verhalten zuzuordnen« (Simon & Gagnon, 1970, S. 10).

Auf die Thematik BDSM übertragen, werden auch hier die Grenzen dessen aktualisiert, was allgemein unter BDSM verstanden wird. Manche BDSM-Praktiken werden somit normalisiert: Es wird normaler oder möglicher, Informationen über BDSM zu generieren, Kontakte herzustellen und sich auszutauschen aber auch, BDSM-Instrumente zu kaufen, Events zu besuchen etc.:

> »Die angedeuteten kulturellen Prozesse durch Entmystifizierung, Enttabuisierung und Kommerzialisierung, kurzum die Banalisierung sexueller Vorlieben und Praktiken, die vordem als widernatürlich, gottlos, pervers und unmenschlich gegolten haben, integrieren die vordem isolierten partiellen Lüste auf verschiedene Weise.

> Einerseits schalten sie sie […] auf abstrakte Weise konkret gleich […]. Andererseits werden partielle Lüste zu Spezialitäten deklariert, die das normale Sexualleben bereichern« (Sigusch, 2005, S. 104).

Hier stellt sich die Frage, welche weiteren Möglichkeiten die Gesellschaft besitzt, mit sozialen Praktiken der Themenkomplexe Sexualität, Macht, Gewalt und Aggression umzugehen, also welche Rolle BDSM für die Gesellschaft respektive welche Positionierung die Gesellschaft dabei im Hinblick auf BDSM einnimmt. Dies kann als historischer Prozess dargestellt werden, indem verschiedene Taktiken zum Vorschein kommen, die BDSM zum diskursiven Gegenstand machen. Die Diskursivierung von BDSM dient dabei vorrangig seiner *Verwaltung* oder – anders gesagt – seiner hegemonialen Regulation:

> »Im öffentlichen Diskurs geht es nun nicht um unmittelbare Disziplinierung und Stigmatisierung, sondern um hegemoniale Regulation. […] Der Diskurs über Delinquenz und Normalität fungiert so als moderner Pranger, in dessen Bannkreis das Verbotene vor allen sichtbar wird und miterlebt, gleichzeitig aber auch abgespalten und abgeurteilt werden kann« (Böhnisch, 2010, S. 60).

Diesen Prozess kann man anhand der geführten und konstituierten Diskurse um BDSM sichtbar machen. Es geht dabei nicht darum, BDSM zu dämonisieren – dies war und ist lediglich eine von vielen möglichen Diskursivierungen – es geht vielmehr darum aufzuzeigen, dass der Umgang mit und somit die Konstitution und Kategorisierung von BDSM ebenso sozialem Wandel und sozialen Prozessen unterworfen ist, wie der Umgang mit und die Konstitution von Normalität und *normalem* sexuellen Verhalten.

Die diskursive Einigung auf das, was BDSM ist und wie BDSM sozial verstanden wird, soll im nächsten Kapitel mithilfe der Darstellung einiger Diskursivierungen aufgezeigt werden, die BDSM im Laufe seiner Konstitution und sozialen Positionierung erfahren hat.

Forschungsüberblick und -stand

Diskursivierungen von BDSM

Betrachtet man die wissenschaftliche Literatur zu SM (Sadomasochismus) und BDSM chronologisch, so fällt auf, dass die Bezeichnung gewisser sexueller Praktiken als Sadismus und Masochismus nicht alt ist und erstmals mit Richard von Krafft-Ebings Buch *Psychopathia sexualis* (1886) über sexuelle Perversionen zum Ende des 19. Jahrhunderts erfolgt. Die Auseinandersetzung mit diesen Praktiken fällt zusammen mit der intensiveren wissenschaftlichen Erforschung menschlicher Sexualität als solcher. Davor waren derartige Praktiken (z. B. Schlag- und Flagellationstechniken[25]) vor allem Gegenstand medizinischer Studien und Untersuchungen.[26] Bereits 1639 beschreibt der deutsche Mediziner Johann Heinrich Meibom der Ältere in *Tractatus de usu flagrorum in re medica et venerea* Männer, die durch Peitschenhiebe erregt werden. Er stellt die Theorie auf, dass durch die Schläge das Sperma in den Nieren erwärmt werde und dann in den Hoden zur Erregung führe.[27]

Das 17. und das 18. Jahrhundert sind geprägt von medizinischen und physiologischen Theorien über heute als sadomasochistisch bezeichnete Praktiken. Die Betonung der erotischen Komponente solcher Schlag- und Flagellationstechniken wird erst 1720 von Martin Schurig aufgegriffen und zum Ende des

25 Techniken, die unterschiedliche Arten des Auspeitschens zusammenfassen.

26 Die Internetseite www.datenschlag.org bietet eine Chronik sowie Informationen und Beschreibungen zur Entwicklung von SM und BDSM im Laufe der Zeit (http://www.datenschlag.org/dachs/index.html [12.11.2017]).

27 Vgl. http://www.datenschlag.org/dachs/dachs_vor1800.html (12.11.2017).

18. Jahrhunderts weiterentwickelt.[28] Bis 1788 waren vor allem Männer Gegenstand dieser Forschungen. Dies ändert sich mit François Amédée Doppet, der in seinem Buch *Das Geißeln und seine Einwirkung auf den Geschlechtstrieb* (1788)[29] die bisherigen Theorien um den Hinweis erweitert, dass Schläge- und Flagellationstechniken auch bei Frauen ihre physiologische – und damit sexuelle – Wirkung zeigen.

Mitte des 19. Jahrhunderts veröffentlicht der ungarische Arzt Heinrich Kaan ein Buch mit dem Titel *Psychopathia sexualis* (1843), in dem er »Sünden des Christentums in medizinische Diagnosen umwandelt. Die theologischen Begriffe ›Deviation‹, ›Aberration‹ und ›Perversion‹ werden Teil der Wissenschaftssprache«[30]. Ab diesem Zeitpunkt werden sadomasochistische Praktiken mit der Betonung ihres perversen – und somit (psycho-)pathologischen – Moments diskutiert. Es findet eine Sexualisierung dieser Praktiken statt, was insbesondere Krafft-Ebing geschuldet ist, der 1886 sein oben erwähntes umfassendes Buch über sexuelle – und damit meint er heterosexuelle – Normabweichungen herausgibt. In einer späteren Auflage 1890 werden dabei die Begriffe Sadismus und Masochismus eingeführt.[31] Die Etikettierung von Sadismus und Masochismus als sexuelle Perversion erfolgt in der bisher geschilderten Chronologie vor allem noch aus medizinischer und medizinisch-pathologischer Sicht.

Zu Beginn des 20. Jahrhunderts fordert Iwan Bloch in seinem Buch *Das Sexualleben unserer Zeit in seinen Beziehungen zur modernen Kultur* (1907) »die Etablierung einer ›*Sexualwissenschaft*‹ als eigenständiger Forschungsrichtung, die die Methoden und Einsichten der Natur- und der Geisteswissenschaften in sich vereinen soll«[32]. In den kommenden Jahren erfolgt die Institutionalisierung der Sexualwissenschaft als eigenständige Forschungsrichtung und organisiert sich als wissenschaftliche Forschungsgesellschaft, allen voran die »Ärztliche Gesellschaft für Sexualwissenschaft und Eugenik« sowie die »Internationale Gesellschaft für Sexualforschung«, die beide 1913 in Berlin gegründet wurden[33]. Die Disziplin öffnet sich dabei auch anderen Wissenschaften außerhalb der Medizin, beispielsweise der Anthropologie, der Kriminologie und den Geschichtswissen-

28 Vgl. ebd.
29 Vgl. ebd.
30 Vgl. http://www.datenschlag.org/dachs/dachs1800_1899.html (12.11.2017).
31 Vgl. ebd.
32 Vgl. http://www.datenschlag.org/dachs/dachs1900_1949.html (12.11.2017).
33 Vgl. ebd.

schaften.[34] Zwischen den 1920er und 1940er Jahren werden diverse Handbücher und Zeitschriften über Geschlechts- und Sexualkunde herausgegeben. Sie alle behandeln sadomasochistische Praktiken als sexuelle Abart oder auch sexuelle Perversion.[35]

Die sexualwissenschaftliche Perspektive wird ab 1940 von Alfred Charles Kinsey konzentriert aufgegriffen. In den nächsten Jahren erfolgt die erste große empirische Untersuchung zum menschlichen Sexualverhalten generell. Dabei geht Kinsey vor allem im zweiten Teil seiner Studie (1953 [1954]), des sogenannten Kinsey-Reports, auf speziellere Sexualpraktiken ein. Hier wird erstmals das Ausmaß oder der Anteil deutlich, den sadomasochistische Praktiken im *generellen Sexualleben* der Interviewten scheinbar einnehmen (vgl. Kinsey et al., 1953, S. 676–679):

> »3% der Frauen und 10% der Männer geben an, definitiv und/oder immer durch sadomasochistische Geschichten erregt zu werden, weitere 9% der Frauen und 12% der Männer reagieren manchmal mit Erregung. 26% der Frauen und 26% der Männer erregt es definitiv oder immer, beim Sex gebissen zu werden, weitere 29% der Frauen und 24% der Männer nur manchmal. Nur zwei oder drei Frauen geben explizit fetischistische Interessen an«[36].

Die Ergebnisse lassen erste Überlegungen dahingehend zu, dass ein so hoher Anteil der SM- und BDSM-Zugeneigten doch nicht als *anormal* etikettiert werden könne. Das Thema gewinnt somit an öffentlichem Gewicht. In diskurstheoretischer Sprechweise könnte man diese Jahre als erste Normalisierungswelle von sadomasochistischen Praktiken bezeichnen.

Die 1960er Jahre stehen letztlich in der Auseinandersetzung mit Kinseys Report, also der Frage, ob sadomasochistische Praktiken als normal oder nichtnormal etikettiert werden sollen. Bahnbrechend hierbei ist das 1965 in deutscher Sprache erschienene Buch *Die sexuellen Minderheiten* des schwedischen Psychiaters Lars Ullerstam:

---

34 Vgl. ebd.

35 Erich Fromm desexualisiert sadomasochistische Praktiken, indem er sie auf die Kultur an sich anwendet und sadistisch und masochistisch als personale sowie soziale Charaktereigenschaften auffasst. Diese Sichtweise wird unter anderem von Theodor Reik weitergeführt und hält sich in einigen links-intellektuellen Kreisen bis heute. Die Kulturalisierung von SM und BDSM wird im Weiteren noch näher erläutert.

36 Vgl. http://www.datenschlag.org/dachs/dachs1950_1959.html (12.11.2017).

> »Der ungewöhnlich liberal argumentierende Autor verteidigt das Recht jedes Menschen, individuelle sexuelle Abweichungen auszuleben, soweit die Gesellschaft dabei keinen Schaden nehme«[37].

Im Laufe dieser Auseinandersetzung formiert sich eine Art Gegenbewegung zu den angedeuteten Normalisierungsbestrebungen, die sadomasochistischen Praktiken eine psychologische und psychiatrische Natur zuweisen. Sadomasochistische Praktiken werden Gegenstand einer Psychopathologisierung. Gerade die zweite Generation der Frankfurter Schule – vor allem Herbert Marcuse und Erich Fromm – stehen der Normalisierung sadistischer und masochistischer Tendenzen kritisch gegenüber. Über den Sadismus äußerst sich Fromm sehr bestimmt und weist ihn – abgrenzend zu anderen Sexualpraktiken – explizit als Perversion aus:

> »Dagegen sind sexuelle Handlungen, die dadurch gekennzeichnet sind, daß der eine für den anderen zum Gegenstand der Verachtung und des Wunsches, zu verletzen und zu beherrschen wird, die einzigen echten sexuellen Perversionen; [...] weil sie einen Impuls, der im Dienste des Lebens steht, in einen solchen pervertieren, der das Leben erstickt« (Fromm, 1974, S. 255).

Gerade dieser Argumentationsstrang ist noch bis heute in links-intellektuellen Kreisen zu finden und genau gegen diese Argumentation wendet sich die Abgrenzung des heutigen BDSM zu den pathologischen Formen des Sadismus und Masochismus. In der soziokulturellen Praxis von BDSM beherrscht das gegenseitige Einverständnis die sadomasochistische Interaktion – das heißt ohne Masochismus also auch kein Sadismus. In seiner psychopathologischen Form fehlt das gegenseitige Einvernehmen. Hier zeigt sich eine erste Differenzierung von Praktiken mit Elementen von Gewalt, Macht und Sexualität. Durch das Moment der gegenseitigen Einwilligung hebt sich die Bezeichnung *sadomasochistische Praktiken* innerhalb des BDSM von den Praktiken eines als pathologisch etikettierten Sadisten oder Masochisten ab.

Sadomasochismus wird in den Frankfurter Kreisen zum Gegenstand intellektueller Diskussionen über ein dem Menschen inhärentes Straf- und Schuldbedürfnis. Marcuse argumentiert dabei aus Ansätzen der Freud'schen Psychoanalyse heraus (vgl. Marcuse, 1973, S. 37ff.). Demnach sei das *vermeintliche* Schuld- und Strafbedürfnis in sozialen und kulturellen Einflüssen begründet, die das

37 Vgl. http://www.datenschlag.org/dachs/dachs1960_1969.html (12.11.2017).

Freud'sche Über-Ich herausbilden, das wiederum als Repräsentant der »geltenden Moralgesetze« (ebd., S. 37) fungiere. Es seien die introjizierten gesellschaftlichen Normen, die sich in Form eines Gewissens manifestierten. Nun könne die einverleibte, ideale Norm nie gänzlich erreicht werden, ohne dass eine Verdrängung der individuellen Persönlichkeitsanteile damit einhergehe. Theodor Reik sieht – ähnlich wie Norbert Elias (1976) in seinen Studien zum Zivilisationsprozess – die Pathologie vor allem in der Unterdrückung der Persönlichkeitsanteile zugunsten der Aufrechterhaltung der internalisierten gesellschaftlichen Norm. Der Kulturfortschritt bringe demnach ein »steigendes Schuldgefühl mit sich, das aus der Unterdrückung aggressiver Triebregungen erwächst. Dieses Schuldgefühl verlangt energisch Befriedigung in der Form des Strafbedürfnisses. Im sozialen Masochismus wird dieses Bedürfnis nun zuerst gesättigt« (Reik, 1977, S. 448). Das menschliche Strafbedürfnis zeige sich demnach in einer introjizierten Bewusstwerdung, dass auf die – wenn auch nur theoretische Verletzung der Norm – mit einer Sanktionierung zu rechnen sei: »Die Unvereinbarkeit hoher moralischer Anforderungen an das Ich und der menschlichen Natur äußert sich im Masochismus in der Produktion jenes Strafbedürfnisses, das auf die verbotene Triebbefriedigung in der Phantasie reagiert« (ebd., S. 451).

Der Begriff des *sozialen Masochismus* ist in dieser Hinsicht von besonderem Interesse. Er wird von Reik geprägt und für die kommenden Jahre das Verständnis der Frankfurter Schule von Sadomasochismus beeinflussen.[38] Wenn sadomasochistische Praktiken bisher unter den Aspekten psychischer Erkrankungen oder sexueller Perversionen diskursiviert wurden, so erfährt der Gegenstand nunmehr eine Kulturalisierung oder vielmehr eine Soziopathologisierung. Fromm stellt dabei SM als Symptom einer kranken – im Gegensatz zu einer gesunden – Gesellschaft dar. In weiteren Schritten wird er sich in Verbindung mit Theodor W. Adornos Studien über den autoritären Charakter zu der These durchringen, dass sadomasochistische Praktiken als Ausdruck für die Unfähigkeit des Menschen angesehen werden können, »in Freiheit zu leben«[39]. Gleichzeitig erfolgt eine Desexualisierung von SM. Hierbei wird das sexuelle Moment des Masochismus – wie auch des Sadismus – verklärt oder vielmehr ausgeklammert. Es geht in dieser Perspektive nunmehr darum, psychosoziale und kulturelle Persönlichkeitstypen beschreiben zu können, denen Leid, autoaggressives Verhalten oder Autodestruktivität diagnostiziert wird. Mit Sexualität hat SM in dieser Perspektive aber nur noch wenig zu tun:

---

38 Vgl. http://www.datenschlag.org/dachs/dachs1900_1949.html (12.11.2017).

39 Vgl. ebd.

> »Einige Psychiater gebrauchen den Ausdruck ›masochistischer Charakter‹ im außersexuellen Zusammenhang, um die Personen zu kennzeichnen, die auf Grund verschiedener unbewußter Absichten darauf achten, ständig unfreundlich behandelt zu werden, z. B. indem sie ihre Umgebung reizen oder sich mit einem Alkoholiker verheiraten« (Ullerstam, 1965, S. 87f.).

Sadomasochistische Praktiken werden hier in einen kulturellen Zusammenhang gebracht oder vielmehr als Ausdruck von Kultur betrachtet. Diese Perspektive setzt letztlich einen Grundstein dafür, auch kultur- und sozialwissenschaftliche Untersuchungen zu diesem Thema zu unternehmen.

In den 1970er und 1980er Jahren werden erste soziale Komponenten des Sadomasochismus in die wissenschaftliche Betrachtung einbezogen. Sie greifen die Desexualisierung von SM durch Fromm und Reik auf und betonen dabei die sozialen bzw. soziokulturellen Anteile von SM. Bei dieser sozialwissenschaftlichen Ausrichtung ist vor allem Andreas Spengler zu nennen, der 1977 sein *Manifest Sadomasochism of Males: Results of an Empirical Study* veröffentlicht. Dabei wird der Versuch unternommen, bisher als Sadomasochisten bezeichnete Personen nicht als »isolierte Kranke« zu beschreiben und zu behandeln, »sondern als Mitglieder einer komplexen Subkultur mit ausgeprägten sozialen Fähigkeiten. […] Die Studie revolutioniert [in einem gewissen Sinne] die SM-Forschung, wird allerdings von Psychoanalytikern ignoriert«[40]. Da sich Spenglers Studie vor allem mit homosexuellem Sadomasochismus beschäftigt, geht auch er davon aus, dass es nur wenig bis gar keinen weiblichen (heterosexuellen) Sadomasochismus gibt (vgl. Spengler, 1977, S. 455).

Auch in den USA etabliert sich langsam eine sozialwissenschaftliche Sichtweise auf SM. 1983 geben Thomas Weinberg und Levi Kamel einen Sammelband mit dem Titel *S & M: Sadomasochism – Studies in Dominance and Submission* heraus: »Das Buch fasst die Wissenschaftsgeschichte zum Thema SM seit Krafft-Ebing zusammen und propagiert einen empirisch-soziologischen Forschungsansatz«[41]. Mitte der 1980er Jahre erscheinen erste empirische Untersuchungen über das Thema SM. Man muss sich dabei vergegenwärtigen, dass ein Forscherteam um Norman Breslow 1986 lediglich fünf empirische Studien über SM findet. In Bezug auf den Mangel an Empirie zu diesem Thema wird in den Folgejahren versucht, diesen Bedarf nachzuholen.

Sozialwissenschaftlich gesehen sind die 1990er Jahre eher ruhig, jedoch ein-

---

40 Vgl. http://www.datenschlag.org/dachs/dachs1970_1979.html (12.11.2017).

41 Vgl. http://www.datenschlag.org/dachs/dachs1980_1989.html (12.11.2017).

schlägig. In Deutschland erscheint die sogenannte Trierer Studie von Thomas Wetzstein und Kolleg*innen unter dem Titel *Sadomasochismus. Szenen und Rituale* (1993) und gilt seitdem als *die* umfassendste soziologische Studie über SM. In einer aufwendigen Datenerhebung gibt das Forscherteam einen höchst detaillierten Einblick in die SM-Szene. Es ist der Versuch der Entkriminalisierung und der Entstigmatisierung von SM. Bis zum Jahr 2000 erreicht die Gesamtauflage 22.000 Exemplare.[42] Die Ergebnisse der Studie sind bis heute wissenschaftlich relevant und viel zitiert. In einer groß angelegten ethnografischen Feldstudie wurden Daten in Form von Artefakten (darunter Magazine, Hefte, Filme, Literatur zu BDSM etc.), Beobachtungen, Befragungen und Gruppendiskussionen erhoben und ausgewertet. Dabei wurden insgesamt 143 Personen in 65 Interviews befragt. Die Beobachtungen und Befragungen fanden in Domina-Studios, SM-Bars und -Kneipen, Erotik-Shops sowie bei Szene- und Privattreffen statt (vgl. Wetzstein et al., 1993, S. 27–34). Die Studie wirft die Frage auf, ob SM als Affektkultur verstanden werden kann, die als Reaktion auf einen vermeintlichen Zivilisationsprozess zu betrachten ist. Affektkulturen würden die soziale Kontrollform der Affektverdrängung verneinen und im Gegenzug Emotionen und Affekte bewusst ausleben. Erst durch das Zulassen der Emotionen und Affekte können sie sozial beherrschbar werden, eben weil sie in einem sozialen Rahmen sicher und kontrolliert ausgelebt werden können.[43]

In den folgenden Jahren hat sich die deutschsprachige Soziologie allem Anschein nach aus der Thematik weitestgehend verabschiedet. Der letzte relevante Artikel über die SM-Szene zu dieser Zeit aus soziologischer Sicht stammt von Ronald Hitzler (vgl. Hitzler, 1994; vgl. auch Hitzler et al., 2001).[44]

1995 veröffentlichen die schwedischen Psychologen Kurt Ernulf und Sune Innala die Ergebnisse aus ihrer Analyse

> »von 514 Beiträgen zum Thema Bondage, die 1990 in der Newsgroup alt.sex.bondage[45] gepostet wurden. 71% der heterosexuellen Männer, 11% der heterosexuellen Frauen und 12% der homosexuellen Männer geben an, die dominante Seite zu bevorzugen. 29% der heterosexuellen Männer, 89% der heterosexuellen Frauen und 88% der homosexuellen Männer ziehen die submissive Seite vor. 33% geben an,

42 Vgl. http://www.datenschlag.org/dachs/dachs1990_1994.html (12.11.2017).

43 Zur ausführlichen Auseinandersetzung vgl. Wetzstein und Kolleg*innen (1993, S. 293–302).

44 Hitzler prägt in seinen Forschungen und Studien vor allem die (deutsche) Debatte um den Subkulturbegriff und etabliert in seiner Auseinandersetzung damit die Dortmunder Szeneforschung.

45 Vgl. http://www.faqs.org/faqs/by-archive-name.html#B (12.11.2017).

> Bondage zusammen mit sadomasochistischen Praktiken auszuüben oder die beiden Bereiche als zusammengehörig zu betrachten«[46].

Ab diesem Zeitpunkt können somit weitere sexuelle Praktiken zum Sadomasochismus gezählt werden, deshalb wird im Weiteren immer mehr von BDSM die Rede sein.

Einen revolutionären Wendepunkt nimmt das Jahr 1999 ein. In Deutschland erscheint die fünfte überarbeitete Auflage des *Gesundheits-Brockhaus* mit einem Eintrag zum Begriff *Masochismus*:

> »Werden die masochistischen Bedürfnisse in gegenseitigem Einvernehmen mit entsprechend veranlagten Sexualpartnern ausgelebt, wird M[asochismus] weder für den Betroffenen noch für andere zum Problem. Innerseelische und partnerschaftliche Komplikationen drohen meist nur dann, wenn die masochistischen Bedürfnisse verschwiegen, verdrängt oder nur unter großen Schuldgefühlen ausgelebt werden«[47].

Hier werden die Komponenten des gegenseitigen Einverständnisses und der Freiheit der persönlichen Sexualität betont. Man könnte diesen Schritt als zweite Normalisierungswelle ansehen. Nicht das Ausleben der Vorlieben, sondern deren Verdrängung wird nunmehr zum pathologischen Moment. Die Problem- oder Konflikthaftigkeit von BDSM wird auf die interindividuelle Ebene verlagert. BDSM wird zum Aushandlungsprozess der jeweils beteiligten Personen.

Die 2000er Jahre befassen sich – soziologisch gesehen – generell erst zum Ende hin mit dem Thema SM und BDSM. 2008 und 2009 erscheinen in deutscher Sprache erneut vereinzelt soziologische Auseinandersetzungen (insbes. Schwarz et al., 2008; Passig & Strübel, 2009), doch die deutschsprachige Forschung weist weiterhin erhebliche Lücken auf.

In der englischsprachigen Soziologie ist BDSM in diesen Jahren durchaus häufiger Gegenstand der Forschung. Zudem wird die wissenschaftliche Betrachtung von BDSM spezifischer. Dazu wird oft die Rolle von BDSM in Relation zu einer spezifischen Kontextlogik gesetzt. So werden BDSM-Praktiken beispielsweise unter therapeutischen Gesichtspunkten betrachtet (vgl. Lindemann, 2011), im Kontext von Gefangenenlagern untersucht (vgl. Weiss, 2009) oder im Kontext des *Live-action-role-playing* (LARP) beobachtet (vgl. Harviainen, 2011). Auffallend ist der Fokus auf die verschiedenen Interaktionsräume, in denen BDSM

46 Vgl. http://www.datenschlag.org/dachs/dachs1995_1999.html (12.11.2017).

47 Vgl. ebd.

realisiert wird, wie auch die Betonung des Konsensuellen innerhalb der Interaktionen – zu verstehen als klare Abgrenzung zu *nicht-konsensuellen BDSM-Praktiken*[48], das heißt Praktiken, denen die freiwillige, bewusste und somit auch legale Komponente fehlt (vgl. Athanassoulis, 2002).

Danielle Lindemann kann hierbei als eine der kontroversesten Forscher*innen auf dem Gebiet von BDSM gesehen werden. Ihre Ergebnisse sind scheinbar mehr als umstritten.[49] Sie führte Studien über die Mikrodynamiken zwischen professionellen Dominas und ihrer Klientel durch und erhob innerhalb dieser Untersuchungen 66 halb-strukturierte Interviews. Ihre Studien nehmen einerseits einen verteidigenden Standpunkt gegenüber BDSM als sozialer Praxis ein, andererseits etikettieren ihre Ergebnisse BDSM erneut als psychopathologisch. Man könnte hier vom Beginn einer zweiten Psychopathologisierungswelle sprechen:

> »Respondents interpreted their work as psychologically beneficial for their clients, explicitly referring to themselves as therapists. This discourse is particularly striking, given the historical framing of sadomasochism (SM) – the giving and receiving of physical and psychological pain for erotic pleasure – as pathology, not therapy« (Lindemann, 2011, S. 151).

Lindemann stellt die Arbeit professioneller Dominas als alternative Therapieform dar, die neben der medizinischen oder psychologischen Therapie als Heilmethode aufgesucht werden kann. Eine professionelle Domina äußert sich zu diesem Umstand folgendermaßen:

> »I mean, how about the people who snap and kill somebody? This is part of the reason why this is therapeutic, [be]cause you're getting to control it. You're taking the power back [...] and you're hopefully doing it in a controlled, good way. And that's a whole lot better than somebody who ends up mutilating animals and killing hookers« (ebd., S. 157).

48 Wobei man gerade hier dann nicht von BDSM-Praktiken sprechen kann. Durch das Nicht-Konsensuelle gehören diese Praktiken nicht zu BDSM. Es sind dann soziale Praktiken mit den Thematiken von Gewalt, Aggression und Sexualität, die nicht innerhalb dessen, was hier als BDSM gefasst wird, ausgedrückt und realisiert werden.

49 Im Rahmen meiner beruflichen Eingliederung kam eine interessante Diskussion mit einem Gast zustande, der sich in seiner beruflichen Tätigkeit als Psychotherapeut und Psychiatrischer Therapeut mit Lindemanns Thesen auseinandergesetzt hat. Er stand Lindemanns Ergebnissen höchst kritisch gegenüber, da sie die Forschung und auch die gesellschaftliche Haltung zu BDSM um Jahrzehnte zurückwerfe.

Was in Lindemanns Ansatz keine Unterscheidung mehr findet, ist die Abgrenzung zwischen sexuellen Vorlieben für BDSM-Praktiken und sexuellen Störungen. Die beiderseitige Einvernehmlichkeit trennt jedoch BDSM-Praktiken von sexuellen Störungen bzw. Paraphilien im psychiatrischen Sinne. Es werden »in den derzeitigen psychiatrischen Klassifikationen sadomasochistische Arrangements, bei denen beide Partner im gegenseitigen Einvernehmen handeln, nicht mehr als *Störung* eingestuft, sondern als eine private Vorliebe, die für psychologische oder medizinische Therapeuten ohne Belang sind, solange niemand darunter leidet« (Berner, 2011, S. 14 [Hervorheb. im Orig.]).

Aktueller Stand der Forschung – Die Normalisierung von BDSM

Die aktuellste Studie zum Thema SM und BDSM stellt die Untersuchung von Wagner (2014) dar, die eine ähnliche Thematik behandelt wie dieses Buch. Es geht um die Sichtbarmachung derjenigen Grenzen, die sich zwischen Normalität und *Nicht-mehr-Normalität* – vor allem sexueller Praktiken – manifestieren. Wagner interessiert dabei vor allem die Frage, »wie Grenzen über das Praktikable verhandelt werden und welches vorgängige Wissen in Grenzziehungen und Gestaltungsspielräumen von SM-Sexualität zum Tragen kommt« (Wagner, 2014, S. 13). Sie geht dabei von der Annahme aus, dass sich SM-Sexualität zwischen Normalisierungs- und Tabuisierungsdiskursen konstituiert, also *zwischen Normbruch und Normbestätigung*, so der Untertitel ihrer Studie, stattfindet:

> »Es ist nicht von vorneherein die *Harmlosigkeit* des SM ausgemacht, ebenso wenig allerdings seine grundsätzliche Tabuisierung. Jedenfalls kann aus einer massenhaften medialen Thematisierung des SM nicht auf die Legitimation des SM insgesamt geschlossen werden. SM-Themen sind – zieht man den Mediendiskurs heran – gleichzeitig normalisierbar und tabuisierbar« (ebd., S. 42 [Hervorheb. im Orig.]).

Wagner bietet in ihrer Studie eine umfassende und äußerst aktuelle Perspektive auf SM- und BDSM-Praktiken, indem sie in einem ersten Überblick nicht nur unterschiedliche Diskursivierungen von SM, sondern auch die Entstehungsgeschichte der SM-Szene in Deutschland darstellt.

Ihre Studie unterscheidet sich von meinen Untersuchungen im Wesentlichen auf der analytischen Ebene sowie in der Methodenwahl – Wagner wendet die dokumentarische Methode nach Karl Mannheim (1980) und Ralf Bohnsack

(Bohnsack et al., 2001) an (vgl. Wagner, 2014, S. 79–83). Die Autorin führt Interviews mit nach dem Schneeballprinzip ausgesuchten BDSM-Praktizierenden. Die Auswahl erfolgt bewusst mit dem Ziel, eine möglichst breite Palette der verschiedenen Praktiken, Rollen- und Geschlechtskonstellationen zu vertreten, was in Wagners Studie durchaus Sinn macht. Die Analyseebene bewegt sich dabei im individual-interaktionistischen Bereich, das bedeutet, die Interviewten sprechen für sich als Akteur*innen und Spieler*innen – im äußersten Fall noch über die Interaktionen und Kommunikationen, die sie zu anderen BDSM-Praktizierenden und Spielenden in Beziehung setzen.

Wagners Studie repräsentiert sozusagen eine dritte Normalisierungswelle. Sie überträgt diesen Ansatz auf die individuelle Ebene der interviewten SM-Praktizierenden. SM- oder BDSM-Praktiken würden insofern von einer Normalisierungstendenz erfasst, als letztlich das abweichende Merkmal nur mehr in der Grenze zur Illegalität ausgemacht werden kann, denn

> »[a]ußer der Einhaltung von Gesetzen seien nur die Freiwilligkeit und das Einvernehmen aller Beteiligten Voraussetzung für eine legitimierte und legitimierbare Sexualität. Auch SM-Sexualität profitiere von dieser Entwicklung insofern, als dass sie nicht mehr in dem Maße tabuisiert werde, wie dies noch bis in die 1990er Jahre der Fall war. Der Sadomasochismus wird in dieser Einschätzung als weitgehend normalisiert eingestuft oder doch als auf dem Weg dahin« (ebd., S. 11).

Wagner kommt zu dem Ergebnis, dass die angenommenen Normalisierungsprozesse auf die individuelle Ebene übergehen, also eine »Selbstnormalisierung« der Subjekte stattfindet: »[V]or allem in der Konstruktion von SM als randständig, [sorgen] die SM-Praktizierenden selbst dafür […], sich als möglichst normal zu konstruieren und sich zur Mitte einer angenommenen Normalitätszone hin zu bewegen« (ebd., S. 318).

Wagner konzentriert sich in ihrer Studie hauptsächlich auf die mikrosoziologische Analyseebene. Zwar überträgt sie ihre Ergebnisse in ihrem Fazit auf gesellschaftliche Fragestellungen, bleibt aber – was die Auseinandersetzung mit den Diskursivierungen von SM auf organisatorischer Ebene angeht – eher zurückhaltend. Diesen Punkt werde ich daher im Folgenden noch explizit aufgreifen. Auf welchen Ebenen kann BDSM sozialwissenschaftlich verortet werden und wie unterscheiden sich diese Ebenen voneinander? Gleichfalls geht es um die Frage, wo und wie BDSM gesellschaftlich einem Bezugssystem zugewiesen werden kann und wie sich diese Verortungen wiederum voneinander unterscheiden.

Exkurs: BDSM – Subkultur oder Szene?

Man kann sich gewiss die Frage stellen, ob eine Einteilung von BDSM in eine zuvor definierte Kategorie – speziell in diesem Buch und auch allgemein – sinnvoll ist oder nicht. Gerade mit der Kategorisierung an sich geht eine Vielzahl an Be- und Zuschreibungen einher, welche die Facetten von BDSM zwar rahmen, damit aber auch eingrenzen und womöglich wichtige Aspekte außer Acht lassen können. Ich gehe davon aus, dass keine Kategorisierung – in welcher Weise auch immer – die soziale Wirklichkeit in ihrer Gänze erfassen, geschweige denn abbilden kann. Demnach enthält die soziale Welt »keinen intersubjektiv geteilten Sinn, der darauf wartet, verstanden und rekonstruiert zu werden; die Welt ist das konstruierte Produkt einer Beobachterinstanz, für die sich die Welt in einer spezifischen imaginären Brechung darbietet« (Angermüller, 2005, S. 28f.). Die von mir angenommenen und getroffenen Kategorisierungen sind vielmehr als soziale und sozialwissenschaftliche Hilfskonstruktion zu verstehen.

Sozial dienen sie der Einteilung von Fremdem und Eigenem als Strukturierungsmöglichkeit, um überhaupt Unterscheidungen vornehmen zu können. Im einfachsten Sinn kann dabei an die Unterscheidung von Freund und Feind, von gefährlich und nicht gefährlich etc. gedacht werden. Diese Einteilung muss nicht als bewusster Akt verstanden werden. Der Prozess der Kategorisierung kann eher als gewohnheitsmäßig, nahezu unbewusst ablaufend angenommen werden. Über Kategorisierungen – so Bernd Dollinger und Jürgen Raithel – »segmentieren Individuen ihre (natürliche und soziale) Umwelt in Zusammengehörendes und Nicht-Zusammengehörendes und so auch in unterscheidbare Gruppen, z. B. in die Eigengruppe, in vertraute andere oder fremde Gruppen« (Dollinger & Raithel, 2006, S. 94). Sozialwissenschaftlich unterstützt die idealtypische Kategorisierung die Betrachtung sowie die Aufspaltung der Facetten des betrachteten Forschungsgegenstandes. Erst durch diese Unter- oder auch Einteilung kann eine Analyse vollzogen, können Abgrenzungen sichtbar und Inhalte vergleichbar gemacht werden. Die Kategorien, mit denen ich mich hier auseinandersetzen will, sind zunächst grundsätzlicher Natur. Es geht dabei um die Definition von BDSM als Subkultur oder als Szene.

Vorab lässt sich feststellen, dass diese Debatte durchaus als deutschsprachiges Spezifikum angesehen werden kann. Sie erscheint als Teil oder auch als Fortsetzung der Debatte um Klassen- und Schichtmodelle gegen Milieu- und Lebensstilmodelle, die vor allem in der deutschsprachigen Soziologie geführt wird. Es ist letztlich eine Debatte um eingenommene Perspektiven.

Schon vor 20 Jahren setzte sich Stefan Hradil mit dieser Thematik auseinander und wirft die Frage auf, ob Klassen- und Schichtmodelle überhaupt noch in der Lage seien, heutige gesellschaftliche Differenzierung zu fassen und benennen zu können (vgl. Hradil, 2001). Auch Thomas Meyer weist auf diese Schwierigkeit hin und betont, dass »der Übergang von den großen Kontrasten zu den feinen Unterschieden […] eine Verkleinerung des Maßstabes auf eine Größe nötig [mache], die es ermöglicht, die Mikrokosmen der sozialen Realität in den Blick zu bekommen« (Meyer, 2001, S. 267). Durch die hochartifizielle Abstraktion von Klassen- und Schichtmodellen seien sie kaum mehr in der Lage, konkrete soziale Lebenszusammenhänge zu identifizieren und seien letztendlich nichts anderes als bloße Schreibtischkonstruktionen (vgl. ebd., S. 265).

Der Milieu- und Lebensstilforschung wird wiederum vorgeworfen, zu unkritisch zu sein, die schicht- und klassenspezifischen Faktoren wie Bildung, Einkommen etc. außer Acht zu lassen und somit soziale Ungleichheit zu verschleiern: »Mit der unkritischen Fokussierung auf eine dynamische Vielfalt der Lagen, Milieus und Lebensstile wird der kritische Blick für weiterhin bestehende vertikale Ungleichheitsstrukturen getrübt. Es besteht die Tendenz, dass vertikale Strukturen wegdifferenziert, wegpluralisiert, wegindividualisiert und wegdynamisiert werden« (Geißler, 1996, S. 323).

Darüber hinaus könnten Milieu- und Lebensstilmodelle lediglich einen geringen Ausschnitt sozialer Lagen der Gesellschaft abbilden. Dieser beschränke sich vor allem auf die breite Mittelschicht und sei daher für eine umfassende Sozialstrukturanalyse ungeeignet. So formuliert Meyer diesen Kritikpunkt mit etwas spitzer Zunge dahingehend, »dass die Lebensstile von postadoleszenten ›Trendsettern‹, Teilgruppen der aufsteigenden Mittelschichten oder grellen großstädtischen Subkulturen mehr interessieren zu scheinen als diejenigen von Arbeitslosen, alten Menschen, Hausfrauen, Sozialhilfeempfängern oder ethnischen Minderheiten« (Meyer, 2001, S. 265).

Eine Fortsetzung und Ausdifferenzierung dieser Debatte liefert meines Erachtens die Unterscheidung zwischen der subkulturtheoretischen Perspektive und der Perspektive der Szeneforschung, was ich im Weiteren unter anderem durch Rolf Schwendters *Theorie der Subkultur* (1993) auf der einen und die Dortmunder Szeneforschung um Ronald Hitzler auf der anderen Seite ausführen werde. Zunächst lässt sich feststellen, dass beide Begriffe ihre Gültigkeit besitzen – letztlich entscheidet die gewählte Analyseebene sowie die eingenommene Perspektive auf den sozialen Tatbestand: sozialstrukturell auf der einen, handlungstheoretisch auf der anderen Seite. Deshalb werde ich im Folgenden den Unterschied beider Sichtweisen kenntlich machen.

BDSM als Subkultur

Auf sozialstruktureller Ebene erscheint es durchaus sinnvoll, von BDSM als Subkultur zu sprechen. Eine Grundlage für die Beschreibung von Subkultur liefert Karl-Heinz Hillmann. Subkultur ist demnach

> »die Bezeichnung für die Lebensform eines Personenkreises oder Bevölkerungsteiles mit bestimmten Auffassungen, Werten, Normen, sozialen Strukturen und Verhaltensweisen (Lebensstil), die von jenen der jeweiligen Mehrheitskultur [...] erheblich, deutlich und gegebenenfalls in konfliktträchtiger Weise abweichen. Die Entstehung von Subkulturen wird durch bestimmte gemeinsame Merkmale von Personen begünstigt, z. B. Alter, Geschlecht, Beruf, ethnische Zugehörigkeit, Weltanschauung, soziale Schicht« (Hillmann, 2007, S. 371).

In dieser Perspektive stehen also diejenigen Vergemeinschaftungsformen im Fokus, die nach strukturellen Faktoren (z. B. Bildung, Alter, Einkommen etc.) gruppiert werden können.[50] Mitunter bezieht sich diese Perspektive auf die Annahme einer strukturell vorherrschenden Kultur – sie dient als Referenzpunkt und aus ihr leiten sich Subkulturen quasi ab. Subkulturen stellen damit eine unterschiedliche Ausdifferenzierungs- oder Interpretationsform derjenigen Werte und Normen dar, die in der vorherrschenden – hegemonialen – Kultur regel- und maßgebend sind. Zum Teil widersprechen sich diese Werte und Normen diametral – dann könnte man sogar von einer Gegenkultur sprechen:

> »Die Grundannahme des Subkulturansatzes ist, dass in größeren, komplexen sozialen Systemen Normen, Werte und Symbole nicht für alle die gleiche Bedeutung und Wertigkeit haben. Denn entsprechend große Systeme (Gesellschaftssystem) sind ausdifferenziert und in Subsystemen strukturiert. Die Subsysteme unterscheiden sich nach Wertorientierungen und Normen, wenngleich es auch immer noch gemeinsam geteilte Werte gibt« (Dollinger & Raithel, 2006, S. 85f.).

Die Ableitung der Subkulturen von einer gemeinsam geteilten Leitlinie impliziert dabei eine relationale, gesamtgesellschaftliche Positionierung und Bewertung.

50 Die Reichweite der subkulturellen Zugehörigkeit ist dadurch höher als beispielsweise bei Szenen oder ähnlichen Vergemeinschaftungsformen, da Subkulturen allein schon aufgrund des gewählten Gruppierungsmerkmals zahlenmäßig mehr Menschen zusammenfassen können.

Die Positionierung und die damit verbundene Hierarchisierung ermöglichen somit die Analyse ungleicher Verteilungen wie beispielsweise Macht, Vermögen, Wohnraum etc. Subkulturtheorien können demzufolge das Thema sozialer Ungleichheiten auch dezidierter ins Auge fassen und behandeln.[51]

In einem funktionalistischen Kontext können soziale Felder, Gebilde oder Räume auf ihre gesamtgesellschaftlichen Funktionen hin (z. B. systemische und soziale Integration) betrachtet werden. Der Grad der Einbindungsfähigeit ihrer Mitglieder kann bei Subkulturen mehr oder weniger identitätsstiftend wirken, im Vergleich zur Gesamtkultur – aber auch zu Szenen – ist die *gefühlte* Gruppenzugehörigkeit jedoch gewiss fester:

> »S[ubkulturen] können sich leichter in modernen pluralistischen und hochdifferenzierten Gesellschaften herausbilden und in diesen ein relatives Eigenleben führen. [...] Die S[ubkultur] verleiht dem Einzelnen ein höheres Maß an Identifikationsmöglichkeiten, weil sie zumeist die speziellen Lebensprobleme und sozialen Daseinsbedingungen besser berücksichtigt. Sie schafft dadurch höhere Verhaltenssicherheit als die abstrakten, anonymen Muster der Gesamtkultur« (Hillmann, 2007, S. 872).

Durch diese Annahmen sind Subkulturen einerseits stabiler und mitunter stärker in ihrer sozialen Integrationsfähigkeit, andererseits resistenter in ihrem Umgang mit Flexibilisierungstendenzen, damit aber weniger anpassungsfähig an soziale Dynamiken.[52] Je höher die Anzahl ihrer Mitglieder, desto träger erscheint dabei die Subkultur in ihrer Anpassungsdynamik.

Schwendter hat sich insbesondere mit dem Begriff der Subkultur[53] ausein-

---

51 Hegemonietheoretisch könnte man insofern argumentieren, als Subkulturkonzepte die Schauplätze und Kämpfe um kulturelle – aber auch politische oder soziale – Hegemonie identifizierbar und sichtbar machen können.

52 Diese Perspektive findet sich vor allem in Talcott Parsons AGIL-Schema wieder. Demnach ist der Grad der Dynamisierung – also der Anpassung an die Umwelt – im adaptiven System am höchsten und nimmt weiter bis zum kulturellen System sukzessive ab. In der entgegengesetzten Richtung nimmt Parsons dabei an, dass der Grad der Kontrolle – also der Stabilität – beim kulturellen System am höchsten, beim adaptiven System dafür am niedrigsten ist (vgl. hierzu Parsons, 1976).

53 Schwendter arbeitet weiter verschiedene Subkulturtypen anhand ihres Begriffsverständnisses von Fortschritt heraus. Diese bezeichnet er als marxistisch, polyarchistisch, evolutionistisch, anarchistisch, technologisch-futuristisch sowie esoterisch (vgl. hierzu Schwendter, 1993, S. 39).

andergesetzt. Er unterscheidet zusätzlich zu den oben genannten Ausführungen noch in progressive und regressive Subkulturen, die auf gesamtgesellschaftlicher Ebene jeweils andere Funktionen erfüllen und Leitbilder vertreten:

> »Die Normen, Institutionen etc. der progressiven Subkulturen dienen diesen dazu, den gegenwärtigen Stand der Gesellschaft aufzuheben, weiterzutreiben, einen grundsätzlich neuen Stand zu erarbeiten. Die Normen, Institutionen etc. der regressiven Subkulturen dienen diesen dazu, einen vergangenen Stand der Gesellschaft, Normen, die nicht mehr, oder nicht in dieser Weise, in der gegenwärtigen Gesellschaft wirksam sind, wiederherzustellen« (Schwendter, 1993, S. 37).

Im politischen Sinne ließe sich hier die Differenzierung in rechts und links der Mitte treffen. Man könnte beispielsweise auch von liberalen und konservativen Subkulturen sprechen, die sich in ihrer Innovations- und Anpassungsfähigkeit – zum Teil grundlegend – unterscheiden. Weitere Differenzierungsmerkmale zwischen progressiven und regressiven Subkulturen findet Schwendter in den jeweils formulierten Zielen, in ihrem Umgang mit dem *Establishment* sowie in ihrem soziostrukturellen Hintergrund (vgl. ebd., S. 49f.).

Die von Schwendter herangezogenen Unterscheidungskriterien schaffen gewiss Schwierigkeiten. Gerade was die angeführten Merkmale angeht, argumentiert er aus einer marxistisch angehauchten, normativ-kritischen Sprache heraus. Dabei geht er davon aus, dass progressive Subkulturen mehrheitlich dem Proletariat, regressive dagegen dem »Kleinbürgertum und Lumpenproletariat« (ebd.) zuzuordnen seien. Diese Beschreibung mag sprachtechnisch heute womöglich anders formuliert oder gestaltet werden. Es stellt sich zudem die Frage, ob die genannte Unterscheidung heutzutage überhaupt noch sinnvoll ist oder nicht schon als überholt gelten muss. Zudem vernachlässigt er das dynamische oder auch das zeitliche Moment von Subkulturen, was am Beispiel des von Schwendter definierten *esoterischen Subkulturtypus* dargestellt werden soll:

> »Esoterisch heißt hier: großen bis nahezu ausschließlichen Wert auf die Entwicklung eines außerordentlichen individuellen Bewußtseins legend, das mit Meditationen, Drogen, Kunst etc. zu erreichen ist (Gurdjew, Suzuki, Timothy Leary, John Lennon, Reimar Lenz; als Gruppen die Hippies, die Beat-Bands etc.)« (ebd., S. 39).

Mit ihrer Betonung auf *freier Liebe*, einer damals durchaus avantgardistischen Haltung zu Drogenpolitik und Sexualität und sozialpolitischen Forderungen – wie sie beispielsweise in den Studentenunruhen der 1968er Jahre zum Ausdruck kamen – könnte die Subkultur der *Hippies* durchaus den progressiven Subkulturen zugeordnet werden. Demnach macht Schwendters Einteilung zunächst Sinn – zu der Zeit, als die Einteilung auch stattfand. Heutzutage haben sich das Leitbild der damaligen Hippies und die Ausrichtung der subkulturellen Werte und Normen jedoch nur unwesentlich verändert – die Stabilität der Werte und Normen zeichnet Subkulturen im Vergleich zu anderen Vergemeinschaftungsformen ja gerade aus. Diese Werte und Normen sind aber jeweils in ihrer relationalen Positionierung zur vorherrschenden Kultur zu verstehen. Die Werte, Normen und politischen Forderungen der Hippies bleiben damals wie heute ähnlich – was sich geändert hat, ist ihre Positionierung in Relation zur gesamtgesellschaftlichen Perspektive. Gerade die politischen Elemente der Hippie-Bewegung haben durch die parlamentarische Formierung zu Parteien (z. B. Bündnis 90/Die Grünen) vermehrt Zugang zum *Establishment* gefunden.[54] Überspitzt könnte man es so formulieren: Wenn die christdemokratische Partei die Atommeiler in Deutschland abschalten will und kann, dann ist *grüne* Politik längst zum Standard und damit zur Normalität erhoben – die ehemals etablierte Subkultur der Hippies verliert damit ihr progressives Moment. Es stellt sich die Frage, ob sie heutzutage nicht sogar unter Schwendters Definition einer regressiven Subkultur fallen würde.

Man kann an dieser Stelle zusammenfassen, dass Subkulturen stets in temporärer Relation zur Gesamt- oder Leitkultur – aber auch zu anderen subkulturellen Gebilden – zu verstehen sind. Die Ausprägungen progressiv und regressiv erscheinen nur auf den ersten Blick sinnvoll, um die kulturelle, soziale und politische Richtung der jeweils betrachteten Subkultur daran zu justieren und einzuordnen. Es können sich ehemals progressive Subkulturen heute als regressiv und vice versa erweisen, je nachdem, in welcher Stellung sie sich zur jeweils vorherrschenden Kultur befinden und welche Stellung dabei diese vorherrschende Kultur einnimmt.

Abschließend lässt sich Folgendes konstatieren: Die subkulturelle Perspektive ermöglicht die Gruppierung, die Analyse und somit die Vergleichbarkeit bestimmter sozialer Eigenschaften anhand präziser – häufig sozialstruktureller – Merkmale in ihrem gesamtgesellschaftlichen Kontext. Sie ermöglicht dadurch die

54 Die Hippie-Bewegung wird somit zum Bestandteil weiterer aber auch anderer Diskurse (z. B. des politischen oder vielmehr des parlamentarischen Diskurses). Gleichzeitig werden ihre Forderungen gesellschaftsfähiger und somit breiter vertretbar – damit aber auch gemäßigter. Der hier von mir verwendeten theoretischen Sprechweise zufolge unterliegen bestimmte soziale Praktiken der Hippie-Bewegung somit einem Normalisierungsprozess.

Fokussierung auf den Grad der gesellschaftlichen Verteilung dieser Merkmale und fließt infolgedessen in sozialstrukturelle Forschungsrichtungen ebenso ein wie in die Ungleichheitsforschung (z. B. die Bildungs- oder Geschlechterforschung). Die subkulturelle Perspektive gibt sozusagen ein Analyseraster auf gesamtgesellschaftlicher Ebene vor – in sozialen Details verliert sie sich dadurch jedoch selten.

BDSM und der Szenebegriff

Eine andere Perspektive zu BDSM nehmen handlungstheoretische Ansätze ein, wobei der gesamtgesellschaftliche – also makrosoziologische – Blick in den Hintergrund tritt. Die Situation, die einzelne Handlung, konstituiert nunmehr den sozialen Tatbestand.[55] Im Zuge sich weiter ausdifferenzierender sozialer Interaktionen und Gruppierungen rückt die mikrosoziologische Perspektive somit wieder in den Vordergrund. Die Beschreibung des *Wie*, also die Art und Weise der Vergemeinschaftung, wird vermehrt zum Gegenstand der Analyse.

Der Subkulturbegriff erfährt hierbei – auch aufgrund des zeitgeistigen Wandels – eine veränderte Zuschreibung und Gültigkeit. Das Konzept ist mittlerweile in Unterscheidung zu neu auftretenden Ansätzen und Begriffsbemühungen getreten, die für sich beanspruchen, neu herausgebildete – sogenannte *posttraditionale* – Vergemeinschaftungsformen beschreibbarer machen zu können. Diese neueren Vergemeinschaftungsformen seien im Vergleich zu Subkulturen partieller und lebensspezifischer. Oft umfassen sie nicht die gesamte Einbindung ihrer Mitglieder – wenn man hierbei überhaupt von Mitgliedern sprechen kann – vielmehr seien sie auf einen oder nur wenige Lebensbereiche oder Lebensthemen beschränkt (vgl. Hitzler & Niederbacher, 2010a, S. 17). Sie regulieren dadurch auch weniger Lebensanteile oder Lebensbereiche – ihre Reichweite, was Norm- und Wertvermittlung wie auch Sanktions- und Identifikationspotenzial angeht, sei im Vergleich zu Subkulturen somit herabgesetzt (vgl. ebd., S. 14; Hitzler & Niederbacher, 2010b, S. 94). Auf handlungstheoretischer Ebene liegt der Fokus also eher auf Vergemeinschaftungsformen, die um ein zentrales Thema oder andere Gemeinsamkeiten kreisen und dies unabhängig von – oder wenigstens trotz – sozialstrukturellen Faktoren oder Hintergründen.

---

55 Diese Perspektivenverschiebung kann auch im Rahmen der Abkehr vom makrosoziologisch ausgerichteten, strukturfunktionalistischen Paradigma nach Parsons (1976) hin zu mikrosoziologischen Ansätzen verstanden werden, zu denen Handlungstheorien generell gezählt werden können.

In der Auseinandersetzung mit diesen posttraditionalen Vergemeinschaftungsformen ist vor allem der Begriff der *Szene* und somit die Dortmunder Szeneforschung um Ronald Hitzler zu nennen. Szenen werden dabei als »prototypische Gesellungsformen der individualisierten und v. a. der juvenilen Menschen in Gesellschaften im Übergang zu einer *anderen* Moderne« (Hitzler & Niederbacher, 2010a, S. 15f. [Hervorheb. im Orig.]) betrachtet. Als erste Annäherung soll der Begriff wie folgt gefasst und beschrieben werden:

> »Eine ›Szene‹ nennen wir eine amorphe Form von lockerer Gemeinschaft unbestimmt vieler Beteiligter. Sie ist eine Gemeinschaft, in die man nicht hineingeboren oder hinein sozialisiert wird, sondern die man sich aufgrund irgendwelcher Interessen selber aussucht und in der man sich eine Zeit lang mehr oder weniger zu Hause fühlt« (Hitzler & Niederbacher, 2010b, S. 93).

Im Vergleich zu anderen Vergemeinschaftungsformen zeichnen sich Szenen – neben den oben genannten Punkten, die sie als posttraditional klassifizieren – also erstens durch ihre freiwillige Ein- und Austrittsmöglichkeit aus.[56] Zweitens kreisen sie um ein zentrales *Szene-Thema*. Das kann der Fokus auf einen Modestil sein, das kann »eine Sportart, eine politische Idee, eine bestimmte Weltanschauung [sein]. [...] Szenegänger teilen das Interesse am jeweiligen Szene-Thema. Sie teilen auch typische Einstellungen und entsprechende Handlungs- und Umgangsweisen« (Hitzler & Niederbacher, 2010a, S. 16f.). Das Thema dient gewissermaßen als kommunikative und auch als normative Rahmung. Damit in Verbindung

56 In einer privat geführten Diskussion um die hier gewählte Definition von Szenen wurde die Frage aufgeworfen, ob man denn bei Sexualität überhaupt von Freiwilligkeit sprechen könne. Je nachdem, ob man BDSM als sexuelle Vorliebe oder als sexuelle Orientierung – ähnlich der Homosexualität – behandelt, fällt die Antwort unterschiedlich aus: Geht man davon aus, dass Sexualität eine angeborene Ausprägung sei, die man eben *von Natur aus hat* und sich nicht selbst aussucht, bleibt offen, ob man die Prämisse des freiwilligen Eintritts in eine Szene als erfüllt ansehen kann. Es stellt sich hierbei auch die Frage, ob es eine selbst gewählte Sexualität überhaupt geben kann. In der Auseinandersetzung mit diesem Umstand soll hier jedoch der Unterschied zwischen BDSM als sexueller Orientierung und BDSM als sozialen Praktiken greifen. BDSM als sexuelle Orientierung führt nicht automatisch zu seinem Ausleben in Form von als BDSM begriffenen Praktiken. Gleichzeitig stellt die Szene nur eine unter anderen organisierten Vergemeinschaftungsformen dar, die es ermöglichen, BDSM-Sexualität und auch BDSM-Praktiken auszuleben. Ob man Szene-Events besucht und somit den zeitweiligen Eintritt in diese Gemeinschaftsform realisiert, bleibt damit in der Tat freiwillig, denn man könnte BDSM-Sexualität auch privat, ohne das Eintreten in die Szene, ausleben.

steht – drittens – ein Vorrat an typischem, szene-eigenem Wissen, das zudem als Eintrittsbarriere in die Szene angesehen werden kann, denn es ist von Außenseitern ohne Vorkenntnis nur schwer zu decodieren:

> »Die sozialen Regeln bei Gruppeninszenierungen oder bestimmte Fertigkeiten (z. B. Bondage-Praktiken) sind Beispiel für ein spezifisches Szene-Wissen, das auf schriftlichem oder mündlichem Weg tradiert wird. Der Wissensfundus beschränkt sich aber nicht auf diese Dinge. Symbole und Codes mit festgelegten Bedeutungen sind ebenfalls wichtige Elemente. Sie können zumeist von Außenseitern nicht ohne weiteres dekodiert werden« (Wetzstein et al., 1993, S. 89f.).

Der Gebrauch »szenetypischer Symbole, Zeichen und Rituale« (Hitzler & Niederbacher, 2010a, S. 17) evoziert zudem ein gewisses Zugehörigkeitsgefühl. Das szenetypische Wissen schafft Grenzen zu einem Außen, also zu Nicht-Zugehörigen. Dadurch kann man – viertens – behaupten, dass Szenen ihre jeweils eigene Teil-Kultur konstituieren können (vgl. ebd., S. 18). Die Reproduktion dieser kulturellen und sozialen Praktiken ist dabei an *leibliche*[57] Interaktionen gebunden. Durch ihr nur bedingtes Identifikationspotenzial, sei die Szene demnach auf reale – oder virtuelle – Treffen angewiesen: »Der Labilität des Wir-Bewusstseins wegen sind (verlässliche) Szenetreffpunkte von großer Bedeutung: Dort manifestiert und reproduziert sich nicht nur die Kultur der Szene, sondern eben auch das subjektive Zugehörigkeitsgefühl des Szenegängers« (ebd., S. 19f.).

Eine szenespezifische Art des Zusammenkommens und Treffens, bildet dabei – fünftens – das Event. Darunter ist »eine vororganisierte Veranstaltung [zu verstehen], bei der unterschiedliche Unterhaltungsangebote nach szenetypischen ästhetischen Kriterien kompiliert oder synthetisiert werden [...]. Die zumindest latidente Funktion auch und gerade eines Events ist die Aktualisierung, Herstellung und Intensivierung von Wir-Gefühl« (ebd., S. 21f.). Events werden meist von erfahrenen Szenegängern organisiert. Hitzler und Kolleg*innen (2001) nennen sie »Organisationseliten«. Sie strukturieren – und vorstrukturieren – somit den Raum und den Rahmen, in der sich die Szene konstituieren und reproduzieren kann. Durch die Vorstrukturierung definieren die Organisationseliten bereits

57 *Leiblich* kann mitunter falsch verstanden werden: So kann man bei einem organisierten Rollenspiel, das nur Online gelebt wird, auch von einer Szene sprechen. Wichtig ist hierbei, dass sich die der Szene zugehörig Fühlenden in einem Rahmen – oder Raum – virtuell oder real treffen und miteinander interagieren.

vorab, was spezifisch zur Szene gehört und was nicht[58] (vgl. Hitzler & Niederbacher, 2010a, S. 22).

Werden die hier getroffenen Unterscheidungen zwischen Szene und Subkultur nun auf den Forschungsgegenstand BDSM angewendet, so lässt sich Folgendes feststellen: BDSM wird in diesem Buch vor allem als Szene verstanden. BDSM kreist um ein zentrales Thema, formuliert ein spezifisches Wissen um Codes, Regeln und Rituale, das Szene-Externen nur bedingt zugänglich ist. BDSM hat insofern integrativen Charakter, als BDSM lediglich Teilbereiche des individuellen Lebens anspricht, nicht aber den ganzen Menschen inkludiert, wie es in Subkulturen eher der Fall zu sein scheint. BDSM wird in der Szeneform vor allem als Event konstituiert. Das bedeutet, Menschen kommen an einem definierten Treffpunkt zusammen, tauschen Erfahrungen, Wissen, Praktiken etc. im BDSM-Kontext aus und konstituieren und reproduzieren zeitgleich die BDSM-Szene. Ein leibliches Treffen ist dabei nicht unbedingt obligatorisch, jedoch von Nutzen.[59] Die Ein- und Austrittsmechanismen und auch das Identifikationspotenzial sind dabei – im Gegensatz zu Subkulturen – geringer. Es genügt zunächst, die Events aufzusuchen oder ihnen fernzubleiben.[60] Dennoch stellen der Eintritt oder der Zugang zu Szene-Events eine gewisse Hürde dar. Gerade in der BDSM-Szene sowie in anderen sexuellen Szenen – wie sie Nina Schuster anhand von Drag Kings und Transsexuellen beschrieben hat (vgl. Schuster, 2010) – sind die Zutrittsmöglichkeiten an gewisse Beschränkungen geknüpft. Einerseits tauchen die meisten Szenen mittlerweile zwar öffentlich über Internetplattformen oder durch Internetpräsenz auf, andererseits ist der Eintritt in die Szene selbst an weitere Schranken geknüpft, die es erst einmal zu überwinden gilt. Dies mag dem Umstand geschuldet sein, dass einige sexuelle Szenen nicht nur Gegenstand von Skandalisierung und Stigmatisierung, sondern auch Gegenstand von Kriminalisierungsdiskursen waren – und manche noch heute sind.

---

58 Gerade die vorher getroffene Rahmung von BDSM seitens der Organisationselite ist Gegenstand meiner Untersuchung. Dieser besonderen Stellung soll insofern Rechnung getragen werden, als die Interviews explizit mit Organisierenden von BDSM-Events geführt wurden.

59 Hier könnte man das Beispiel von Cyber-Domination nennen. Dom und Sub treffen sich dabei nicht *real*, sondern leben und praktizieren ihre Beziehung lediglich online (vgl. hierzu exemplarisch http://www.seekers.org.uk/Virtual%20Domination.html [12.11.2017]).

60 Die soziale Komponente soll dabei zunächst außer Acht gelassen werden. Auch als Szenegänger*in könnte man viele Lebensbereiche auf die Szene ausrichten, beispielsweise seinen kompletten Freundeskreis aus der Szene schöpfen. Bei einem Austritt aus der Szene bedeutet das dann auch meist den Verlust der sozialen Kontakte – eben je nachdem, inwieweit sie auf andere Lebensbereiche ausgedehnt werden konnten oder nicht.

Die BDSM-Szene als Forschungsgegenstand

Nach all diesen Ausführungen wird BDSM schließlich als Szene behandelt und in den folgenden Kapiteln soll von der *BDSM-Szene* als Gegenstand der Betrachtung die Rede sein.

Es geht dabei um die Fragen, welche BDSM-Praktiken wie und unter welchen Bedingungen innerhalb der BDSM-Szene realisiert werden, welche Wissensordnung dabei die BDSM-Szene herausbildet und wie sich diese Ordnung von demjenigen Wissen über BDSM außerhalb der BDSM-Szene unterscheidet. Dabei interessieren weder die Legitimationsstrategien einzelner BDSM-Praktizierender, noch die Art und Weise, wie diese interne Ordnung hergestellt wird. Vielmehr geht es darum, eine Momentaufnahme wiederzugeben, in der sich die Wissensordnung BDSM innerhalb der Szene aktuell verorten lässt.

Aus den bisher realisierten Ausführungen verdichten sich die eingangs gesetzten Fragestellungen auf folgende Forschungsfragen:

- Wie realisiert sich BDSM innerhalb der BDSM-Szene?
- Wie wird man Teil der BDSM-Szene?
- Welche Regeln und Normen werden innerhalb der BDSM-Szene aufgestellt?
- Welche No-Go-Praktiken und Tabus werden dabei genannt?
- Wie wird mit Tabus und unerwünschten Praktiken innerhalb der Szene umgegangen?
- Inwieweit ist die BDSM-Szene selbst geschaffenen sowie gesellschaftlichen Prozessen und Dynamiken unterworfen?

Diese Fragen dienen im Folgenden in gewissem Sinne als roter Faden der Untersuchung. Ich bemühe mich um Antworten sowohl in Form der hier vorgestellten Ergebnisse als auch in Form eines weiterführenden Ausblicks. Im folgenden Kapitel werde ich daher die Methoden zur Erhebung, Analyse und Interpretation des Forschungsgegenstandes vorstellen. Die Datenauswertung schließt mit der Verdichtung zu einer These, die methodologisch in der Grounded Theory angesiedelt ist. Sie dient als Wiedereröffnung und somit Erweiterung der anfangs eingenommenen sozialtheoretischen Feldhaltung und soll die wissenschaftliche Anschlussmöglichkeit dieser Untersuchung darstellen.

Methodische Vorgehensweise

Wie bereits erläutert, wurde die Forschungshaltung zum Untersuchungsfeld aus einer explorativ-ethnografischen Perspektive heraus bestritten. Dabei habe ich einen Feldzugang durch berufliche Eingliederung gewählt. Mittels teilnehmender Beobachtung und den daraus entstandenen Beobachtungsprotokollen konnte ich die dieser Untersuchung zugrunde liegenden Forschungsfragen generieren. Untersuchungsgegenstand sind die für die BDSM-Szene typischen Events, die als soziale Situationen betrachtet werden, wobei die Events die Analyseeinheiten bilden. Die verwendete Methode zur weiteren Datengenerierung ist das problemzentrierte Experteninterview – die Forschungsfragen richten sich damit an Organisator*innen von BDSM-Events. Datengenerierung und -analyse sind dabei auf organisatorischer Ebene angesiedelt. Die Interviews geben also nicht die persönliche Meinung der Interviewten als BDSM-Praktizierende wieder, sondern die Rolle der Interviewten als Organisierende von BDSM-Events. Die Analyse und Interpretation der Daten erfolgen teilweise mit methodologischen Überlegungen aus der Grounded Theory nach Strauss und Corbin.

Im Folgenden werden die in dieser Untersuchung verwendeten Methoden, Analyseebenen und Analyseeinheiten vorgestellt und erläutert. Zudem wird auf allgemeine sowie spezifische Probleme eingegangen, die diesen Methoden eigen und die innerhalb ihrer Anwendung und Durchführung aufgetaucht sind.

Teilnehmende Beobachtung durch berufliche Eingliederung

> »Ethnographisch Daten zu gewinnen heißt, neben anhaltender Beobachtung eben auch an der alltäglichen Lebenspraxis im Feld aktiv teilzunehmen, die Menschen im Feld als Expertinnen ihrer eigenen Lebenspraxis in informellen Gesprächen wie in förmlichen Interviews zu befragen, die räumlich-dingliche Konstellation des Feldes zu analysieren und alle Arten von Dokumenten aus dem Feld über das Feld zu sammeln« (Strübing, 2013, S. 53).

Die teilnehmende Beobachtung als Methode der Wahl dient mir zum Kennenlernen des Feldes und zum Verständnis seiner Logik sowie zum Verstehen der Interaktionen zwischen den Teilnehmenden. Es soll damit eine größtmögliche Nähe zum Untersuchungsgegenstand und somit zur sozialen Praxis selbst hergestellt werden. Philipp Mayring (2002) spricht dabei von dem Versuch »die Innenperspektive der Alltagssituation [zu] erschließen« (vgl. ebd., S. 81), die eine ganz andere Perspektive, und somit die Gewinnung anderer Daten ermögliche, als wenn man den Gegenstand nur von außen betrachte.

Dem Vorteil dieser Perspektive steht jedoch gleichzeitig die damit verbundene Problematik gegenüber, was als häufige und nicht zu unterschätzende Kritik angebracht wird: Teilnahme bedeute demnach immer, eine Reaktion der Teilnehmenden oder des Feldes zu provozieren. Die Reaktivität, die durch die teilnehmende Beobachtung ausgelöst werde, verändere den Forschungsgegenstand und verzerre so die gewonnenen Daten (vgl. Girtler, 2001, S. 63f., S. 78–82). Den genannten Kritikpunkten ist an dieser Stelle zweierlei zu entgegnen:

Erstens zeigen sich soziale Praktiken nie starr – sie sind stets dem Prozess der Konstruktion, Dekonstruktion und Rekonstruktion unterworfen. Keine Situation ist zunächst gleich: Konstruktion, Dekonstruktion und Rekonstruktion sozialer Praktiken beruhen daher immer auf einer – äußeren und inneren – Rahmung, die gleichzeitig als Referenzlinie und Begrenzung dient, an der die soziale Praktik aber erst konstituierbar, deutbar und sichtbar wird. Die Rahmung ist es, die den Inhalt sowie die Art und Weise der sich darin realisierten sozialen Praxis bestimmt. Die sozialen Praktiken wiederum konstituieren die Rahmung. Man kann dieses Wechselspiel durchaus als autokatalytisch verstehen. Der/die teilnehmende Beobachter*in nimmt dabei gewissermaßen die Rolle des »Simmel'schen Fremden« (vgl. Simmel, 1983, S. 509–512) ein, der diese Rahmung sowie die ihr zugrunde liegenden Deutungsmuster aufzeigen und von außen und von innen betrachten kann. Der Simmel'sche Fremde bleibt in seiner Position objektiv, da er nicht den internen Regeln und Normen der betreffenden sozialen Gruppierung unterstellt ist – sie aber dennoch respektieren muss. Diese Objektivität erkennt Georg Simmel durchaus auch als Freiheit an:

> »Der objektive Mensch ist durch keinerlei Festgelegenheiten gebunden, die ihm seine Aufnahme, sein Verständnis, seine Abwägung des Gegebenen präjudizieren könnten. Diese Freiheit, die den Fremden auch das Nahverhältnis wie aus der Vogelperspektive erleben und behandeln läßt, enthält freilich allerhand gefährliche Möglichkeiten« (ebd., S. 510).[61]

Der teilnehmende Beobachtende im Sinne des Simmel'schen Fremden ist also »durchaus Teil einer Gruppe, aber an deren Rand, zugleich innen und außen. Die teilnehmende Beobachtung ist also eine soziale Form der Integration von Fremden in eine Lokalität« (Breidenstein et al., 2013, S. 68). Jede*r *Neue*, die/der zu einer Gruppe stößt, ist somit zuerst teilnehmende*r Beobachter*in und provoziert die Reaktion des Feldes. Die Aufgabe der Feldforscher*innen besteht wie beim *Neuen* darin, das bis dato unbekannte *Innere* zu entdecken und sich damit vertraut zu machen, Abläufe zu erkennen, Regeln und Rituale zu verstehen – also zu interagieren. In Abgrenzung zu der/dem *Neuen*, die/der das Feld womöglich aufgrund einer anderen Motivation kennenlernen möchte, setzt dies zudem noch voraus, dass der/die Forscher*in sich frei von Bekanntem macht, quasi eine »Verwandlung von Fremdem in Vertrautes und von Vertrautem in Befremdliches« (vgl. ebd., 2013, S. 13) vollzieht.

Zweitens gehe ich durch den hier verwendeten Feldforschungsbegriff davon aus, dass soziale Praktiken in und aus Interaktionen zwischen den Menschen bestehen und somit erst in Auseinandersetzung mit der jeweils individuellen Umwelt konstituiert und konstruiert werden. Die Konstruktion und immerwährende Angleichung an die Umwelt sind ja gerade das Wesentliche sozialer Praktiken im ethnografischen Verständnis: »Für die Ethnografie ist Reaktivität kein Horror, sondern geradezu der Modus Vivendi der Forschung: Erst in der Interaktion mit dem lokal fremden Beobachter macht sich das Feld in seinen Eigenarten erfahrbar« (ebd., S. 37).

Roland Girtler gilt als Experte auf dem Gebiet der Erforschung von Rand-

61 Mit »gefährlichen Möglichkeiten« meint Simmel beispielsweise den Umstand, dass der Ursprung oder das Objekt gemeinschaftlicher Aufstände und Unruhen oft der Position des Fremden zugeschrieben wird (vgl. Simmel, 1983, S. 510f.).

kulturen, nicht zuletzt durch seine Studien im Wiener Rotlichtmilieu oder seine teilnehmende Beobachtung unter Obdachlosen (vgl. Girtler, 1980, 1996, 2009). Auch er plädiert für die Beobachtung als *die* Methode der Wahl. Girtler zufolge lässt sich

> »die Methode der sozialwissenschaftlichen Beobachtung als ein Verfahren definieren, durch welches der Beobachter sinnlich wahrnehmbares Handeln erfassen will. Er selbst verhält sich bei der Beobachtung grundsätzlich passiv (was aber nicht heißt, daß er nicht auf das Handeln in der betreffenden Gruppe einwirkt [...]), wobei er gleichzeitig versucht, seine Beobachtung im Sinne seiner Fragestellung zu systematisieren und den Beobachtungsvorgang kritisch hinsichtlich einer Verzerrung durch seine Perspektive zu prüfen« (Girtler, 2001, S. 61).[62]

Girtler unterscheidet dabei zwischen den Begriffspaaren teilnehmend/nichtteilnehmend und strukturiert/unstrukturiert. Demnach ergeben sich vier mögliche Arten von Beobachtungen. Ich wähle für meine Untersuchung die teilnehmend unstrukturierte oder *freie* Beobachtung. Sie hat den Vorteil, dass ich nicht nur auf die Rolle meiner Forschungstätigkeit reduziert werde, sondern als eine unter anderen Teilnehmenden gelten und interagieren kann. Zuschreibungseffekte der anderen Teilnehmenden bleiben dabei eher aus, was die Verzerrung des Forschungsgegenstandes verringern kann.

Die bisher beschriebene Rolle des *Fremden* ist zugleich Wohl und Wehe. In der Position des Fremden liegt auch die innewohnende Hürde, denn die größte Schwierigkeit der Feldforschung besteht vor allem in der Herstellung des Feldkontaktes: »Wie soll der Forscher als Außenstehender, als Fremder Kontakt zum ›Feld‹ bekommen, wie kann er akzeptiert werden, Vertrauen gewinnen? Wenn dies gelingt, wie kann die Vielfalt an unsystematisch gesammeltem Material ausgewertet werden?« (Mayring, 2002, S. 56).

Gerade Lebenswelten, denen generell abweichendes Verhalten zugeschrieben wurde und wird, neigen dazu, die Zugangsbarrieren zu erhöhen, also einen sozialen Raum einzunehmen, der Schutz und Privatsphäre gewährt und daher nicht oder nur schwierig für Außenstehende einsehbar ist. Bei der Untersuchung von Randkulturen erweist sich daher bereits der Zugang zum Feld als kompliziert. Nicht nur bei delinquenten Randgruppen, sondern letztlich bei allen Gruppen mit speziellen Wissensbeständen »von denen sie nicht haben wollen, daß Au-

62 Diesen durchaus gängigen Standpunkt aus der Perspektive der Feldforschung vertritt auch Karl-Wilhelm Grümer (1974, S. 26).

ßenstehende über diese etwas erfahren« (Girtler, 2001, S. 59), ist die Art des Zuganges wesentliches Moment im Forschungsprozess. Dennoch sind es nicht nur die Lebenswelten von Randgruppen, die sich in dieser Zone bewegen. Im Grunde genommen kann man sagen, dass sich der Zugang zu all denjenigen Lebenswelten schwierig erweist, die sich durch eine gewisse Anonymität, Privatsphäre oder Abgeschiedenheit auszeichnen: »Es ist sicherlich schwierig, einen Zugang in eine kriminelle Randkultur zu finden, es ist aber oft nicht minder schwierig, einen Zugang zu adeligen Clubs oder politischen Vereinigungen zu erlangen« (ebd.).

Um einen erleichterten Zugang zum Feld zu finden, habe ich deshalb die teilnehmende Beobachtung durch berufliche Eingliederung gewählt. Das hat für die Wahl des Forschungsgegenstandes folgende Vorteile: Die berufliche Eingliederung ist erstens – wenn man so will – weniger reaktiv als die bloße Teilnahme. Ich bin zwar aktiv in den Interaktions-Prozess eingebunden, jedoch aus einer distanzierten, quasi passiv-teilnehmenden Perspektive und Rolle. Ich falle somit nicht weiter auf, weil ich nur durch meine Aufgabe und Rolle integriert bin, nicht aber durch meine Person. Letztlich störe ich die *normale* Interaktion im Feld sogar weniger, indem ich dafür sorge, dass diese *normal* – oder besser alltäglich – ablaufen kann. Ich gebe meine Distanz zum Forschungsobjekt dabei weitestgehend auf. Oft wird dieses Vorgehen als *going native* bezeichnet und von einigen Seiten als problematisch – oder zumindest kritisch – aufgefasst. Distanz sei demnach für die Objektivität sowie für die Genauigkeit der Daten essenziell. Eine Aufgabe der Distanz würde wichtige wissenschaftliche Gütekriterien infrage stellen (vgl. ebd., S. 78). Doch gerade das Einlassen auf die Situation, also die Annäherung oder die Einnahme der Innenperspektive, ist in der Feldforschung ein durchaus gewünschter Zustand. Girtler entgegnet dieser Argumentation folgendermaßen:

> »Keineswegs ist aber die Aufgabe der Distanz, die den Forscher zu einem ›going native‹ macht angetan, die ›Objektivität‹ der Daten zu beeinträchtigen, wie behauptet wird. Vielmehr [...] gelingt es erst auf einem solchen Weg, die Alltagswirklichkeiten der betreffenden Menschen in ihrer ganzen Tiefe zu erfassen. Man nähert sich demnach der sogenannten ›Objektivität‹ so viel eher, als wenn man distanziert beobachtet und darüber Aufzeichnungen macht« (ebd., S. 79).

Die berufliche Eingliederung hat zweitens den Vorteil, dass sie mir zu einer Position verhilft, durch die ich auch die interne Strukturierung und Organisation des Forschungsgegenstandes (hier die verschiedenen Events) mitbetrachten kann. Diese

Positionierung dient dazu, explizit strukturelle Komponenten[63] des Forschungsgegenstandes zu berücksichtigen und in den Forschungsprozess mit einzubeziehen.

Ein offensichtlicher Nachteil der Beobachtungsmethode besteht darin, nicht in Ruhe beobachten und sich Notizen machen zu können.[64] Vielmehr wirkt sich die eigene Erinnerungsleistung unmittelbar auf den weiteren Forschungsprozess aus. Diesem Umstand kann man durch Feldnotizen während der Ausübung der beruflichen Tätigkeit und durch Beobachtungsprotokolle jedoch weitestgehend gerecht werden:

> »Das Notieren löst ein Gedächtnisproblem, Notizen sind eine Memotechnik. Sie schaffen Erinnerungsstützen und Merkposten, zusätzlich zu den Gedächtnisleistungen des Beobachters. Die schriftlichen Notizen unterstützen den Beobachter bei der späteren beschreibenden Rekonstruktion eines routinemäßigen Ablaufs oder eines besonderen Ereignisses« (Breidenstein et al., 2013, S. 87).

Die Beobachtungsprotokolle halfen mir einerseits bei der Strukturierung der gesammelten Eindrücke, Ideen und Informationen aus dem Feld, andererseits konstituierten sie die expliziten Forschungsfragen. Darüber hinaus trugen die Protokolle zur Bildung weiterer Fragen und Überlegungen bei, die durch die Interviews gestützt werden konnten. Sie werden bei der Konstruktion des Interviewleitfadens noch einmal gesondert behandelt.

Wie bereits ersichtlich wurde, basiert meine Untersuchung auf den Annahmen aus wissenssoziologischer, ethnografischer und diskurstheoretischer Perspektive. Sie verdichten sich im weiteren methodischen Vorgehen zum Begriff der Situationsanalyse.

Die Situationsanalyse – Die situative Rahmung als Analyseeinheit

Ein besonderes Merkmal teilnehmender Beobachtung durch berufliche Eingliederung ist ein schematischer Handlungsablauf – beispielsweise finden die übernom-

63 Eine bloße strukturelle Komponente ist beispielsweise das Vorhandensein oder Nicht-Vorhandensein einer Nasszelle, die gewisse BDSM-Praktiken bereits im Vorfeld zulässt oder ausschließt.

64 Eine ausgezeichnete Antwort genau zu diesem Kritikpunkt findet sich bei Malinowski (1973, S. 128f.).

menen Tätigkeiten und Aufgaben immer zu gleichen Uhrzeiten, Schichten etc. und nach bestimmbaren und strukturierten Handlungsmustern statt. Somit kann sich die Beobachtung sozialer Interaktionen im Feld an einem vorstrukturierten Muster orientieren, was die spätere Systematisierung der einzelnen Beobachtungen erleichtert. Die Beobachtung dieser Interaktionen geschieht dabei aus einer fixen Positionierung heraus: bei der hier gewählten beruflichen Eingliederung hinter einem Tresen arbeitend. Die Positionierung wirkt sich für das Blickfeld aber nur im ersten Moment einschränkend aus. Ihr Vorteil besteht darin, dass sich der Rahmen dadurch nicht wesentlich verändert. Die verschiedenen Inhalte der zu beobachteten Situation können somit untereinander vergleichbarer werden.

Gerade Situationen eignen sich für meine Beobachtungen bestens als Analyseeinheiten. Jürgen Friedrichs weist bereits 1973 auf den Umstand hin, dass Situationen als Analyseeinheit den Vorteil besäßen, klar zueinander abgrenzbar zu sein, vor allem was ihre zeitliche und räumliche Komponente angeht: »Die Situationen selbst sollten räumlich und zeitlich relativ gut abgrenzbar sein und deren generelle Randbedingungen sollten sich relativ gut angeben lassen« (Friedrichs, 1973, S. 2).[65]

Die Bedeutung der Situation als Analyseinstrument wurde bereits von William Thomas (1923) erkannt. Er setzte sich in seinen Studien über deviante Verhaltensweisen heranwachsender Mädchen und Frauen mit der Situationsdefinition als Rahmung der sozialen Interaktion auseinander. Unter der *Definition der Situation* versteht er dabei die Interaktion von Handelnden oder Akteuren, die sich innerhalb einer Situation wechselseitig den Sinn ihres Handelns anzeigen und sich so über die gemeinsame Situation verständigen können. In der Interaktion definiert jede handelnde Person die Situation für sich selbst, die sie dann im weiteren Situationsverlauf durch ihr Verhalten der Interaktionspartnerin bzw. dem Interaktionspartner gegenüber ausdrückt, welcher wiederum die Situation definiert, ausdrückt etc. Die Definition der Situation wird hier letztlich mit dem Begriff der situativen *Rahmung* benannt. Sie findet immer dort ihre Anwendung, wo konkrete Situationen vorzufinden sind, die ein bestimmtes Set an bestehenden Deutungsmustern offerieren, dabei jedoch stets einen gewissen Freiraum der Interpretation oder die Möglichkeit zur Mehrdeutung beinhalten:

65 Der Begriff der *Situation* wird von Adele Clarke (2012) aus der Stadtforschung der Chicagoer Schule aufgegriffen und weiterentwickelt. Sie verbindet ihn mit der wissenschaftlichen Vorgehensweise der *Grounded Theory* nach Barney Glaser und Anselm Strauss und der diskurstheoretischen Perspektive. Sie formiert somit eine Neuinterpretation dieser Theorieströmungen nach dem *Postmodern Turn* (vgl. hierzu explizit Clarke, 2012).

> »Preliminary to any self-determined act of behavior there is always a stage of examination and deliberation which we may call definition of the situation. And actually not only concrete acts are dependent on the definition of the situation, but gradually a whole life-policy and the personality of the individual himself follow from a series of such definitions« (Thomas, 1923, S. 42).

Die Freiheit an Interpretations- oder Definitionsmöglichkeiten lässt sich insofern einschränken, als man vorgeprägte Situationsdefinitionen bereits durch Sozialisation übernimmt, die einem dann helfen sollen, die Situation in den eigenen sowie auch in den allgemeinen Definitionsrahmen einordnen zu können (z.B. rot: Warnung; zähnefletschender Hund: Warnung etc.). Helmut Staubmann nennt diese Hilfestellungen beispielsweise »definierende Agenturen«, welche die Individuen bereits mit der Geburt in eine Gemeinschaft und Kultur übernehmen (Sozialisation), vor allem durch Familie oder Freunde (vgl. Staubmann, 1995, S. 77). Die Geburt in eine Gemeinschaft oder Kultur muss dabei nicht mit der biologischen Geburt zusammenfallen. Gerade die Kenntnis von Spezial- oder Fachwissen wird oft in einem späteren Lebensalter – durch sekundäre oder sogar tertiäre Sozialisation – erlernt und übermittelt.[66]

Nun könnte man davon ausgehen, dass mit zunehmender Individualisierung auch die Definitionssituationen individualisierter werden – die Aushandlungen oder vielmehr Neuverhandlungen bereits bestehender Situationsdefinitionen könnten hierfür Anlass geben. Es ist meines Erachtens gerade das Gegenteil der Fall. So werden Situationen mitunter noch schärfer oder konkreter definiert, um ihre rahmende Macht nicht einzubüßen und somit weiterhin Orientierung geben zu können. Ohne einen gemeinsam geteilten Verstehensrahmen ist weder Kommunikation noch soziale Praktik handlungs- oder anschlussfähig. Ulrike Froschauer und Manfred Lueger drücken die Bedeutung der *Situation* zusammenfassend so aus:

> »Die Entwicklung kollektiver Handlungsfähigkeit erfolgt dabei in der Auseinandersetzung mit der sozialen Umwelt und den Anforderungen an soziale Kooperation. Im Prozess sozialisatorischer Internalisierung entwickeln Akteure sozial typisierte Interpretationsschemata […], die den Sinnzusammenhang für eine kollektiv verbindliche Handlungs-koordination herstellen. Die Interaktionspraxis, d.h. das Zusammenspiel der kommunikativen Handlungen in einem sozialen Feld, ma-

66 Gerade das Szene-Wissen über BDSM wird meist zu einem späteren Lebenszeitpunkt, womöglich mit Entdeckung der persönlichen Sexualität, erlangt.

chen es möglich, Interaktionserfahrungen zu einem wechselseitig anschlussfähigen Weltbild zur gemeinsamen Bewältigung von Handlungsanforderungen zu formen« (Froschauer & Lueger, 2005, S. 224).

In meiner Darstellung werden die hier erwähnten Auseinandersetzungen mit dem Konzept der *Situation* insofern Beachtung finden, als der situative Raum, das heißt das szenespezifische Event, die Situation und somit die Analyseeinheit dieser Untersuchung darstellen soll. Die Events als Situationen gedacht, lassen sich zeitlich, örtlich sowie normativ voneinander abgrenzen. Die Räumlichkeiten der hier untersuchten Events bleiben dabei gleich. Was sich also ändert und was dadurch beobachtet werden kann, sind die unterschiedlichen Rahmungen der sozialen Interaktionen, also der einzelnen Events.[67] Sie können somit miteinander in Beziehung gesetzt und vergleichbar gemacht werden. Die Örtlichkeit, in der die untersuchten Events stattfinden, dient als topologische, also die vorhandenen Räumlichkeiten betreffende und normative, das heißt an eine spezifische (Haus-)Ordnung gebundene Rahmung. Innerhalb dieser Rahmungen werden die einzelnen Events realisiert und somit als abgegrenzte Situationen untereinander vergleichbar.

Die Rahmung der Eventräumlichkeiten sowie die spezifische Strukturierung der jeweils einzelnen Eventsituationen werden durch die bereits eruierten Daten aus Feldzugang, Beobachtungsprotokollen, eigener Recherche sowie mittels problemzentrierten Experteninterviews ermittelt. Die Interviews werden dabei explizit auf organisatorischer Ebene angesiedelt. Sie betonen den Fokus auf die strukturelle und organisatorische Rahmung der beobachteten Situationen. Dabei gehe ich davon aus, dass Organisationen zwar »die Rahmenbedingungen für den Aufbau sozialer Wirklichkeitsvorstellungen [setzen] und […] dadurch die Handlungsorientierung der Akteure […] [strukturieren]; aber umgekehrt konstituieren diese Handlungsweisen erst Realität als subjektunabhängiges Phänomen« (Froschauer & Lueger, 2005, S. 224). Innerhalb des organisierten Rahmens realisieren sich diejenigen sozialen Praktiken, die als BDSM innerhalb der BDSM-Szene ausgewiesen werden. Der Rahmen dient gleichzeitig dazu, soziale Praktiken zu identifizieren, die nicht unter den szene-intern verwendeten BDSM-Begriff fallen. Da »dieser Rahmen bestimmt, wie das Betrachtungsobjekt abgegrenzt wird und in welche[m] kontextuell definierten Sinnhorizont die Interpretation

67 Beispielsweise bedeutet Geschlechtsverkehr in der situativen Rahmung des CFNM-Events etwas anderes als bei einem Event, bei dem Frauen die submissive Rolle innehaben. Dieser Problematik werde ich mich im Analyseteil noch besonders widmen.

erfolgen kann, erweist sich der Prozess der kontextgebundenen Sinngenerierung als entscheidende Komponente interpretativer Organisationsanalysen« (ebd., S. 224).

Die Beobachtung und Erläuterung der von mir analysierten Events erfolgen vor allem durch meine eigene Feldforschung. Die Beobachtungsprotokolle helfen bei der Sensibilisierung für szene-interne Problematiken und liefern dabei die ersten Überlegungen für die Konstruktion der Interviewfragen. Die bis dato gewonnenen Einblicke und Daten werden durch die in den Interviews gegebenen Antworten unterstützt, ergänzt und außerdem gegebenenfalls korrigiert.[68] Alle mit Sternchen (**) gekennzeichneten Events werden von externen Veranstaltern organisiert und durchgeführt. Das CFNM[69]-Event lässt sich hierbei als eine Kooperation verstehen, denn einige organisatorische Aufgaben obliegen weiterhin der Stammbesetzung der Räumlichkeiten. Die folgenden Events werden in der Analyse nähere Betrachtung finden:

Abbildung 1: Ausgewählte Events zur Analyse (eigene Darstellung)

Die Reihenfolge der Events ist insbesondere mit der zunehmenden Spezifizierung begründet: Während die gängige *Play-Party* noch für alle Neigungen sowie in ihrer Struktur offen gehalten ist, zeigt sich das *Paare-Dinner* bereits teilweise programmatisch strukturiert (z. B. Eröffnung des Buffets zu einem bestimmten Zeitpunkt) und generell auf Paare und Spielkreise begrenzt. Die Rollenverteilung spielt hierbei noch keine Rolle. Diese wird beim *CFNM-Event* insofern präzisiert, als nur

68 Die einzige Veranstaltung, die ausschließlich auf eigener Recherche und den Angaben aus dem geführten Interview basiert, ist die Spank-Party, da hier Frauen keinen Zutritt haben. Zu dem LARP-Event wurde ich eingeladen, mir selbst ein Bild über die Veranstaltung zu machen. Mir wurde eine Rolle und die entsprechende Kleidung zugewiesen und ich wurde in Begleitung der Organisator*innen und in Eingebundenheit in das *Drehbuch* durch das Event geführt.

69 CFNM (Clothed Female, Naked Male): aktive Frauen und passive Männer.

aktive Frauen und passive Männer[70] zugelassen sind (Rollenspezifizierung). Die *Spank*[71]*-Party* wiederum ist nur an Männer (Geschlechterspezifizierung) und generell an *Spanker* gerichtet, was andere Praktiken aber nicht zwingend ausschließt. Das *LARP*[72]*-Event* spricht ein ganz spezifisches Publikum an, nämlich BDSM-Rollenspielende, die durchaus eine Neigung zum Uniform-Fetisch haben. Zudem ist die Zahl der Teilnehmenden ausdrücklich begrenzt[73] und das Event hinsichtlich seiner Anforderungen und seines eigenen Regelkatalogs am aufwendigsten. Es ist – wenn man so will – das geschlossenste aller hier behandelten Events.

Das problemzentrierte Experteninterview

Bei der Methodenauswahl habe ich mich neben der teilnehmenden Beobachtung durch berufliche Eingliederung sowie der Situationsanalyse explizit für das Interview entschieden. In den durchgeführten Interviews werden Organisator*innen verschiedener Events befragt. Sie können innerhalb der Szene als Expert*innen betrachtet werden, da sie fundiert über das spezifische Fach- oder Szenewissen verfügen. Unter einer Expertin oder einem Experten wird dabei »jener Typus eines Wissenden [verstanden], der einen Überblick über das auf einem Gebiet insgesamt gewusste Wissen, d.h. einen Überblick über einen Sonderwissensbereich hat« (Pfadenhauer, 2002, S. 115). Zudem nehmen die Befragten eine Position auf der organisatorischen Ebene ein. Sie rahmen also wiederum die Situation – innerhalb der allgemeinen normativen Rahmung[74], die bereits durch die Hausordnung besteht. Die Auswahl des Interviewtyps unterliegt dabei der Problemstellung der Forscherin bzw. des Forschers. Ich verwende die Kombination aus problemzentriertem Interview nach Andreas Witzel (kurz PZI) und dem Experteninterview. Beide Methoden werden im Folgenden beschrieben.

---

70 Ich unterscheide zwischen aktiven (z.B. dominanten, sadistischen) Vorlieben, Positionen und Rollenübernahmen und deren passiven (z.B. submissiven, devoten, masochistischen) Antagonisten. Die Unterscheidung der möglichen Rollen und Positionen werde ich im Folgenden noch weiter explizieren. Für ein leichteres Verständnis wird jedoch, wenn nicht anders beschrieben, von aktiven und passiven Rollen die Rede sein.

71 Spanking: alle möglichen Formen von Schlag- und Flagellationstechniken.

72 LARP: Live-action-role-playing.

73 Eine möglicherweise begrenzte Anzahl der Teilnehmer*innen bei anderen Events kann auf räumliche und personale Kapazitäten zurückgeführt werden. Beim LARP-Event wird jedoch eine genaue Zahl der Mitspieler*innen angegeben.

74 Auf die normative Rahmung gehe ich im Analyseteil noch näher ein.

Das Experteninterview geht von der Annahme aus, dass sich Interviewer*in und Interviewte*r auf einer gemeinsamen Ebene begegnen können und sollen (vgl. Hitzler & Niederbacher, 2010b, S. 98). Der Schaffung einer Gleichheit in der Interviewsituation liegt

> »die Prämisse zugrunde, dass Menschen mit anderen Menschen – und zwar sowohl hinsichtlich dessen, *wie* geredet wird, als auch dessen, *was* zur Sprache kommt – *anders* reden, je nachdem, ob sie ihre Gesprächspartner eher für kompetent oder für inkompetent [...] in Bezug auf den zu verhandelnden Gegenstand halten« (Pfadenhauer, 2002, S. 121 [Hervorheb. im Orig.]).

Die Akzeptanz der Ebenbürtigkeit der/des Interviewenden im Feld sowie im Interview hängt also von den erworbenen Szenekompetenzen ab. Voraussetzung für diese Gleichheit ist demnach

> »der Erwerb eines hohen Maßes an thematischer Kompetenz seitens des Interviewers *vor* der Durchführung des Experteninterviews. Dies impliziert, dass sich der Interviewer mit allen ihm zur Verfügung stehenden Mitteln möglichst viel von jenem – relativ exklusiven – Sonderwissen aneignet, das der Experte in der Regel in einem langwierigen (sekundären) Sozialisationsprozess erworben hat« (ebd., S. 125 [Hervorheb. im Orig.]).

Diese Prämisse wird durch die ethnografische Ausrichtung dieser Untersuchung sowie durch den Feldzugang mittels beruflicher Eingliederung als erfüllt betrachtet.

Der Begriff des »problemzentrierten Interviews« wurde von Witzel (1985, 2000) geprägt. Die Methode fokussiert konkret das Forschungsproblem und den Forschungsgegenstand und betont dabei explizit das Prozesshafte eines jeden Forschungsvorhabens. Diese drei Komponenten werden von Witzel wie folgt erklärt:

1. Problemzentrierung: Damit ist der rote Faden gemeint, der das Interview durchzieht. Durch die Erarbeitung eines gewissen Vorwissens oder einer Vororientierung (vgl. Witzel, 2000) lässt sich der Untersuchungsgegenstand auf eine zentrale und sozial relevante Problem- und Fragestellung eingrenzen. Dies hat gerade bei explorativen Erhebungen den Vorteil, sich nicht im Feld zu verlieren. Gleichzeitig kann so auch die Auswertung der Daten in einem definierten Rahmen – geleitet – stattfinden (vgl. Mayring, 2002, S. 68; Witzel, 2000).

2. Gegenstandsorientierung: Die Auswahl sowie der Einsatz der Forschungsmethoden sollen flexibel am Forschungsgegenstand ausgerichtet werden (vgl. Witzel, 2000). Eine unreflektierte Übernahme »fertiger Instrumente« (vgl. Mayring, 2002, S. 68) sollte dabei vermieden werden.
3. Prozessorientierung: Hiermit ist »die flexible Analyse des wissenschaftlichen Problemfeldes [und] eine schrittweise Gewinnung und Prüfung von Daten [gemeint], wobei Zusammenhang und Beschaffenheit der einzelnen Elemente sich erst langsam und in ständigem reflexiven Bezug auf die dabei verwandten Methoden herausschälen« (Witzel, 1985, S. 233). Bei diesem Schritt orientiert sich Witzel an der Grounded Theory nach Barney Glaser und Anselm Strauss (1998) (vgl. auch Strauss & Corbin, 1996). Demnach sind die einzelnen Schritte im Forschungsprozess nicht streng voneinander getrennt oder nacheinander verlaufend zu verstehen, sondern stets parallel und im reflexiven Bezug zueinander.

Um alle relevanten Daten generieren zu können, muss eine offene Antwortmethode gewählt werden. Hier ergeben sich erste Probleme des *Abdriftens* seitens der Befragten auf die persönlich-individuelle Ebene. Dies kann im PZI durch einen Frageleitfaden gelöst werden, das heißt durch eine Teilstrukturierung der Interviewsituation. Mayring drückt es komprimiert so aus:

> »Das Interview lässt den Befragten möglichst frei zu Wort kommen, um einem offenen Gespräch nahe zu kommen. Es ist aber zentriert auf eine bestimmte Problemstellung, die der Interviewer einführt und auf die er immer wieder zurückkommt. Die Problemstellung wurde vom Interviewer bereits vorher analysiert; er hat bestimmte Aspekte erarbeitet, die in einem Interviewleitfaden zusammengestellt sind und im Gesprächsverlauf von ihm angesprochen werden« (Mayring, 2002, S. 67).

Frageleitfaden und Interviewfragen

Der Frageleitfaden soll als *roter Faden* durch das Interview führen und eine gewisse Strukturierung einer sonst offenen Gesprächssituation bieten. Die Fragen werden explizit offen gestellt. Das bedeutet, dass die Interviewten generell antworten können, was und wie sie wollen. Die Interviewfragen leiten sich aus den oben gestellten Eingangsfragen an das Feld ab. Sie ergeben sich aus der Reflexion über die Beobachtungsprotokolle und das sonstige bisher erschlossene Wissen. Einige Ausschnitte aus den Beobachtungsprotokollen werden hier exemplarisch dargestellt. Die jeweilige Beobachtungssituation wird dabei wie folgt systematisiert: Zuerst erfolgt die Beschreibung der Situation. Im Anschluss daran finden erste Überlegungen zur situativen und wissenschaftlichen Einbettung sowie eine erste Einteilung und Zuweisung in eine zu benennende Kategorie statt. Die daraus resultierenden Kategorien bilden die Grundlagen zur Konstruktion des Interviewleitfadens und stellen damit die übergeordneten Themen der Interviewfragen dar.

Auszüge aus den Beobachtungsprotokollen

Gängige Play-Party

Situation:

- N = ca. 80 Leute; viel Cola, viel Rum-Cola
- Viele weibliche Schreie; es ist sehr irritierend, weil so viele Leute da sind; hat das Ganze etwas unübersichtlich gemacht. Auf Nachfragen finden es die Gäste aber gut, dass so viel los ist.
- Domina lässt sich von Sub *penetrieren*. Dieser Umstand führt bei einigen Gästen scheinbar zu Irritationen.
- Frage: Geht das rollentechnisch überhaupt?

Gedanken:

- Es gibt scheinbar einen hörbaren Unterschied zwischen Lustschreien und Schreien, die aus Uneinvernehmlichkeit resultieren.
- Penetration ist scheinbar nicht gleich Penetration; Geschlechtsverkehr ist in der BDSM-Szene scheinbar anders konnotiert.
- Unterschied zwischen dominanten Frauen- und Männerrollen

Kategorie:

→ Konflikt:

- unterschiedliche Anforderungen an die unterschiedlichen Rollen
- Frage: Verlässt eine aktive Frau ihre Position, wenn sie sich penetrieren lässt?

In diesem ersten Beispiel verhilft das Beobachtungsprotokoll zur Sensibilisierung für die unterschiedlichen Rollen im BDSM. Gleichzeitig zeigt es unterschiedliche Anforderungen an die jeweilige Rolle auf. Dieser Umstand wird im Interviewleitfaden als eine erste Konfliktlinie innerhalb der BDSM-Szene betrachtet und in der Kategorie *Rollenkonflikte* genannt und abgefragt.

CFNM-Event

Situation:

- Eine Domina beschwert sich bei der Organisatorin darüber, dass hinten drei Männer miteinander rummachen (Anal- und Oralverkehr), und fragt, ob sie hier auf der falschen Party sei. Ihr wird erklärt, dass die Domsen (weibliche Doms) das so befohlen hätten und in Reichweite gerade von anderen Subs bedient werden (Fußmassage etc.).
- Ein Mann, eigentlich Dom, hat sich auf CFNM ersteigern lassen. Weil er alles andere als brav war, haben die Damen sich sehr über ihn aufgeregt und forderten, dass er angemessen bestraft werde. Eine *harte* Domse hat ihn dann bekommen und öffentlich ausgepeitscht. Er hat das ganze Haus zusammengeschrien. Viele fanden das witzig, einige fanden, er wolle nur Show machen. Dann ist man doch zu ihm hin gegangen und hat ihn gefragt, was das Problem sei. Scheinbar kannte er die Regeln der Ampel und des *Safewords* nicht. Ein allgemein etabliertes Safeword ist *Mayday* oder auch alles andere, aber nicht *Stopp!* oder *Hör auf!*, weil das während des Spiels öfter gesagt wird und daher auch zum Spiel gehören kann.
- Viele aufgeregte Neulinge; halten sich vor allem am Tresen auf; einige Mutige lassen sich sofort ersteigern.

Im Raucherbereich:

- Probleme der FemDoms: sind erstens Mangelware und zweitens bekommen die männlichen Subs als Mann nur sehr wenig Anerkennung.
- SM in der eigenen Beziehung: entweder beide Partner*innen praktizieren SM, aber nicht innerhalb ihrer Beziehung, sondern lieber mit anderen, oder die Partner*innen praktizieren SM zusammen, da es ihnen lieber ist und gar kein Problem darstellt.
- Anfrage nach Interview: Organisatorin berichtet darüber, dass es unglaublich viel Intoleranz innerhalb der Szene gebe. O-Ton: »Jeder will, dass die eigenen Praktiken akzeptiert werden, aber alle anderen Praktiken werden nicht toleriert.«

Gedanken:

- Tabus und abweichendes Verhalten in der BDSM-Szene
- abweichendes Verhalten vom abweichenden Verhalten → Meta-Devianz?

Kategorie:
→ Konflikte:

- unterschiedliches Verständnis von BDSM, normalem BDSM, Tabus
- Fragen: Auf welcher Ebene sind Konflikte hierüber angesiedelt? Gibt es einen Konflikt zwischen Homo- und Heterosexualität?

In diesem zweiten Beispiel wird das Thema Toleranz und Intoleranz innerhalb der BDSM-Szene aufgegriffen, insbesondere bezüglich der verschiedenen sexuellen Orientierungen. Auch diese Situation findet als eine weitere Konfliktlinie in der Kategorie *Homo- versus Heterosexualität* Eingang in den Interviewleitfaden.

LARP-Event

Anmerkung: Ich durfte mir selbst ein Bild vom Event machen; habe mich als Wärterin umgezogen und hatte Rolle einer Angestellten im Ministerium, die zur Berichterstattung vor Ort war.

Situation:

- Als ich hereinkomme, stehen mir zwei Inhaftierte gegenüber mit Wäscheklammern an den Brustwarzen und mit Kabeln aneinandergebunden. Die Arme sind hinter dem Rücken gefesselt und sie haben eine Mülltüte über dem Kopf. Ihnen wird gesagt, dass die Klammern an den Brustwarzen unter Strom ständen; sollten sie (die Inhaftierten) sich zu weit voneinander entfernen, gebe es Stromschläge. Wenn sie den Direktor falsch ansprechen, werden sie ermahnt. Richtig heißt es: »Jawohl, Herr Direktor.«
- Eine Wärterin tropft gerade Kerzenwachs auf den Rücken eines Häftlings.
- Kerkertrakt: Zwei Inhaftierte (männlich und weiblich) werden als Maßnahme gegen ihr freches Benehmen zusammen in den Käfig gesperrt.
- Zellentrakt: In einer Zelle steht ein weiblicher Häftling zusammen mit einem Wärter, der ihr gerade den Rücken streichelt. Im Nachhinein erfahre ich, dass sie aufgrund ihrer schlechten Verfassung aufgefangen werden musste. Sie hat wohl das Safeword oder Mayday gesagt, in einer solchen Situation werden die Rollen erst einmal abgelegt.

Anschließendes Gespräch mit C.:

- ➢ Das LARP-Event sei doch spezieller als andere BDSM-Events: für viele sei es zu hart; für manche grenzwertig.

Gedanken:

- ➢ Abweichendes Verhalten von *normalem* BDSM? → Meta-Devianz?
- ➢ Es geht um Grenzen, um Definitionen.
- ➢ Es sind vermehrt andere Praktiken zu sehen als beispielsweise auf der gängigen Play-Party.
- ➢ Fragen: Hat jede Praktik ihr eigenes Event? Was bei dem einen Event *normal* ist, ist beim anderen womöglich *nicht-normal?*

In den beiden letzten Beispielen wurde der Begriff der *Meta-Devianz* eingeführt, der für die weitere Betrachtung prägend ist. Er beschreibt die in der BDSM-Szene zusätzlich abweichenden Praktiken von den bereits als abweichend etikettierten BDSM-Praktiken generell – sozusagen die Abweichung von der Abweichung. Darunter fallen im letzten Beispiel gewisse Praktiken, die beim LARP-Event zwar möglich sind und realisiert werden, bei den anderen untersuchten Events aber entweder als grenzwertig oder als nicht mehr dazugehörig beschrieben werden (z. B. *Waterboarding*, Spiele mit Elektronik etc.). Der Begriff der *Meta-Devianz* führt dabei unweigerlich zum Begriff der Rahmung oder auch Begrenzung von BDSM-Events. Im Interviewleitfaden werden die hier beschriebenen Überlegungen als szene-interne Auffälligkeiten und Tabus behandelt. Gleichzeitig münden sie in die These der Verdrängung gewisser BDSM-Praktiken in andere Events oder auch Räume.[75]

Nach dem folgenden Schema werden alle gemachten Beobachtungen analysiert. Für die hier geführten Interviews summieren und aggregieren sie sich zu einem Frageleitfaden. Die expliziten Interviewfragen werden dabei wie folgt formuliert:

1. Was wird von Organisator*innen von BDSM-Events als Norm, was als Abweichung von der Norm, was als Tabu definiert?
2. Wie wird auf Normabweichung reagiert?
3. Wie wird die SSC-Regel umgesetzt?
4. Welche anderen Regeln werden noch genannt?
5. Welche Konfliktlinien werden genannt? Abstimmung zu aufgestellten Vermutungen.
6. Wie haben sich die Events/Thematiken im Zeitverlauf verändert?

---

75 Hier formiert sich letztlich – regelgerecht mit dem Verfahren der *Grounded Theory* – ein erster möglicher Impuls zur erarbeiteten These der Gentrifizierung. Sie findet im Frageleit-

Leitfragen	Konkrete Fragen	Checkliste: Was wurde erwähnt? *(Memo für mögl. Nachfragen)*
1) Eigene Verortung in der Szene		
Persönliche Karriere		
Selbstverortung	»Wie kamst du in die Szene?«	Umfeld auch BDSM?
Selbsterfahrung	»Wer von deinen Leuten weiß, dass du solche Events organisierst?«	Selbstwahrnehmung in der Szene
2) Normen innerhalb der Szene	»Wie hast du die SSC-Regel gelernt?« »Wie werden Neulinge über die Regeln informiert?«	Unterscheidung Szenetabus vs. eigene Tabus
3) Eigenes Event	»Könntest du mal dein Event beschreiben?« »Welche Spielregeln gibt es da, an die sich die Leute halten müssen?«	Struktur, Organisation, Aufbau, Normen und Regeln
Auffälligkeiten, Devianz, Tabu	»Gab's schon mal was, wo du gesagt hast: ›Das geht hier gar nicht‹?« »Wie geht ihr mit so was dann um?« »Musstest du einschreiten? Und wenn ja, wie?«	Beispiel: Kleiderordnung, No-Go-Praktiken, Sex Einschreiten, Hausverbot etc.
Referenz auf andere Events	»Wäre das jetzt bei anderen Events erlaubt? Oder geht das generell gar nicht?«	
4) Konfliktlinien	»Mal als Beispiel: Als bei der vorletzten CFNM die Domina zu uns gekommen ist und gefragt hat, warum sich da zwei Männer miteinander vergnügen würden, ob sie auf der falschen Party sei …« »Kommt so etwas öfter vor?« »Gibt es so Intoleranzen und Ausgrenzungen seitens der Gäste?« »Je nach Event?«	**Rollenkonflikte** Beispiel: FemDom vs. Dom Männliche vs. Weibliche Sub Switcher **Homo- vs. Heterosexualität** **Alt vs. Jung** (Generationenkonflikt) → z.B. bei Mode **Alt vs. Neu** (Etablierte vs. Neulinge)
5) Zeitliche Veränderungen	»Wie lange gibt es das Event schon?« »Hat sich im Verlauf dabei etwas verändert?«	Leute, Spiele, Regeln, Konfliktlinien, Tabus etc.
6) Gentrifizierungsthese	»›*Fifty Shades of Grey* ist noch lange kein BDSM!‹ – Was hältst du von dieser Aussage?«	Immer wieder Probleme mit Kleiderordnung, Safeword etc.

Leitfaden problemzentriertes Experteninterview (eigene Darstellung)

Aufgetretene Probleme

Die Interviews fanden zum Teil bei den Organisator*innen zu Hause, zum Teil am Veranstaltungsort selbst statt. Das Interview mit den Organisator*innen des LARP-Events wurde wegen logistischen Schwierigkeiten in einer öffentlichen Gaststätte geführt. Schwierigkeiten bestanden hier vor allem für die Interviewten darin, sich auf die gestellten Fragen zu konzentrieren sowie generell bei der Auf-

faden ihre erste Erwähnung und Benennung und fließt als Interviewfrage mit ein – um sozusagen einer ersten Überprüfung standzuhalten.

merksamkeit. Störungen wurden vor allem durch die Bedienungen verursacht, die immer wieder die Interviewsituation unterbrachen, sowie durch die Geräuschkulisse (z. B. Musik und die Gespräche anderer Gäste). Die Interviewten waren zwar alle Teilnehmer*innen und bis auf eine Person selbst die Organisator*innen des Events, dennoch muss die Interviewsituation unter den Aspekten der Anwesenheit Dritter sowie der sozialen Erwünschtheit betrachtet werden. Deshalb wird im Folgenden auf typische Fehler in Interviewsituationen eingegangen, die zum Teil aber für die hier geführten Interviews relativiert oder umgedacht werden müssen.

Fehlerquellen in typischen Fragesituationen

Die gängigsten Fehlerquellen in Interviewsituationen lassen sich nach Andreas Diekmann (2009) in drei Kategorien unterteilen:

1. Fehlerquellen, die mit den Merkmalen der befragten Person zu tun haben (z. B. soziale Erwünschtheit).
2. Fehlerquellen, die mit den Merkmalen der Fragen zu tun haben (z. B. Suggestivfragen oder doppelte Verneinungen). Hierunter fallen beispielsweise Fehler bei der Frageformulierung oder der Effekt von Antwortkategorien.
3. Fehlerquellen durch die Interviewsituation und den/die Interviewer*in selbst (z. B. die Anwesenheit Dritter oder eine nicht vertrauenswürdige Interviewatmosphäre) (vgl. dazu ausführl. ebd., S. 447–471).

Befragtenmerkmale

In Bezug auf die Verzerrung durch soziale Erwünschtheit möchte ich betonen, dass das Bekenntnis zur Szene oder zu BDSM-Vorlieben selbst bereits als ein Akt gegen soziale Erwünschtheit gewertet werden kann. Was auch immer die Interviewten berichten, ist innerhalb der normativen Rahmung der BDSM-Szene zu verstehen. Soziale Erwünschtheit ist also in dieser Rahmung anders zu bewerten als beispielsweise in einer Interviewsituation über *verjährte Bagatelldelikte heutiger Rentner*innen in ihrer Jugend*. Der Effekt der sozialen Erwünschtheit kann innerhalb der normativen Rahmung zudem erst deutlich werden, wenn diese Rahmung sichtbar wird. Dies ist insbesondere der Fall im Interview mit den Organisator*innen des CFNM-Events. Sie berichten von Vorlieben für Praktiken, die gerade in die bereits erwähnte meta-deviante Zone fallen. Somit besteht hier das Risiko, bei der Auswertung des Interviews die *soziale Erwünschtheit* außer Acht zu lassen. Dennoch kann durch die Offenheit in der Interviewsituation sowie dem beiderseitig entgegengebrachten Vertrauen auf diesen Effekt weniger Rücksicht genommen werden.

Fragenmerkmale

Bei den geführten Interviews handelt es sich um teilstrukturierte Leitfaden-Interviews. Das bedeutet, dass die Fragen offen gestellt werden und dass die Interviewten somit keine Antwortkategorien zur Auswahl haben. Es muss daher darauf geachtet werden, dass die offene Struktur der Interviews oft die Gefahr des *Abgleitens* oder *Fadenverlierens* mit sich bringt. Hierzu werden Aufrechterhaltungsfragen gestellt oder es wird auf die Frage zurückgeführt, jedoch wird nur bei einem deutlichen Abschweifen von den Leitfragen interveniert, denn es stellte sich heraus, dass gerade das Abgleiten in andere Erzählungen zu weiteren Fragen und zwar anderen, aber zumeist tieferen Einblicken führte.

Die größten Probleme, die bei den geführten Interviews immer wieder aufgetaucht sind, waren Suggestivfragen oder das *In-den-Mund-Legen* von Antworten. Bei der Transkription der Interviews fiel auf, dass ich oft meine Fragen oder Sätze nicht voll beendet hatte und sie von den Interviewten beendet wurden. Das hat einerseits den Nachteil, dass die Antwort bereits in eine vermeintlich gewünschte Richtung läuft, andererseits aber den Vorteil, dass die Formulierung dadurch von den Expert*innen selbst kommt. Gleichzeitig besteht stets die Möglichkeit, die angefangenen Sätze nicht weiterzuführen oder konträr dazu zu antworten, was durchaus auch einige der Interviewten getan haben.

Ein weiterer Effekt ist die Vollendung der Sätze der Interviewten durch die/den Interviewer*in. Hier besteht seitens der Interviewten oft die Gefahr der *Bequemlichkeit*: Das bedeutet, dass eine Bejahung der Vollendung der angefangenen Sätze einfacher ist, als die Antwort selbst noch einmal umzuformulieren. In den Interviewsituationen kamen beide Möglichkeiten zustande. Einerseits die Bejahung der vollendeten Sätze, andererseits die Verneinung und die Umformulierung der eigenen Antwort. Dieser Effekt soll bei der Analyse zwar Beachtung finden, kann aber als nur leicht verzerrend behandelt werden.

Merkmale des Interviews und der Interviewsituation

Alle Interviews mit den externen Veranstaltern wurden zu zweit oder zu dritt (beim LARP-Event in Anwesenheit Vierter und Fünfter) geführt. In einer typischen Interviewsituation würde dies zu einer erheblichen Verzerrung führen, besonders dann, wenn man eine Person über ihre Neigung befragt, über welche die Partnerin oder der Partner gar nichts wissen darf. In diesen Fällen waren die Partner*innen allesamt auch Mit-Organisierende. Gleichzeitig waren die partnerschaftlichen Beziehungen der Organisator*innen zueinander nicht von heterosexueller Monogamie geprägt, sondern durchaus selbst definiert – oder besser gesagt – eigens strukturiert. Diese Offenheit setzt ein höheres Maß an Vertrauen voraus, das bedeutet, dass in der Interviewsituation häufig auch von sexuellen Aktivitäten mit anderen Personen berichtet wurde, was aber den Partner*innen entweder bereits bekannt war oder sie waren persönlich dabei anwesend. Insofern ist ein Verzerreffekt durch die *Anwesenheit Dritter* in den hier beschriebenen Interviewsituationen eher nicht gegeben.

Datenauswertung und Interpretation

Die erhobenen Daten werden computergestützt mithilfe der Software MAXQDA© inhaltlich analysiert. Das Schema der Codevergabe sowie die parallel verlaufende Auswertung und Interpretation der Daten orientieren sich dabei an dem methodologischen Paradigma der Grounded Theory nach Glaser und Strauss und deren Weiterentwicklung durch Glaser und Corbin.

Die Grounded Theory wurde von Glaser und Strauss auf der Basis des symbolischen Interaktionismus und in Auseinandersetzung mit dem strukturfunktionalistischen Paradigma um Parsons entwickelt. Ziel war es – wie bei vielen Ansätzen in dieser Periode – das Monopol des Strukturfunktionalismus sowie des quantitativen Paradigmas aufzubrechen und sich von dem Anspruch einer *Grand Theory* zu trennen, um wieder zurück zu einer gemäßigteren Sichtweise durch die Formulierung sogenannter *Middle Range Theories*[76] zu gelangen (vgl. Strübing, 2013, S. 110). Der Anspruch der Grounded Theory war weiterhin, die von quantitativen Verfahren aus erhobene Einschränkung qualitativer Methoden allein auf Hypothesengenerierung aufzulösen und für das qualitative Paradigma ebenso einen Anspruch auf Hypothesenprüfung zu erheben.

Die Bezeichnung Grounded Theory ist vor allem im deutschsprachigen Raum deshalb ein wenig irreführend, da es sich letztlich nicht um eine Theorie

76 Den Begriff hat Robert Merton in Auseinandersetzung mit Parsons' analytischem Funktionalismus geprägt, indem er dieser sogenannten *Grand Theory* das Modell der *Middle Range Theories* (Theorien mittlerer Reichweite) (u.a. in Zusammenarbeit mit Paul Lazarsfeld) entgegenstellte (vgl. hierzu Merton, 1949, 1995).

im engeren Sinne handelt. Auch ist »die Analyse qualitativer Daten nach der Grounded Theory […] keine spezifische Methode oder Technik. Sie ist vielmehr als ein Stil zu verstehen, nach dem man Daten qualitativ analysiert […]« (ebd., S. 112). Es handelt sich bei der Grounded Theory also eher um einen *bewährten* oder auf Erfahrung beruhenden Leitfaden oder eine Art Orientierungshilfe zur Thesen- und Theoriegenerierung aus qualitativen Daten (vgl. Kuckartz, 2007, S. 78).

Das Postulat der Grounded Theory gründet in einem Verzicht auf gegenstandsbezogene theoretische Vorannahmen seitens der Forscher*innen (vgl. Strübing, 2013, S. 112). Diese engten die Perspektive schon zu Beginn eines Forschungsprojekts zu sehr ein. Die Grounded Theory stellt diesem Grundsatz jedoch in Rechnung, dass es nicht gelingen kann, bestenfalls ohne irgendwelche Vorkenntnisse über das zu erforschende Thema an ein forschungsrelevantes Phänomen zu gelangen. Vorkenntnisse innerhalb der sozialtheoretischen Perspektive seien durchaus legitim, zumal die konkrete Forschungsfrage letztlich auch von dieser Perspektive abhängig bleibt (vgl. ebd., S. 112f.).[77]

Zentrales Moment in der Grounded Theory ist vor allem die konkrete Forschungsorganisation. Dabei ist vor allem die Parallelisierung der Arbeitsschritte sowie die Sequenzierung des Samplings maßgebend (vgl. ebd., S. 113) und in zyklischen Prozessen organisiert. Die Konsequenz dieser Organisation wird von Strübing wie folgt beschrieben: »Wenn Datengewinnung, Datenanalyse und Theoriebildung von Beginn an parallel betrieben werden, dann bedeutet dies zugleich, dass die Analyse bereits mit dem ersten Fall beginnt – und dass mit der Analyse des ersten Falls bereits theoretische Aussagen gemacht werden können« (ebd.).

Die Möglichkeit, theoretische Aussagen zu jeder Phase des Forschungsprozesses treffen zu können, hat den Vorteil, dass Aspekte, die schon zu Beginn ins *Auge stechen*, nicht erst ausgeklammert und in einer späteren Phase im Forschungsprozess wieder rekapituliert werden müssen. Ein Nachteil kann jedoch darin bestehen, sich durch vorläufige Theoriebildung zu schnell auf nur einige Aspekte aus sehr wenigen Daten festzulegen (vgl. Kuckartz, 2007, S. 81). Jedoch erhebt die Grounded Theory keinen Anspruch auf Allgemeingültigkeit, wie es kausal-erklärende Ansätze oder die *Grand Theories* für sich beanspruchen, da es sich in der Grounded Theory vor allem um die Generierung von Theorien mittlerer Reichweite handelt.

---

77 Ich verstehe hier die sozialtheoretische und methodologische Haltung zum Feld als ebendiese Rahmung der Perspektive auf das Feld.

Die Parallelität von Datenerhebung, Analyse und Theoriebildung mache ich in meiner Untersuchung durch folgendes Vorgehen sichtbar: Eine erste Datenerhebung findet durch teilnehmende Beobachtung und die Sichtung der daraus entstandenen Beobachtungsprotokolle statt. Hier entwickeln sich erste theoretische Überlegungen und daraus resultierend dezidiertere Annahmen, die wiederum als explizite Fragen im Interviewleitfaden auftauchen und somit als zweite Datenerhebungswelle angesehen werden können. Die Analyse und die Auswertung der Interviews hingegen können die bisher getätigten Annahmen zugleich stützen und verwerfen, sodass sie sich somit am Ende des Forschungsprozesses zu einigen wenigen Thesen und Ausblicken verdichten. Im Zentrum der Grounded Theory steht der Prozess der Datenanalyse in Form des Codierens. Hierbei werden drei verschiedene, letztlich nacheinander stattfindende Formen des Codierens unterschieden: offenes, axiales und selektives Codieren.

Unter offenem Codieren kann man den »Prozess des Aufbrechens, Untersuchens, Vergleichens, Konzeptualisierens und Kategorisierens von Daten« (ebd., S. 73) verstehen. Hiermit wird die Forschungsarbeit eigentlich eröffnet oder begonnen. Es werden konzeptuelle Kategorien verwendet, die auf theoretischen Konzepten basieren (z. B. Begriffe als offene Codes benutzt), die von den Akteuren selbst benutzt werden (vgl. ebd., S. 74). Hieraus ergibt sich eine Liste von Konzepten, die im nächsten Schritt zu Kategorien zusammengefasst werden – es wird also eine Klassifikation von Konzepten oder ein Meta-Konzept generiert (vgl. ebd.). In meiner Untersuchung wird das offene Codieren durch eine erste Kategorienerstellung repräsentiert, die als explizite Fragen im Interviewleitfaden manifest werden.

Das axiale Codieren wendet sich zunehmend einzelnen bestimmten Kategorien zu und beschäftigt sich vor allem mit der Frage nach den Beziehungen, die diese Kategorie innehat. Axiales Codieren wird von Strauss und Corbin beschrieben als

> »eine Reihe von Verfahren, mit denen durch das Erstellen von Verbindungen zwischen Kategorien die Daten nach dem offenen Codieren auf neue Art zusammengesetzt werden. Dies wird durch den Einsatz eines Codier-Paradigmas erreicht, das aus Bedingungen, Kontext, Handlungs- und interaktionalen Strategien und Konsequenzen besteht« (Strauss & Corbin, 1996, S. 75).

Es interessiert in dieser Phase somit »zunehmend die Frage nach Ursachen, Umständen und Konsequenzen dieser unterschiedlichen Varianten. [...] Es geht um das Kodieren ›um die Achse‹ einer zentralen Kategorie herum. Erst so kann aus der Entwicklung theoretischer Konzepte schließlich eine Theorie erwachsen […]« (Strübing, 2013, S. 119).

Die Idee des axialen Codierens betont vor allem das In-Beziehung-Setzen eines Phänomens mit dessen Handlungskontext. Man kann es als Einbettung eines präzisen Ereignisses oder einer konkreten Handlung in eine gerahmte Situation verstehen. Dieses Verfahren deckt sich mit den ersten qualitativen Untersuchungen der amerikanischen soziologischen Tradition[78] des symbolischen Interaktionismus und folgender zugrunde liegender Vorstellung:

> »Strukturen [existieren] nur im Handeln […] und zwar indem sie im Handeln fortgesetzt reproduziert, aber auch modifiziert und neu erzeugt werden: Indem Handelnde in ihrem Tun auf ihre Umwelt Bezug nehmen […], stehen sie immer wieder aufs Neue vor der Aufgabe, den von ihnen wahrgenommene[n] Handlungsanforderungen in gewohnter und oder in veränderter Weise zu begegnen. Dieses Handeln […] hat selbst wiederum insofern strukturbildende Wirkung, als es Bedingungen schafft, mit denen im weiteren Handeln […] umgegangen werden muss. Resultate der handelnden Auseinandersetzung mit Strukturen produzieren also fortgesetzt Strukturen, die weiteres Handeln rahmen« (ebd., S. 121).

Cornelia Helfferich zufolge könnte man es so ausdrücken, dass »die soziale Wirklichkeit, so die Grundposition, […] als immer schon interpretierte, gedeutete und damit interaktiv *hergestellte* und konstruierte Wirklichkeit Forschungsgegenstand [ist]« (Helfferich, 2005, S. 20 [Hervorheb. im Orig.]).

Mit Hilfe des axialen Codierens können die den einzelnen Handlungen zugrunde liegenden Muster und Konzepte durch Vergleich der einzelnen Handlungen aufgedeckt werden. Das axiale Codieren besteht in meiner Untersuchung im Vergleich der einzelnen Interviewaussagen zu einer bereits geformten Kategorie. Beispielsweise wurden alle Interviewten mit den aus den Beobachtungsprotokollen resultierenden Konfliktlinien konfrontiert. Der Vergleich der Perspektiven ermöglicht somit erste Eingrenzungen der Annahmen und die Verfestigung zu einer expliziten These.

In einem nächsten Schritt folgt das selektive Codieren. Darunter ist ein »Pro-

78 Hier sei auf die Chicagoer Schule und den bereits erwähnten symbolischen Interaktionismus verwiesen, dessen Vertreter Park, Burgess und Thomas bereits in den 1920er Jahren bedeutende ethnografische Studien durchgeführt haben und erst mit der starken Zuwendung der amerikanischen Soziologie zum Strukturfunktionalismus langfristig an Relevanz eingebüßt haben.

zess des Auswählens der Kernkategorie, des systematischen In-Beziehung-Setzens der Kernkategorie mit anderen Kategorien, der Validierung dieser Beziehungen und des Auffüllens von Kategorien [zu verstehen], die einer weiteren Verfeinerung und Entwicklung bedürfen« (Strauss & Corbin, 1996, S. 94). Es handelt sich hierbei streng genommen um die Gruppierung von Daten. Die einzelnen – in der Phase des axialen Codierens in Beziehung gesetzten – Handlungsmodelle werden in ein umfassendes Konzept verdichtet. Ziel ist hierbei das Aufdecken von Mustern durch Betrachtung der dimensionalen Ausprägungen der Kategorien (vgl. Kuckartz, 2007, S. 76). Die Theorie wird dann sozusagen um diese Schlüsselkategorien und deren Beziehungsmatrizen aufgebaut. Dieser zyklische Prozess der Grounded Theory wird so lange betrieben, bis es zur *theoretischen Sättigung* kommt.

Der Grounded Theory wird nicht zu Unrecht Kritik entgegengebracht. Der zentrale Kritikpunkt besteht vor allem in der ihr inhärenten Vagheit und Unbestimmtheit: Die Theoriegenerierung sei kein beschreibbarer und kein codifizierbarer Vorgang, der – bei genauer Einhaltung – letztlich immer zu einer Theorie führen könne (vgl. ebd., S. 77). Doch – wie bereits erwähnt – beansprucht die Grounded Theory gerade nicht, ein rigoroses Ablaufschema einzuhalten, unter dessen Regeln Theorien generiert werden sollen, sondern betont ausdrücklich die Offenheit des Forschungsprozesses und der Theoriebildung. Diesem Aspekt der Grounded Theory wird wiederum vorgeworfen, dass dieser Analyseprozess »keinem streng fixierten Ablauf« (ebd., S. 78) unterliegt und durch die betonte Offenheit Reliabilität somit ausgeschlossen werden muss. Ähnliches merkt auch Strübing an, der diesen Kritikpunkt vor allem auf die Phase des axialen Codierens bezieht. Axiales Codieren sei demnach lediglich eine »Sammlung von nur lose aufeinander bezogenen Theorieminiaturen« (Strübing, 2013, S. 122). Es werde zudem im Prozess des Codierens weiterhin keine Antwort auf die zentrale Forschungsfrage gegeben:

> »Es fehlt so etwas wie der rote Faden, der die vielen kleinen Zusammenhänge, die bislang ausgearbeitet wurden, zu einem Ganzen zusammenfasst, das als Antwort auf die Forschungsfrage taugt. Das Problem dabei ist, dass wir weder durch fortgesetztes Befolgen von Kodierregeln, noch durch den Rückzug auf logische Schlussverfahren zu einer solchen Antwort gelangen können« (ebd.).

Damit ist die Gefahr verbunden, die Forschungsfrage im weiteren Prozess zugunsten der Theoriebildung zunehmend aus den Augen zu verlieren. Zudem seien Begriffe wie *Code*, *Konzept*, *Kategorie* nicht sehr präzise definiert und ge-

geneinander abgegrenzt (ebd., S. 81). Dies wiederum ziehe die Konsequenz nach sich, dass die generierten Theorieansätze unter meist sehr verschwommenen und verwischten Begrifflichkeiten zustande kämen und sich somit der Nachvollziehbarkeit entziehen könnten.

Ein weiterer Kritikpunkt an der Grounded Theory liegt Strübing zufolge darin, dass die Datensammlung nur wenig kontrolliert sei und somit die Gefahr der Ausuferung beim Codieren bestehe. Dieser Kritikpunkt begründet sich mitunter dadurch, dass das Erlernen der Grounded Theory gerade durch die große Freiheit, welche die Forscher*innen hierbei haben, nicht einfach sei, und gerade zu Beginn des Erlernens der Grounded Theory noch nicht wirklich zwischen Wichtigem und Unwichtigem in den Daten unterschieden werden könne (vgl. ebd.). Jedoch lässt sich dieser letzte Kritikpunkt insofern relativieren, als jede neue Methode und Technik zunächst mit einem längeren Lernprozess verbunden ist, der nun einmal zeitintensiv und mitunter auch lernintensiv sein kann. So kann sich mit statistischen Auswertungsverfahren oder Programmiersprachen das gleiche Problem ergeben. Die Beherrschung der Instrumente – des soziologischen *Handwerkszeugs* also – sowie der Mehrwert, der sich aus den daraus resultierenden Analysemöglichkeiten ergibt, sollten hierbei im Mittelpunkt stehen, und nicht, ob das Erlernen eine gewisse Anfangshürde darstellen könnte.

Diese genannten Kritikpunkte reflektierend ist Folgendes festzuhalten: Der Ansatz der Grounded Theory fließt insofern ein, als sich am Ende des explorativen Forschungsprozesses weitere Fragen an das Feld ergeben werden. Diese Fragen können deshalb in Thesen – nicht Theorien – und Ausblicke umformuliert werden, weil sie durch die vorhandene Datenlage generiert wurden und somit in ihrer Basis gestützt werden können. Es geht um die Weiterentwicklung der anfänglichen Fragen zu einem expliziten Set an vorläufigen Annahmen und Thesen.[79]

Im Folgenden wird ein Einblick in das Forschungsfeld – die BDSM-Szene – gegeben. Dabei werde ich relevante Begrifflichkeiten erläutern, wesentliche Elemente von BDSM vorstellen sowie auf explizite Situationen von BDSM eingehen.

79 Ob die hier entwickelten Annahmen durch weitere Daten aus dem Forschungsfeld gestützt oder verworfen werden, sei der weiteren Forschung zu diesem Thema überlassen.

Das Forschungsfeld – Die BDSM-Szene

BDSM – Allgemeine Begriffe

Wie bereits erwähnt setzt sich der Begriff BDSM aus den drei Begriffspaaren *Bondage & Discipline* (B & D), *Dominance & Submission* (D/S) und *Sadism & Masochism* (SM) zusammen (vgl. Sodermanns, 2010, S. 23). Die einzelnen Begriffspaare können – müssen aber nicht – als komplementär betrachtet werden. Beispielsweise ist die Disziplinierung eher als Technik zur Erziehung einer submissiven Person zu verstehen, die mit Verschnürungstechniken nur insofern etwas zu tun hat, wenn Verschnürung als Disziplinierung des Körpers – also zur Herstellung körperlicher Reglosigkeit – verstanden wird. Disziplinierung und auch die damit verbundene Machtasymmetrie[80] stellt sich dabei als wesentliches Element in der Beziehung zwischen einer dominanten und einer submissiven Person dar, wobei Dominanz nicht ohne Submission, Sadismus nicht ohne Masochismus realisiert werden kann. Die genannten Begriffe können somit einerseits als Teil-

80 Der Begriff der Macht kann an dieser Stelle einerseits mit Max Webers Definition eine soziologische Erklärung finden (vgl. Weber, 1972, S. 28). Dabei liegt die Betonung vor allem auf einer angenommenen Symmetrie oder Asymmetrie von Machtbeziehungen. Andererseits kann Macht im Foucault'schen (1976) Sinne auch als ubiquitär verstanden werden – also richtungslos oder ohne Direktive. Dieser Machtbegriff verhält sich mit den hier eingenommenen diskurstheoretischen Annahmen kongruenter. Gleichfalls löst er das hier noch vorzustellende SM-Paradoxon. Demnach würde sich eine vermeintliche Machtasymmetrie zwischen aktiver und passiver Person zugunsten der passiven Person verschieben. Durch den verwendeten Machtbegriff nach Foucault (ebd.) könnte dieser Umstand gelöst werden. Die Auseinandersetzung mit dem SM-Paradoxon wird im Folgenden noch näher betrachtet.

disziplinen, andererseits aber auch als Spielpraktiken und -techniken verstanden werden. Grundsätzlich verwischen diese in real durchgeführten BDSM-Praktiken. Im Folgenden werden die einzelnen Begriffe näher erläutert und schärfer abgegrenzt.

Unter dem Begriff *Bondage* können letztendlich alle Arten von Verschnürungs- und Fesselungspraktiken verstanden werden, bei der eine Person quasi bis hin zur kompletten Bewegungsunfähigkeit fixiert wird. Bondage dient in diesem Kontext oft als Mittel und Technik, um ein Gefühl »der Macht oder Ohnmacht durch die Hilflosigkeit und das ausgeliefert sein des Gefesselten zu erzeugen« (ebd., S. 23). *Discipline* als Komplementärbegriff impliziert eine*n Akteur*in, der sich diesen Fesselungen und dieser *Ohnmacht* hingibt, um Disziplinierung zu erfahren. Discipline bezeichnet allgemein alle Unterarten einer asymmetrischen Beziehung, die mit Erziehung und Gehorsam, Erniedrigung, Demütigung oder unterwürfigen Handlungen bzw. Körperhaltungen zu tun haben (vgl. ebd., S. 23f.). Das Hauptaugenmerk liegt hierbei auf der Disziplinierung und der Dominierung einer Person.

Hier verwischen sich auch die Grenzen, denn eng damit verbunden sind die Begriffe *Dominance* und *Submission* (D/S). Bei D/S übernimmt eine Person die dominante Rolle, während sich die andere dieser Dominanz unterwirft oder hingibt (vgl. Lindemann, 2011, S. 152). Dabei übernimmt die dominante Person die Verantwortung bzw. die Kontrolle für beide Personen, also auch für die submissive Person. Tim Sodermanns stellt dabei aber heraus, dass es sich bei D/S eher um eine Beziehungsstruktur handelt, die nicht innerhalb einer Szene oder eines Spiels mit klar definierten Rollen praktiziert werden muss, die also »über das reine Ausleben von Sexualität weit hinausgeht« (Sodermanns, 2010, S. 23). D/S kann somit auch im privaten und alltäglichen Bereich einer Beziehung stattfinden. Als eine Extremform von D/S könnte man die *24/7-Beziehung* nennen, wobei sich eine Person ununterbrochen einer anderen unterwirft.[81] Bei D/S generell geht es im Wesentlichen nicht um die Disziplinierung oder Erniedrigung des Unterworfenen, sondern vielmehr darum, »durch Kontrolle ein Gefühl der Verbundenheit, des Vertrauens und der Sicherheit zu erzeugen« (ebd., S. 25). Man könnte es als einen Gegenentwurf zum *Ideal* einer gleichberechtigten, symmetrischen (Macht-)Beziehung verstehen, da die Positionen und Rollenanforderungen bereits definiert wurden und nicht von Situation zu Situation immer wieder neu ausgehandelt werden müssen – und hierin liegt auch das sichernde und oft als

81 Diese Form der Beziehung wird oft mit einem sogenannten *Sklavenvertrag* geregelt (vgl. hierzu detaillierter Hoffmann, 2010, S. 364).

Befreiung empfundene Moment: Die dominante Person (Dom) entscheidet, die submissive Person (Sub) ordnet sich dieser Entscheidung ohne zu hinterfragen unter. Dies löst nach Sodermanns für beide Akteure Erleichterungs- bis Glücksgefühle aus: »Sub gibt also die Entscheidung ab, und genauso, wie Dom es genießt, dominant zu sein und die Entscheidung zu treffen, genießt er die Freiheit, es nicht zu müssen« (ebd., S. 67).

Ein Grundelement besteht hierbei wiederum im Konsensuellen, also in der von beiden Partner*innen zuvor definierten Situation. Man kann behaupten, D/S-Beziehungen und auch BDSM-Praktiken generell sind kontrolliert ablaufende, geplante Situationen, in denen man Gefühle der Asymmetrie und Macht bzw. Ohnmacht in einem vorher definierten Rahmen er- und ausleben kann. Ähnliches konstatiert auch Glenn Wilson speziell für sadomasochistische Praktiken:

> »It is indeed this sense of caring, affection and trust that often permeates private and even some professional s/m relationships that leads one to the concept that however cruel, violent and one-sided the behaviour might seem, it is in fact the contract between two participants to which both agree« (Wilson, 1987, S. 235).

Der Begriff *Sadismus* wird oft im gleichen Atemzug mit dem Begriff *Masochismus* genannt, da diese – wie bereits angedeutet – komplementär auftreten. Wo jemand seine sadistischen Vorlieben ausleben möchte, bedarf es natürlich eines Gegenübers, das diese Praktiken dann annehmen oder ertragen will. Der Begriff des Sadismus wurde 1886 von dem Arzt Richard von Krafft-Ebing im deutschen Sprachraum geprägt, namensgebend war jedoch der französische Schriftsteller Marquis Donatien Alphonse François de Sade, der in seinen Werken rund um die Jahre der französischen Revolution sexuelle Ausschweifungen, Abarten und Erscheinungsformen – von der Folter bis hin zum Lustmord – beschreibt (vgl. Dunde, 1992, S. 213), diese aber auch selbst praktiziert. Beispielsweise bestand »eine der Lieblingsbeschäftigungen des Marquis [...] darin, in verschiedenen Stellungen aufgehängte Frauen auszupeitschen, während sein Diener ihn masturbierte« (Ullerstam, 1965, S. 91).

Wie bereits erwähnt, lässt sich der Begriff des Masochismus als Komplementärbegriff zu dem des Sadismus begreifen. Er wurde ebenfalls von Krafft-Ebing geprägt und nach dem österreichischen Schriftsteller Leopold Ritter von Sacher-Masoch benannt (vgl. Hoffmann, 2010, S. 241, 324). Darunter ist eine sexuelle Vorliebe zu verstehen, »bei welcher der Lustgewinn aus bestimmten Formen der eigenen Hingabe, Wehrlosigkeit und der freiwilligen Unterwerfung bezogen wird. Diese Unterwerfung äußert sich insbesondere im erotisch besetzten Erleiden körperlicher Schmerzen oder emotionaler Belastungen« (ebd.). Im Weiteren wird für beide Begriffe der Oberbegriff *Sadomasochismus* verwendet, da beide Einzelbegriffe aufeinander Bezug nehmen und im BDSM-Kontext miteinander realisiert werden. Zudem kann durch die Verwendung des Oberbegriffes eine Abgrenzung von der als pathologisch definierten Störung des *Sadismus* und des *Masochismus* erfolgen.[82] Arne Hoffmann zufolge würde sich der

> »Sadomasochist kaum als ›Sadist‹ bezeichnen […]. Zu sehr ist die alltagssprachliche Verwendung dieser Ausdrücke präsent, bei der als ›Sadisten‹ Menschen bezeichnet werden, die einzig zu ihrer eigenen Befriedigung Unfreiwillige quälen und zerstören. Dies steht im extremen Gegensatz zu der Zuneigung und dem Verantwortungsbewusstsein, die ein aktiver Sadomasochist gegenüber seinem passiven Partner empfindet« (ebd., S. 327).

Der geschichtliche Ursprung des praktizierten Sadomasochismus – selbst wenn er so noch keine Benennung fand – lässt sich nur vermuten. Bereits Ovid erwähnt in seiner *Liebeskunst* heute als sadomasochistisch bezeichnete Praktiken wie »Grausamkeit, Schmerz und Zärtlichkeit als für die Erotik notwendige und dazugehörige Empfindungen« (ebd., S. 213). Auch hatten sadomasochistische[83] Praktiken laut Ullerstam in mehreren historischen Epochen durchaus ihre Blütezeiten, nämlich »im alten Rom und dem viktorianischen England. Wenn man den Sittenschilderungen glauben darf, so scheint besonders das Peitschen (flagellatio) im England des vorigen Jahrhunderts eine epidemische Verbreitung gefunden zu haben« (Ullerstam, 1965, S. 89f.). Es stellt sich die Frage, ob sich dies auch über die heutige Zeit sagen lässt.

Wenn man entgegen Siguschs (2005) Meinung den medialen Hype um die Roman-Trilogie *Fifty Shades of Grey* als kurzfristig ansieht, so könnten BDSM-Praktiken weiterhin als bloße Exotismen im sexuellen Verhalten angesehen werden, die *ab und an* für öffentliche Diskussionen sorgten und denen heutzutage

---

82 Die Strategie zur Entpathologisierung von SM und BDSM wurde im Kapitel über die Diskursivierung von BDSM bereits näher erläutert.

83 Eine begriffliche Trennung von *Sadomasochismus* und *BDSM* wird in diesem Buch letztlich nur in historischer Hinsicht vorgenommen, da das Akronym BDSM durchaus als neuere Begrifflichkeit erscheint. Das bedeutet, dass der Begriff *sadomasochistisch*, der bei historischen Beschreibungen verwendet wird, nicht durch BDSM ersetzt wird, da unklar bleibt, auf welche Ansammlungen von Praktiken sich die damalige Perspektive eingrenzt.

jedoch nur die wenigsten Menschen langfristig nachgingen. Diese Auffassung widerlegt – wie bereits beschrieben – der zweite Teil des Kinsey-Reportes von 1953/1954, der zu dem Ergebnis kam, »daß von den Tausenden Frauen und Männern, die sie interviewt hatten, über 25% masochistische Neigungen hatten, ihr erotisches Verlangen oft schon durch geringe Schmerzen wie z. B. beißen gestillt wurde« (Eskapa, 1987, S. 90f.). Auch Clellan Ford und Frank Beach entkräften diese Annahme. In einer aufwendigen Studie aus dem Jahre 1951 haben sie weltweit Gemeinschaften auf deren Sexualpraktiken hin untersucht und sind dabei zu folgendem Schluss gekommen: »[F]or the majority of human beings painful stimulation which is not too intense is likely to increase rather than decrease the level of sexual excitement« (Ford & Beach, 1951, S. 67).

In ihrer Studie zählen die Autoren sexuelle Praktiken verschiedener Kulturen auf, die Elemente von Gewalt aufweisen, so beispielsweise »das Anspucken des Partners (südamerikanische Chorati), das Beißen in Hals und Nacken, das bewusste Verletzen der Genitalien (südamerikanische Siriono) und das Herausbeißen von Teilen der Augenbrauen (südamerikanische Apinaye)« (Schmidt & Sigusch, 1967, S. 3; Ford & Beach, 1951, S. 55ff.). Auch Hoffmann berichtet von einer bereits 300 n. Chr. von dem Inder »Mallanga Vatsyayana erstellte Sammlung von Liebestechniken, in der auch vier Schlagtechniken beim Liebesspiel, die zulässigen Körperregionen für Schläge und die Arten der wollüstigen Schmerzlaute des passiven Partners aufgeführt werden« (Hoffmann, 2010, S. 202). Beide Beispiele lassen sich durchaus in den BDSM-Kontext einordnen. Dennoch sind sadomasochistische soziale Praktiken kein universales Phänomen, wie Ford und Beach weiter aufzeigen:

> »The occurrence of such activities is regular and characteristic in many human societies. There are a number of peoples whose stereotype of intense lovemaking includes scratching, biting, and pulling the hair of the sexual partner. In contrast, there are other societies in which these forms of stimulation appear to be totally lacking« (Ford & Beach, 1951, S. 66f.).

Ihre Studie widerlegt somit bereits den Anschein von BDSM als seltenes oder nur in den hiesigen Gesellschaften vorkommendes kulturelles Phänomen. Die Etikettierung von BDSM als *abweichend* wird somit relativ.

Im nächsten Schritt werden die wesentlichen Elemente von BDSM vorgestellt. Dabei geht es vor allem um die unterschiedliche Konnotation von Begriffen, die sowohl außerhalb als auch innerhalb des BDSM-Kontextes anzutreffen sind.

Elemente von BDSM – Eine Unterscheidung

BDSM-Praktiken werden im Allgemeinen innerhalb einer *Session*, eines *Spiels* oder auch eines *Plays*[84] realisiert, das sich wiederum innerhalb eines bestimmbaren Zeitrahmens und bestimmbarer Grenzen realisiert. BDSM impliziert somit einen spielerischen Charakter, der aber nicht als bagatellisieren oder banalisieren des realistischen Risikos einer körperlichen oder seelischen Schädigung verstanden werden soll. Gerade diese Unterscheidung ist maßgeblich für BDSM, da es das Spiel mit und um Grenzen – hier die Grenzen zu Ernst und Realität – herausstellt. Diese paradoxe Situation fassen Ursula Baatz und Wolfgang Müller-Funk treffend zusammen:

> »Viel schwerer noch als die Bestimmung dessen, was das Spiel ausmacht, scheint die Frage zu sein, wann es ernst wird. Sofern Spiel Unernst ist, besteht die Möglichkeit, falsche Ernsthaftigkeiten zu unterlaufen. Zugleich setzt sich der Spieler dem Verdacht aus, sich auf den Ernst der Lage nicht einlassen zu wollen« (Baatz & Müller-Funk, 1993, S. 2).

Gerade die Elemente von Gewalt, die in manchen BDSM-Praktiken zum Vorschein kommen, machen die Unterscheidung und auch die Mischung von Spiel und Ernst gleichzeitig problematisch und fruchtbar für bereits genannte Debatten und Diskurse wie die Grenze um Spiel und Realität. Baatz zufolge setzt dies einerseits

> »voraus, daß zwischen dem, was Spiel ist und dem, was Nicht-Spiel ist, unterschieden werden kann. Andererseits ist Spiel erst wirklich Spiel, wenn der Spieler davon völlig ergriffen wird, wenn er ›ernsthaft‹ spielt. Dies ist aber nur der Fall, wenn die Unterscheidung zwischen Spiel und Ernst mindestens für den Moment aufgehoben ist« (Baatz, 1993, S. 12).

Die Gewalt, die sich in BDSM-Praktiken äußert, muss von anderen Gewaltäußerungen außerhalb des *Spiels* – also außerhalb des BDSM-Kontextes – unterschie-

---

84 Hierbei ist die soziologische Unterscheidung zwischen *Game* und *Play* bzw. zwischen generalisierten und signifikanten Anderen, die von George Herbert Mead getroffen wurde, höchst aufschlussreich. Demnach wäre BDSM als *Play* in der Tat als Einübung nur einer einzelnen Rolle gleichzeitig in Bezug auf einen signifikanten Anderen anzusehen. Da auch bei mehreren Personen jede*r Einzelne zeitgleich nur eine einzige Rolle übernimmt, macht es durchaus Sinn, auch bei Spielkreisen oder anderen Spielkonstellationen nicht von *Game*, sondern weiterhin von *Play* zu sprechen. Für eine nähere Erläuterung zur begrifflichen Unterscheidung vgl. Mead (1934, S. 152–163).

den werden. Bereits die Trierer Studie von Wetzstein und Kolleg*innen verweist auf diesen Umstand und drückt dies folgendermaßen aus:

> »Während eine Schlägerei im Wirtshaus, die Vergewaltigung oder ein Mord immer auch Gegengewalt provozieren […], handelt es sich im SM-Szenario um eine Gewalt, die folgenlos bleibt. Das vorgängig eingeholte Einverständnis des Opfers beinhaltet den Verzicht auf Rache und Vergeltung« (Wetzstein et al., 1993, S. 178).

Hier wird einerseits die dem *Spiel* inhärente Freiwilligkeit betont, andererseits eine daraus resultierende Folgelosigkeit angesprochen. Gerade der Verzicht auf Gegengewalt[85] ist es, der BDSM letztlich mit auszeichnet und den gewollten Charakter der Situation zum Vorschein kommen lässt. Das Konsensuelle nimmt im BDSM dabei einen wichtigen Platz ein, gilt es doch als Grundlagenregel, um die Praktiken *safe, sane and consensual* durchzuführen oder auszuleben. Sie gelten mehrheitlich als die »heiligen drei Gebote« (Sodermanns, 2010, S. 13) in der BDSM-Szene und können als eine Art Metakonsens[86] beschrieben werden. Diese Begriffe dienen einer präzisen Kontrolle der Situation oder des Rahmens einerseits und der unbedingten bewussten Einwilligung der Akteure andererseits, die sich innerhalb dieses Rahmens kontrolliert frei gehen lassen können (vgl. Wilson, 1987, S. 251).

Eine interessante Perspektive auf den Unterschied zwischen Gewalt und BDSM verfolgt Hans van der Geest. Er sieht Aggression und Gewalt als dem Menschen innewohnend an. Demnach kann es nicht um Reduktion dieser Anteile, sondern um einen sozialverträglichen Umgang mit ihnen gehen. Van der Geest zufolge muss also

> »jeder Mensch […] mit seinen aggressiven Impulsen leben lernen […]. Er kann versuchen, sie auszumerzen. Das setzte voraus, daß unser Unterbewußtes belehrbar und veränderbar wäre. Es ist es aber nicht. Folglich können wir nur versuchen, die unausrottbaren Impulse zu beherrschen. Der Sadomasochist beherrscht sie, indem er die Gewalt zuläßt, wo sie nicht schaden kann: im Spiel« (van der Geest, 1990, S. 60).

---

85 Die Praktik des Switchens, also das Tauschen der Rollen von aktiv und passiv innerhalb einer Session, ist hierbei nicht als Gegengewalt zu verstehen.

86 Unter Metakonsens wird in der BDSM-Szene explizit die oft unausgesprochene, aber dennoch a priori vorausgesetzte Bekenntnis verstanden, dass die realisierten Praktiken einvernehmlich und bewusst geschehen. Man kann den Metakonsens als Grundlagenregel bezeichnen (vgl. hierzu Hoffmann, 2010, S. 245).

Der kontrollierte Umgang mit Gewalt bei BDSM unterscheidet sich von anderen sexuellen Praktiken – beispielsweise den verschiedenen Formen von sexueller Penetration bei Geschlechtsverkehr außerhalb des BDSM-Kontextes – insofern, als es bei Letztgenannten nicht selten zu unkontrollierten, nicht gewollten Verletzungen kommen kann. Unkontrollierte sexuelle wie auch non-sexuelle Praktiken sind bei BDSM in der Regel nicht gegeben. Die entstehenden Verletzungen können somit vorrangig als gewollt und bewusst zugefügt gedacht werden. BDSM ist demnach nicht mit willkürlichem Verhalten gleichzusetzen, sondern als ein höchst präziser und deshalb höchst kontrollierter sozialer Akt anzusehen.

Kontrollierte Verletzung – und hier liegt die Betonung auf dem sadistischen Moment einiger BDSM-Praktiken – hört sich zunächst womöglich fragwürdig an. Nicht selten wird BDSM sogar mit dem Begriff der Grausamkeit in Verbindung gebracht. Doch auch hierbei gilt es, BDSM-Elemente und Grausamkeit zu unterscheiden: Soziale Praktiken innerhalb der BDSM-Szene[87] und die Thematik der Grausamkeit verbinden sich lediglich innerhalb des Rahmens des *safe, sane and consensual*. Dies ist unter anderen ein wesentliches Moment im BDSM-Szenario: Die praktizierte Gewalt ist einerseits gewollt, andererseits hat sie einen festen Rahmen, der jederzeit beendet werden kann und der sie beispielsweise von der Gewalt oder Grausamkeit bei einer Folterung unterscheidet. Van der Geest geht sogar so weit, das Element der Grausamkeit für BDSM-Praktiken insofern umzudeuten:

> »Wehtun kann sich mit Lieben verbinden, Grausamkeit nicht. Wer den Sadomasochismus verstehen will, muß den Unterschied zwischen Zufügung von Schmerzen und Grausamkeit im Auge behalten [...]. Sadomasochisten behaupten selber, daß sie Grausamkeit verabscheuen. Der masochistische Partner will die Schmerzen nicht als Brutalität, sondern als Zeichen der Liebe empfangen, der sadistische möchte sie ebenso als Zeichen der Liebe schenken« (ebd., S. 58).

Ein weiteres wesentliches Element von BDSM ist die Macht bzw. die Machtbeziehung zwischen den Spielenden oder Praktizierenden. Den bereits getroffenen Ausführungen nach könnte man die Beziehungsstruktur, die sich zwischen den BDSM-Spielenden etabliert, durchaus als machtasymmetrisch verstehen. Und man könnte davon ausgehen, dass der aktiven Rolle innerhalb eines BDSM-Szenarios mehr Macht zugesprochen wird, als dem passiven Part. Hier stellt sich

87 Hier kann nur von der BDSM-Szene gesprochen werden. Wie sich die Elemente der Gewalt und Grausamkeit in privaten Kontexten von BDSM manifestieren, habe ich nicht untersucht und kann deshalb keine Aussage darüber treffen.

die interessante Frage, wer wirklich dabei mehr Macht hat: die aktive Person, die innerhalb der *Session* die Verantwortung für beide Partner*innen übernimmt oder die passive Person, die den Rahmen dieser *Session* letztlich vorgibt und das Spiel jederzeit abbrechen kann.[88] Die aktive Rolle könnte somit auch als bloße Dienstleistung und Ausführung der Vorlieben und Bedürfnisse der passiven Person angesehen werden. Auch Claudia Schwarz und Kolleg*innen verweisen auf diese Problematik und ziehen einen möglichen Erklärungsanasatz aus der Parallele zur Beziehungsstruktur zwischen Feudalherren und Leibeigenen:

> »Das Feudalmodell wird in der Szene selbst zur Erklärung der Beziehung zwischen Sub und Dom herangezogen, denn analog zur herrschenden Klasse im Feudalismus hat zwar der dominante Partner die völlige Gewalt über die andere Person, er trägt aber gleichzeitig auch die Verantwortung für ihr Wohlergehen. Die Ausübung von Macht/Gewalt ist somit für den Dom immer an Verpflichtungen gebunden, wodurch er zum ›Erfüllungsgehilfen‹ des submissiven Partners wird« (Schwarz et al., 2008, S. 278).

Ein weiteres Beispiel für diese Problematik zeigt sich in szene-intern geführten Debatten, ob es für einen männlichen Sub und eine weibliche Dominante überhaupt legitim ist, Geschlechtsverkehr zu haben. Hier wird das Phänomen angesprochen, dass eine dominante Frau ihre Machtposition beim Geschlechtsverkehr verlassen würde, da schließlich sie diejenige ist, die penetriert wird.[89] Hoffmann bezeichnet dies, also die scheinbare Umkehrung der definierten Rollen im BDSM-Kontext, als *SM-Paradoxon* (vgl. Hoffmann, 2010, S. 368). Darauf werde ich im Weiteren noch näher eingehen.

Situationen von BDSM – Das Event

Bis jetzt konnte Folgendes festgestellt werden: BDSM ist ein Spiel um Grenzen. Dabei geht es um begriffliche, situative und persönliche Grenzverschiebungen bereits etablierter Konzeptionen und Einstellungen (z. B. von Sexualität, Aggression

88 Natürlich kann auch die aktive Person die Session abbrechen. Dennoch geht es in einem Spiel vor allem um das Herantasten oder Übertreten der eigenen Grenzen. Dies sind vor allem die Grenzen der sich hingebenden Person.

89 Umgekehrt lässt sich bei dominanten Männern diese Problematik nicht erkennen (vgl. hierzu das Beobachtungsprotokoll zum CFNM-Event).

Macht, Gewalt etc.). Es geht um die Erweiterung des persönlichen – sexuellen wie non-sexuellen – Horizonts, um die Herausbildung oder Stabilisierung individueller Persönlichkeitsanteile und um soziale Zugehörigkeiten.

BDSM realisiert sich in seiner kleinsten Einheit innerhalb einer *Session*, das heißt in einer räumlich begrenzten Situation, mit einer bestimmten Anzahl an Personen, innerhalb eines bestimmbaren Rahmens und innerhalb einer definierten Zeiteinheit, die jederzeit beendet werden kann.

BDSM kann einerseits privat – also mit einer geringen Anzahl von Teilnehmer*innen in privaten Räumen[90] – oder halb-öffentlich stattfinden. Private Sessions haben den Vorteil, dass die Rahmung unter den Teilnehmenden selbst gesetzt wird. Das Inventar – Instrumente, Werkzeuge, verschiedene räumliche Settings oder auch Möbelstücke, mit denen BDSM realisiert werden kann – ist im Privaten womöglich begrenzt. Das kann räumliche, finanzielle oder andere Ursachen haben. Hier bieten halb-öffentliche Events die Möglichkeit, das genannte Inventar im größeren Umfang bereitstellen zu können. BDSM-Events strukturieren sich in der Regel wie folgt:

Meist wird eine fixe Örtlichkeit als Szenetreffpunkt angegeben. Das Event selbst wird – wie bereits beschrieben – von szene-internen Eliten organisiert. Events haben durchaus institutionellen Charakter, sie finden also in einem regelmäßigen, zeitlichen Turnus[91] und zu einem bestimmten Thema oder Fokus statt. Das eigentliche Event wird auf einschlägigen, nicht nur szene-internen[92], Websites beworben. Es können sich dabei nur registrierte oder in der Szene bekannte Benutzer*innen anmelden. In der Regel wird der Einlass anhand einer Gästeliste kontrolliert oder die Gäste sind bereits von vorherigen Events bekannt, was den halb-öffentlichen Charakter ausmacht. Das Event ist an einen von den Organisator*innen bestimmten Eintrittspreis gekoppelt, damit erhält es seinen kommerziellen Charakter. Darüber hinaus lässt sich der Eintrittspreis als Unkostenbeitrag ansehen, um das zur Verfügung gestellte Inventar zu warten und instand zu halten. Die Versorgung mit Getränken und Speisen ist von der Struktur des Events selbst und von der gegebenen Örtlichkeit abhängig. Das Event hat einen offiziellen Beginn und meist ein offizielles Ende. Ob es einem bestimmten Pro-

90 Das kann das eigene Schlafzimmer, ein eigens geschaffener Raum in der eigenen oder der fremden Wohnung einer anderen teilnehmenden Privatperson oder ein Hotelzimmer sein. Die Möglichkeiten sind hierbei nur insofern begrenzt, als die Räume keinen kommerziellen Charakter aufweisen sollen.

91 Das LARP-Event findet zweimal im Jahr statt. Auch die untersuchte gängige Play-Party wird regelmäßig alle vier Wochen ausgerichtet.

92 Die Spank-Party wird nur in einem gängigen Forum für homosexuelle Männer beworben.

grammablauf folgt oder ob letztlich nur die Räumlichkeiten zur Verfügung gestellt werden, ist wiederum abhängig von den Organisator*innen und vom Event selbst.

Ich habe eine spezifische und bekannte Örtlichkeit der BDSM-Szene untersucht, in der die hier behandelten Events halb-öffentlich bis privat stattfinden. Der Standort und der Name der Örtlichkeit (sie werden durch VERSALIEN dargestellt) bleiben dabei anonym – sie sind letztlich für die hier vorliegende Untersuchung irrelevant. Die einzelnen Events werden auf ihre räumliche, normative, strukturelle und organisatorische Rahmung hin untersucht und im folgenden Kapitel mit Fokus auf diese genannten Aspekte erläutert. Die Beschreibung des Forschungsfeldes sowie die Analyse erfolgen dabei in drei Schritten:

Zunächst wird die Örtlichkeit beschrieben, in dem alle Events stattfinden. Sie stellt gleichermaßen die räumliche und normative Rahmung und den Analyseraum selbst dar. Beides kann bei allen untersuchten Events als unveränderte Komponente angesehen werden.

Im zweiten Schritt werden die einzelnen Events näher beschrieben und in ihrer strukturellen Rahmung (Aufbau, Ablauf, Zielgruppe des Events, besondere Regeln etc.) erfasst. Hierbei finden insbesondere diejenigen Daten Anwendung, die hauptsächlich aus Feldzugang, Beobachtungsprotokollen sowie aus eigener Literatur- und Internet-Recherche generiert wurden. Sie werden zeitweise mit Zitaten aus den Interviews gestützt.

Der dritte Schritt behandelt – noch dezidierter – die Interviewsituation. Hier werden die bereits erhobenen Daten und die Fragen, die sich bisher ergeben haben, in den geführten Interviews behandelt. Dabei wird vor allem die organisatorische Rahmung herausgearbeitet.

Die folgenden Beschreibungen werden anonymisiert dargestellt. Sie werden entweder direkt als Zitat aus den Interviews (die Namen der Interviewpartner*innen sind mir bekannt, ich habe sie jedoch geändert) oder sinngemäß aus den Beobachtungsprotokollen übernommen.[93] Die Quellen sind dabei zwar vermerkt (die Namen, Städte, Örtlichkeiten etc. werden durch VERSALIEN dargestellt), aber unkenntlich gemacht. Hier stehen der Schutz und das Respektieren der Privatsphäre im Vordergrund.[94]

---

93 Eine Umformulierung würde erstens die eigene sprachliche Codierung und zweitens deren Couleur womöglich neutralisieren – oft können es die Expert*innen einfach besser oder unverfälschter ausdrücken.

94 Die hier gesammelten Informationen wurden mir auf einer großen Vertrauensbasis bereitgestellt, für die ich mich hier noch einmal ausdrücklich bedanken möchte. Bei näherem Interesse an dieser Thematik dürfen Sie mich gerne kontaktieren unter: anne.deremetz@gmail.com.

Der Eventraum – Topologische und normative Rahmung

Topologische Rahmung

Die Räumlichkeiten, in denen die Events stattfinden, umfassen mehrere Hundert Quadratmeter auf zwei Ebenen. Der Eventraum verfügt über Gefängniszellen, Pranger, Andreaskreuze, Gynäkologenstühle, Rückzugs- und offene Spielmöglichkeiten etc. Im Vergleich zu anderen Eventräumlichkeiten im BDSM-Bereich verfügt er somit über eine große Auswahl an Spielmöglichkeiten sowie über einen Barbereich. Das Event wird musikalisch untermalt und das Licht ist gedämpft. Es gibt einen Duschbereich, der jedoch bei halb-öffentlichen Events[95] nicht zugänglich ist – er kann somit nicht als Nassbereich genutzt werden.

Der Raum an sich ist nicht veränderbar – das Inventar kann nur teilweise arrangiert werden. Viele Möbelstücke sind zu schwer für ein flexibles und häufiges Umrücken. Die topologische Rahmung stellt damit bereits einige Einschränkungen – oder Schwierigkeiten – beim Ausleben von gewissen sexuellen und nonsexuellen Praktiken dar. Die folgenden Praktiken sind daher bei halb-öffentlichen Events von vornherein ausgeschlossen und bei privaten Events erschwert:

- alle Praktiken mit Körperausscheidungen (z. B. NS, KV[96])
- Praktiken, bei denen hygienische Bedingungen herrschen müssen (z. B. Cutten, Nadeln etc.)
- Praktiken, bei denen eine klare Beleuchtung wichtig ist (z. B. Tätowieren, Branding etc.)

---

95 Die Örtlichkeit kann auch privat angemietet werden. Letztlich stellen alle extern organisierten Veranstaltungen zum Teil eine Art private Anmietung der Örtlichkeit dar.

96 NS (Natursekt): Spiele mit Urin; KV (Kaviar): Spiele mit Exkrementen.

Alle Events finden in den genannten Räumlichkeiten und über denselben Pächter statt. Für die Räumlichkeiten an sich gilt eine generelle Hausordnung, die für alle Events – auch für die der externen Veranstalter – uneingeschränkt verbindlich ist. Sie stellt die normative Rahmung dar, innerhalb deren die verschiedenen Events realisiert werden können.

Normative Rahmung

Regeln zum Verhalten außerhalb der Räume

In der aufgestellten Hausordnung gilt generell die Regel, außerhalb der Räumlichkeit Ruhe zu bewahren. Dieses Ruhegebot reicht von einem leisen An- und Abreisen über das Parkverbot in der Nähe des Eingangs bis hin zum Vermeiden eines längeren Aufenthaltes am Eingangsbereich, da dieser nicht zu den angemieteten Räumen gehört. Damit verbunden ist die Anreise im »straßentauglichen Outfit«: »Wir haben Umkleideräume und Spinde, nutzt diese bitte und provoziert im Wohngebiet nicht durch gewagte Fetischoutfits« (Auszug aus der Hausordnung).

Regeln zum Verhalten innerhalb der Räume

Alle Veranstaltungen sind private Veranstaltungen, das bedeutet, dass nur denjenigen Gästen Einlass gewährt wird, »die sich den Regeln entsprechend angemeldet haben und deren Anmeldung auch […] bestätigt worden ist« (Auszug aus der Hausordnung). Eine Ausnahme von dieser Regel besteht für Personen, die alkoholisiert sind. Hier sei an die SSC-Regel erinnert: Menschen im alkoholisierten Zustand verlieren nicht nur leichter die Selbstkontrolle, sondern womöglich auch leichter die Kontrolle über das Spiel, sodass die SSC-Regel eventuell nicht erfüllt werden kann.

Eine weitere Ausnahme von der Einlass-Regel besteht für Personen, die »der Zielgruppe des Events« nicht entsprechen. Mit »Zielgruppe« soll aber nicht generell der Ausschluss von Nicht-Szene-Angehörigen gemeint sein, sondern es geht darum, einen geschützten Raum für die Spielenden bereitzustellen. Dieser wäre beispielsweise dadurch gestört, wenn die angemeldeten Personen den Eventcode verletzen würden – demnach werden ein dominanter Mann und eine devote Frau für ein CFNM[97]-Event nicht eingelassen. Gleiches gilt für Frauen, die kei-

97 CFNM (Clothed Female, Naked Man): aktive Frauen und passive Männer.

nen Zutritt auf Veranstaltungen haben, die sich explizit nur an Männer richten (Spank-Party)[98]. Außerdem gilt in allen Räumlichkeiten generelles Handy- und Fotografierverbot:

> »Verzichtet bitte in unseren Themenräumen auf Eure Handys. Das Mitführen wird bis auf Weiteres geduldet, sofern diese nicht bemerkbar sind, also das Anrufsignal unterdrückt wird. Für Film- und Fotoaufnahmen ist die Benutzung untersagt! In unserem Studio herrscht striktes Fotografierverbot, es sei denn, unsere Themenräume wurden dafür angemietet oder wir haben dies explizit und ausdrücklich erlaubt« (Auszug aus der Hausordnung).

Auch diese Regeln dienen der Garantie eines geschützten Raumes, damit keine anwesende Person in ihrer Privatsphäre gestört oder verletzt wird. Das Einlassen in die Rolle oder in das Spiel erfordert für die eine oder andere Person eine gewisse Konzentration, die durch Handys oder andere Störquellen durchaus erschwert werden kann.

Neben allgemeinen Hygiene- und Pflegemaßnahmen – sowohl der eigenen Person als auch der Spielräume und -instrumente – wird weiter auf den expliziten Haftungsausschluss hingewiesen: »Die Nutzung der Geräte in unseren Themenräumen – aber auch die der selbst mitgebrachten Spielsachen – liegt allein in Eurer Verantwortung und geschieht auf eigene Gefahr« (Auszug aus der Hausordnung).

Der Umgang mit anderen Spielenden

Gegenüber anderen spielenden Gästen werden unbedingter Respekt und Toleranz gefordert. Interessanterweise wird in den Beobachtungsprotokollen und auch in den Interviews besonders in diesem Bereich häufig von Regelüberschreitungen und daraus resultierenden Maßnahmen seitens der Organisator*innen berichtet. Gerade was die Vermischung von Spiel und Ernst angeht, kann der Respekt vor den Spielen Anderer zu einer Gratwanderung werden:

> »Wir respektieren jedes Rollenspiel, behalten uns aber das Recht vor, im Interesse des Hauses und der anderen Gäste in ein Spiel einzugreifen. Dies gilt natürlich vor

98 Die Spank-Party, zu der nur Männer zugelassen sind, werde ich im Weiteren noch näher betrachten. Die Problematik der Trans- und Intersexualität bei diesem Event wurde im Interview angesprochen und wird an anderer Stelle noch ausführlicher diskutiert.

> allem, wenn ernsthafte Zweifel an der Einvernehmlichkeit des Spiels bestehen. Bitte teilt uns umgehend mit, wenn Ihr bei anderen den Verdacht der nicht(mehr)-Einvernehmlichkeit habt« (Auszug aus der Hausordnung).

Besteht das Risiko, dass die Grenze der Einvernehmlichkeit überschritten oder die SSC-Regel für andere nicht mehr sichtbar aufrechterhalten werden kann, bewegt sich die Spielpraktik in einer – womöglich illegitimen – Grauzone. Um den Haftungsausschluss zu gewährleisten, sind die Veranstalter*innen letztlich dazu verpflichtet, einzuschreiten.

Die hier vorgestellte Hausordnung kann als erste formalisierte Rahmung verstanden werden, zu der sich auch alle externen Veranstalter*innen, welche die Räumlichkeiten nutzen, verpflichten müssen. Sie ist somit normativ bindend.

Für die weitere Analyse wird nun jedes Event einzeln Betrachtung finden. Zuerst werden die eventspezifischen Normen und Verhaltensregeln vorgestellt und im Anschluss mit den Aussagen aus den Interviews in Bezug gesetzt.

Die Eventsituation – Strukturelle Rahmung

Gängiger Ablauf eines Events[99]

Je nachdem, ob ein festes Programm vorgesehen ist oder nicht, erscheinen die Gäste pünktlich oder erst im Verlauf des Abends. Zuerst wird geprüft, ob sich die Teilnehmer*innen auch auf der Gästeliste befinden. Ist dies der Fall, muss gegebenenfalls noch der Eintritt bezahlt werden.[100] Den Gästen wird ein Schlüssel zu einem Spind im Umkleideraum ausgehändigt, im dem sie ihre Kleidung deponieren können, wenn sie sich umgezogen haben. Entsprechend der Schlüsselnummer werden die bestellten Getränke notiert, welche die Gäste erst beim Verlassen des Events und bei Abgabe des Spindschlüssels bezahlen. Das Kassen- und Bezahlsystem ist dabei absolut variabel – je nach Veranstalter*in, je nach Event etc.

Etwa eine Stunde nach Einlassbeginn finden sich die meisten Gäste bereits passend gekleidet im Barbereich wieder, wo sie dann häufig ihr erstes Getränk zu sich nehmen. Man kommt so langsam ins Gespräch, *wird locker*. Manche Gäste warten vielleicht auf weitere Personen oder Paare, mit denen sie sich bereits im Vorfeld via Chat, Mail, Handy etc. verabredet haben. Neulingen wird meistens eine Führung angeboten. Das bedeutet, ein Teil der Organisator*innen führt Gäste, die mit BDSM generell oder spezifisch mit den Räumlichkeiten nicht

---

99 Dieser Ablauf bezieht sich nur auf die von mir beschriebenen Räumlichkeiten. Er kann nicht als allgemeingültig betrachtet werden.

100 Es ist eine gängige Praxis, den Eintrittspreis bereits im Vorfeld zu überweisen. Die Gäste müssen nach der Anmeldung zudem auf die Bestätigung seitens der Organisator*innen warten, um überhaupt sicher zu sein, auf der Gästeliste zu stehen.

oder noch wenig vertraut sind, herum, erläutert gegebenenfalls Spielräume sowie -instrumente und weist nötigenfalls auf Verhaltensregeln hin – SSC wird in den meisten Fällen als allseits bekannter Metakonsens vorausgesetzt.

Der Abend nimmt derweil langsam Gestalt an und die ersten Gäste verlassen den Tresen in Richtung Spielbereich. Manche ziehen sich sofort in die geschlossenen Räume zurück, andere wiederum halten sich im öffentlichen Bereich auf, schauen anderen beim Spielen zu, spielen gegebenenfalls selbst – wohl wissend um das Publikum. Nach einer ersten Spielphase wird der Tresen wieder voller. Es werden vor allem Mineralwasser, Kaffee und andere koffeinhaltigen Getränke konsumiert. Alkohol wird zwar getrunken, Alkoholisierung scheint aber generell für die Gäste nicht Ziel des Abends zu sein. Vielmehr besteht die Motivation beispielsweise für Personen mit sadistischen oder dominanten Vorlieben an diesem Abend darin, die Kontrolle zu behalten, manchmal sogar noch zusätzlich für die Spielpartner*innen die Kontrolle zu übernehmen oder nur die Verletzungen und Schmerzen zuzufügen, die sie auch zufügen wollen. Zum anderen besteht die Motivation beispielsweise für Personen mit masochistischen Vorlieben darin, den Schmerz bewusst und nicht narkotisiert zu spüren. Nach der Trink- und Erholungsphase wird der Abend mit einem weiteren Spiel fortgesetzt oder man bleibt am Tresen und unterhält sich – über die Arbeit, über die Kinder, über neue Instrumente oder Spielpraktiken, die bei einem anderen Event kennengelernt oder erfahren wurden – oder man schaut den anderen beim Spielen zu. Womöglich hat man sich mit neuen Leuten unterhalten, vielleicht sogar Nummern oder *Nicknames*[101] ausgetauscht. Für einige Gäste geht jetzt der Abend langsam zu Ende und sie begeben sich in den Umkleideraum. Nach dem Umkleiden geben sie den Spindschlüssel ab, bezahlen ihre Getränkerechnung, verabschieden sich und verlassen die Räumlichkeiten.[102]

Der hier dargestellte Ablauf kann bei den meisten in diesen Räumlichkeiten stattfindenden Events als exemplarisch angenommen werden. Abweichungen davon werden bei der weiteren Beschreibung der einzelnen Events noch ersichtlich. Die Erläuterung der einzelnen Events läuft stets nach dem gleichen Schema ab:

---

101 Im Gespräch mit den Gästen wurde ich oft nach meinem Namen in der SZ (Sklavenzentrale) gefragt. Die SZ (Sklavenzentrale) ist das gängige und bisher größte Internetforum für BDSM. Bei der Profilerstellung gibt es unzählige Möglichkeiten an Neigungen, Rollen, Identitäten (für einen Überblick vgl. http://www.sklavenzentrale.com).

102 Es kann durchaus sein, dass das Spiel zwischen den Gästen bei Verlassen der Räumlichkeiten weitergeht. Dies wäre idealtypisch bei 24/7-Beziehungen der Fall.

1. Es erfolgt eine allgemeine Beschreibung zum Ablauf (zeitlich, programmatisch etc.) des Events.
2. Die Zielgruppe des Events und eventuelle Kleiderordnungen werden beschrieben.
3. Die eventspezifischen Regeln und Verhaltensrichtlinien (Rollenvorgabe, Programm, Tabus etc.) wie Besonderheiten und wichtige Hinweise seitens der Organisator*innen zu dem jeweiligen Event werden vorgestellt.

Play-Party

Die gängige Play-Party hat kein besonderes Motto und ist daher für »alle Freunde von Rollenspiel und BDSM von zart bis hart, gleich welcher Neigung und welcher Vorlieben« (Auszug aus der Eventbeschreibung) geeignet. Sie ist ATHIA, der Organisatorin, zufolge »eine ganz ganz klassische Play-Party, also [...] heißt ohne Tanz, ohne Rumgestehe, sondern wirklich zum Spielen, zu der vorwiegend Paare zugelassen werden«. Das Event selbst hat kein Programm, dennoch lässt sich ein eingespielter Ablauf erkennen, der exemplarisch bereits beschrieben worden ist.

Die Anzahl der Teilnehmer*innen ist letztlich nur durch die räumliche Kapazität und durch die des Personals begrenzt. Im Durchschnitt sind es 60 bis 80 Gäste. Zielgruppe der Party sind vorwiegend Paare. Es herrscht eine Deckelung von Single-Herren – und eigentlich auch von Single-Damen[103]. Damit ließe sich laut der Organisatorin »oft die unangenehme Situation vermeiden, dass sich eine Traube« um ein spielendes Pärchen bildet. ATHIA verweist in diesem Zusammenhang auf Events in der Swinger-Szene, wo diese Begrenzung nicht herrsche. Dies könne für viele Paare, vor allem für manche Frauen, schnell unangenehm werden. Würden sich tatsächlich mehrere Single-Frauen anmelden, würden dementsprechend auch mehr Single-Herren erlaubt werden. Oft kenne ATHIA aber die Gäste, die sich anmeldeten. Sie wisse daher, welche Singles sich bereits im Vorfeld zum Spielen verabredet haben und welche tatsächlich einzeln kommen. Die Personenformierung ist *paarlastig*. Einzelpersonen haben oft Schwierigkeiten, sich Paaren oder Spielkreisen neu anzuschließen. Oft sind es männliche Singles, die die Party früher verlassen, zumeist weil das Event einfach nicht den geeigneten Rahmen bietet, um neue Spielbekanntschaften zu

103 Ein Überschuss an Single-Damen kommt laut Organisatorin speziell bei diesem Event so gut wie nie vor.

machen. Dieser Effekt wird durch die Deckelung der Singles zudem noch verstärkt.

ATHIA: »Wir sagen sogar den Leuten bei der Anmeldung zum Teil, wenn sie auf der Suche sind, sollten sie vielleicht eher 'ne andere Veranstaltung suchen als unsere (//mhm//) *(verweist auf einen anderen Veranstaltungsort)*, in dem neben Tanzen und Quatschen *auch* gespielt werden kann, VERANSTALTUNGSORT oder so was. Also, wo man wirklich tanzt oder wo man im Notfall auch tanzen kann. So wie Singles bei uns, sitzen ja dann rum und schauen dumm, wenn sie jetzt nicht jemanden finden, der sie dann mal ranlässt oder mitspielen lässt. Und das ist dann für die frustrierend und für uns auch.«

Da das Event kein spezifisches Motto hat oder eine spezielle Klientel anspricht, ist der Dresscode dementsprechend nicht festgelegt: »Alles – nur keine Alltagskleidung und bitte keine Badelatschen! LLL[104], elegante Abendgarderobe, Sündiges, Uniform, Büßerhemd, nackt«.

Die Kleidung soll dabei *Außeralltäglichkeit* symbolisieren. Das Abstreifen der Alltagskleidung und das Anziehen spezifischer Kleidung unterstützt darüber hinaus die Übernahme der *BDSM-spezifischen* Rolle oder Neigung. In mehreren Beobachtungsprotokollen wird auf die Wichtigkeit der Kleiderordnung hingewiesen, da sie oftmals Anlass für Diskussionen mit den Teilnehmer*innen gibt und somit ein gewisses Konfliktpotenzial trägt.[105] Besondere Regeln werden bei dieser Party nicht genannt. Allgemein gilt die Hausordnung.

Das Event richtet sich an Neulinge, Anfänger*innen und Etablierte gleichermaßen. Mitunter ist die Hürde für Neulinge – durch die hohe Gästezahl und die Deckelung von Singles – etwas höher als beim Paare-Dinner.

Paare-Dinner

Das Paare-Dinner ist – wie der Name schon sagt – ein Event, das sich an Paare und Spielkreise richtet.

---

104 LLL: Lack, Leder und Latex.

105 Im Interview wird ein Konflikt genannt, in dem es darum ging, ob Uniformen ehemaliger oder aktueller totalitärer Regime (z. B. DDR, Kuba etc.) getragen werden dürfen oder nicht. Auf diesen Konflikt werde ich an einer anderen Stelle noch explizit eingehen.

ATHIA: »Es ist auf jeden Fall kleiner. Es ist mit Essen. Es ist ein bisschen romantischer insgesamt, von daher vielleicht auch besser für Einsteiger, sag ich mal, die sich das ETABLISSEMENT mal anschauen wollen oder die insgesamt da mal in so einen SM-Laden reinschauen wollen, geht das eben besser, sag ich mal, wenn du mit Essen in entspannter Atmosphäre ankommst, als wenn du reinkommst und gleich 60, 70 Leute da hast, die mehr oder weniger eben spielen.«

Das Event erinnert an ein Candle-Light-Dinner, zur Beleuchtung werden demnach vorwiegend Kerzen eingesetzt. Das Dinner besteht aus einem Buffet, das zu einer gewissen Uhrzeit eröffnet wird und dann den ganzen Abend den Gästen zur Verfügung steht. Bei diesem Event kommen eigentlich alle Gäste bereits zum Einlass-Beginn, um der Buffet-Eröffnung beizuwohnen, dem einzigen Programmpunkt an diesem Abend. Den Gästen ist freigestellt, ob sie ihr Essen im öffentlichen Raum oder in den privaten Bereichen zu sich nehmen wollen. Spiel und Buffet vermischen sich – sie laufen zeitlich parallel ab. Es werden Tische und Sitzmöglichkeiten bereitgestellt, die sich über die gesamte Räumlichkeit verteilen. Wie bereits erwähnt richtet sich das Event an Paare und Spielkreise, wobei es keine besondere Rollenverteilung gibt. Im Vergleich zur gängigen Play-Party verteilt sich beim Paare-Dinner die Übernahme der Rollen in Bezug auf das Geschlecht gleichmäßiger. Die Anzahl der Teilnehmer*innen ist auf 35 bis 45 Personen begrenzt. Der Dresscode ist an eine gehobene Soirée angelehnt.

Besondere Regeln werden bei diesem Event nicht genannt. Der normative Rahmen wird durch die Hausordnung repräsentiert.

Das Event ist für Neulinge und Einsteiger*innen geeignet, da es durch die Begrenzung der Anzahl der Teilnehmer*innen im Vergleich zur gängigen Play-Party privater und intimer erlebt wird. Die Rollenverteilung wird dabei offen gehalten.

CFNM-Event**

Das CFNM-Event ist eine Veranstaltung, bei der explizit Frauen die aktiven und Männer die passiven Rollen übernehmen. Dominanten Männern oder submissiven Frauen ist daher der Einlass nicht gestattet.

Die Veranstaltung wird in dieser Räumlichkeit wie folgt strukturiert: Die Männer werden zu Beginn der Veranstaltung gefragt, ob sie sich versteigern lassen wollen – bei Paaren wird die Frau gefragt, ob sie ihren submissiven Partner versteigern lassen will. Für die sogenannte *Sklaven-Versteigerung* erhalten die Frauen jeweils einen bestimmten Betrag an Spielgeld, mit dem sie für alle zur Verfügung stehenden Männer bieten können. Die Männer füllen Karten aus – oder sie werden von der dominanten Herrin ausgefüllt – auf denen sich Vorlieben, Neigungen und Tabus eintragen lassen (vgl. Abb. 2).

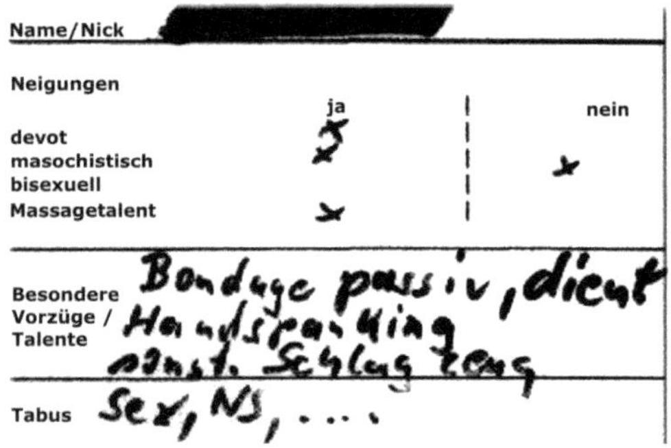

Name/Nick

Neigungen

	ja	nein
devot	x	
masochistisch		x
bisexuell		
Massagetalent	x	

Besondere Vorzüge / Talente: Bondage passiv, dient Handspanking anst. Schlagzeug

Tabus: Sex, NS, ...

Abbildung 2: Beispiel einer ausgefüllten Karte für die Sklavenversteigerung.

Die Versteigerung soll eine erste Kontaktaufnahme zwischen beiden Parteien erleichtern oder herstellen. BENIKE, die Organisatorin des CFNM-Events, begründet ihre Entscheidung für diesen Programmablauf folgendermaßen.

BENIKE: »Du kannst nicht einfach dominante Frauen und devote Männer zusammenhocken und erwarten, dass die dann alle lustig zueinander finden, also. Die brauchen meistens Starthilfe und deswegen haben wir gesagt, ›gut, wir machen das in Form einer Versteigerung der Sklaven‹ [...]. Und dann fällt es den Leuten auch leichter, sich dann auch so auszuleben, wie sie es ja eigentlich auch wollen, aber oftmals tatsächlich, trotz dass es erwachsene Leute sind, nicht auf die Platte kriegen, das von sich aus dann einfach zu tun.«

Alle an der Versteigerung teilnehmenden Männer werden vorgestellt oder stellen sich den Damen selbst vor. Hierzu werden sie in die Mitte eines Sitzkreises geführt, in dem die Frauen Platz genommen haben. Bei der Vorstellungsrunde dienen die vorher ausgefüllten Karten als Information und geben einen ersten Überblick über die *Qualitäten* der Männer. Die Vorstellung beinhaltet auch Elemente der Inszenierung. Dabei werden die Männer durchaus intensiver unter die Lupe genommen, beispielsweise durch die Begutachtung der Genitalrasur oder durch das Stellen etwaiger Nachfragen. Missfällt die Antwort oder ist sie zu leise oder kann irgendetwas anderes beanstandet werden, bekommt der *Sklave* eine *Arschkarte*. Er muss sich somit in der nächsten Runde pro gewonnener Karte zehn Schlägen auf das Hinterteil in der Mitte des Sitzkreises aussetzen und dabei laut mitzählen. Die Möglichkeit der öffentlichen Züchtigung ist nicht nur bei den Frauen beliebt; es gibt einige Männer, die gerade hier extra freche oder provokante Antworten geben, um *bewusst* vorgeführt zu werden.

Nach dem Rahmenprogramm – also der *Sklavenversteigerung* – sind die Spielmöglichkeiten offen gehalten. Das bedeutet, die Gäste sind ab diesem Zeitpunkt wieder sich selbst überlassen und spielen in eigener Regie. Ansonsten folgt das Event ab jetzt dem gängigen Ablauf (vgl. den Abschn. »Gängiger Ablauf eines Events«).

Die Verteilung der Gäste ist eher gemischt. Es kommen einerseits viele Paare, andererseits auch viele Single-Männer. Für passive Männer sei es in der Szene – immer noch – ziemlich schwierig, eine dominante Spielpartnerin zu finden[106]. Auch Spielkreise sind anzutreffen. Im Unterschied zur gängigen Play-Party ist die Personenformierung nur bedingt paarlastig. Vielmehr tun sich einige Frauen zusammen, um kollektiv mehrere Männer auf einmal ersteigern zu können.

I[107]: »Wie ist so das Verhältnis bei CFNM-Events zwischen Paaren und Einzelnen?«

BENIKE: »Also, das Frau-Mann-Verhältnis war, glaub eine Frau auf anderthalb Männer, und es waren schon immer relativ viele Paare da. Also Solo-Frauen wenig, eher Solo-Männer, ›äähh‹ aber tatsächlich waren auch immer viele Paare da. Also, zum Teil halt richtig feste Paare, zum Teil halt Spielpaare, aber ich würde sagen, das hat sich, also zumindest auf unseren Partys, schon gut die Waage gehalten …«

Beim Dresscode wird die klare Rollenverteilung von aktiver Frau und passivem Mann noch einmal deutlich: »Die Frauen sind bekleidet (gerne frivol/sexy/Fe-

106 Hierbei sei bereits auf die Problematik hingewiesen, dass trotz Annäherung der Anteil dominanter Frauen im Vergleich zum Anteil devot-submissiver Männer relativ gering ist. Bei einem CFNM-Event kam ich am Barbereich mit drei submissiven Männern ins Gespräch, die von 100 Mails berichten, die von einem 40- bis 50-jährigen submissiven Mann getätigt werden müssen, um überhaupt eine reale Verabredung mit einer dominanten Frau zu bekommen.

107 I steht für mich als Interviewerin.

tisch-Outfit, aber auch gerne schwarz, schick oder Abendgarderobe) und die Männer sind NACKT!!! (Halsband, Armfesseln, Cockring und Schuhe sind erlaubt; keine Slips, nichts was den Schambereich bedeckt!!!)« (Auszug aus der Eventbeschreibung).

Der Programmablauf wie die eventspezifischen Regeln werden auf einschlägigen Websites offen zur Verfügung gestellt. Neulinge können sich bei etwaigen Fragen jederzeit an die Veranstalter*innen wenden.

I: »Die Spielregeln, musstest du die erklären oder, ich meine, du hast sie schriftlich in der Veranstaltungs- (.)«

BENIKE: »Ich hab sie auf der SZ und auf Joyclub[108] drinstehen gehabt, und ›äähh‹ wenn jetzt tatsächlich Neulinge da waren, ›äähh‹ ja die haben mich dann halt gefragt und ›äähh‹ dann hat man denen das vielleicht noch mal kurz grob erklärt, aber im Prinzip sind es ja auch keine Exoten, die wir da als Spielregeln aufgestellt haben, sondern eigentlich eh Dinge, die die meisten sowieso tun.«

Auf den Websites wird noch einmal ausdrücklich auf die Freiwilligkeit und die SSC-Regel hingewiesen und außerdem darauf aufmerksam gemacht, dass keine Spielgarantie[109] für das Event gegeben wird.[110] Hierbei wird der Unterschied zur Swinger-Szene betont:

> »CFNM setzt die Priorität nicht auf Sex oder sexuelle Handlungen, sondern ist für uns BDSM-Bestandteil, wer also eine Swinger-Orgie erwartet ist bei uns falsch!

---

108 Der Joyclub, im Interview auch als JOY bezeichnet, ist ein gängiges Internet-Forum und Portal für die verschiedensten sexuellen Orientierungen und Vorlieben (für einen Überblick vgl. http://www.joyclub.de).

109 Die Spielgarantie wird beispielsweise bei der Spank-Party angeboten. Wenn Gäste einzeln zum Event kommen und im Verlauf des Abends keine Spielpartner*innen finden, können sie von der Spielgarantie Gebrauch machen. Bei der Spank-Party bieten sich die Organisator*innen selbst als Spielpartner*innen an, oder sie vermitteln den betreffenden Gast an bekannte Stammgästen. Bei anderen Events ist mit der Spielgarantie eine Zusatzoption gemeint, die buchbar ist. Sie muss also bezahlt werden.

110 Hier ist auf die Problematik zu verweisen, die sich auch in der Swinger-Szene zeigt, wo Männer oft ein Vielfaches des Eintrittspreises, den Frauen bezahlen müssen, entrichten. An einigen Tagen haben Frauen mitunter freien Eintritt. Durch diesen preislichen Unterschied liegt es nahe anzunehmen, die Männer hätten bereits für sexuelle Praktiken mitbezahlt.

Aber: Das heißt natürlich nicht, dass sexuelle Handlungen [z. B. Leckdienste] ausgeschlossen sind, ein Sklave sollte sich allerdings klar darüber sein, dass das alleine bei den Damen liegt, ob diese Lust darauf haben oder eben nicht« (Auszug aus der Eventbeschreibung).

Das Event richtet sich an Personen, die mit ihren szenespezifischen Vorlieben bereits vertraut sind, sich also in den beiden vordefinierten Rollen wiederfinden können. Männliche Einsteiger haben hierbei den Vorteil, dass die *Sklavenkarten* sowie der programmatische Ablauf einerseits mehr Sicherheit geben, andererseits eine erste Kontaktaufnahme zu dominanten Frauen ermöglichen.

Spank-Party**

Die Spank-Party ist ein externes Event ausschließlich für Männer, das hauptsächlich auf Schlag- und Flagellationstechniken ausgelegt ist, also nur einen bestimmten Teilbereich von BDSM anspricht. Das Event ist »für Anfänger sowie für Fortgeschrittene gleichermaßen geeignet, da KEIN! Spielzwang besteht: einfach nur anschauen/zugucken ist okay« (Auszug aus der Website).

Der Programmablauf wird wie folgt beschrieben: Das Event startet um 21:00 Uhr. Zuerst werden neue Gesichter und Anfänger begrüßt und durch die Räumlichkeiten geführt. Dabei werden die verschiedenen Instrumente, Räume, die Hausordnung und die eventspezifischen Regeln und Verbote erklärt.

DANTE: »Also, ich erklär's mal und wenn (.) muss ich ein bisschen ausholen: Wenn wir unsere Party machen, da gibt's um 21:00 Uhr Öffnung. Um 21:30 Uhr ist für die neuen 'ne Führung, und um 22:00 Uhr ist eine Begrüßung, da werden dann die ganzen Gäste begrüßt und sich bei NAME bedankt und (.) […] und dann ging's dann oft auch mal in so ein Spielchen über, wo man dann so gemeinsam ein Spielchen gemacht hat, damit ein bisschen die Leute sich kennenlernen.«

Im Anschluss an die offizielle Begrüßung werden allgemein gültige Regeln wiederholt (z. B. Hygieneregeln, SSC-Regel, Nutzung des Safewords.)

ELOS: »Ja. Also, unsere Regeln sind eigentlich ganz easy aufgebaut, sag ich jetzt mal, auf ein DIN-A4-Blatt. Die gehen auch nicht so tiefgründig. Da geht's halt eher darum, dass sich Leute nicht in eine Session einmischen[111], das ist auch das Wichtigste, ›äähh‹ Nein heißt Nein, Stopp heißt Stopp (.) So haben wir das glaub ich geschrieben [...]. Ja, und Safeword ganz klar, dass das auch eingehalten wird, ›äähh‹ dass man die Grenzen nicht überschreitet, sich an Tabus hält und auch nicht das überschreitet, was vorher ausgemacht wurde (.) Das mein ich auch mit Grenzen überschreiten [...].«

Der Zutritt zum Event erfolgt in der Regel über eine Gästeliste. Bekannte Gesichter oder Freunde werden jedoch auch ohne vorherige Anmeldung zugelassen. Jeder Gast bekommt beim Einlass ein farbiges Armband.

DANTE: »Ja, das ist vielleicht noch ganz wichtig (.) was heißt wichtig: Wir haben drei Farben: rot ist aktiv, blau ist beides und grün ist passiv.«
I: »Gut zu wissen, ja, das ist schon ...«
ELOS: »Ja, und wenn die Leute sich anmelden, dann kriegen die auf ihr (.) also, dann werden sie gefragt: ›Aktiv, passiv, beides?‹ und dann kriegen sie halt ihr rotes Armband, das heißt dann aktiv und kriegen ihre Schlüsselnummer auch auf das Band drauf geschrieben (.) und dann laufen die damit rum halt, ne?! Logischerweise. Ja, und das haben wir ursprünglich gemacht, damit die Leute, die schüchtern sind und so, besser ins Gespräch kommen (DANTE: ja), damit jemand gleich erkennt, sagen wir mal: ›Der da drüben gefällt mir, aber ich bin ja nur passiv‹, nee ist der jetzt aktiv? Oder ist der auch passiv? Und dann sieht man es gleich (DANTE: ja), dann sagt man: ›Ey, ich bin ja passiv‹ und dann kommt man eher ins Gespräch (I: Ja, das ist schon gut.). Ja, und der zweite Grund ist natürlich wegen der Schlüsselnummer, weil wegen Getränke buchen, ne?!«

Die Zielgruppe des Events sind Männer ab 18 Jahren. Frauen sind nicht zugelassen. Auf die Nachfrage, warum keine Frauen zugelassen sind, sticht folgende Erklärung besonders heraus.

ELOS: »Naja, wie man es vielleicht erklären kann ist: Wir bieten ja einen geschützten Rahmen, um dich auszuleben (.) und für manche (.) die Leute wissen halt, da kommen nur Männer, weil sie sich vielleicht unter Frauen

---

111 Die Problematik des Einmischens anderer Gäste in fremde *Sessions* wird auch bei den bereits beschriebenen Events häufiger genannt und wird im folgenden Analyseschritt näher betrachtet.

nackt nicht wohlfühlen, irgendwas (.) da gibt's ja viele Beispiele (.) Und wenn jetzt wirklich eine Frau dasteht, nehmen wir ja diesen geschützten Raum eigentlich. Der ist ja dann nicht mehr geschützt, der Raum.«

Die Gäste kommen vermehrt aus der homosexuellen Spanking-Community. Dies liegt insbesondere daran, dass das Event vor allem in einem gängigen Forum für homosexuelle Männer beworben wird.[112] Im Vergleich zur BDSM-Szene ist die Spanking-Gemeinde generell kleiner. Im Schnitt seien es um die 30 bis 35 Gäste pro Veranstaltung. Die Gäste kommen dabei aus den unterschiedlichsten Teilen Deutschlands zusammen – die Gruppe ist daher nicht auf die Region oder die regionale Schwulen-Szene beschränkt. Einen Dresscode wie bei den bereits beschriebenen Events gibt es nicht.

Die Party ist – im Vergleich zu den bereits erläuterten Events – nicht paarlastig, das bedeutet, dass vor allem einzelne Spielende kommen, die sich dann auf dem Event kennenlernen und miteinander spielen können.

I: »Ist es eher pärchenlastig oder ist das so eine (.) spielen die dann in einer Gruppe, spielen die dann eher zu zweit, oder?!«

ELOS: »Es ist ziemlich gemischt, also pärchenlastig auf keinen Fall. Es kommen auch viele Einzelne. Die meisten kennen sich auch untereinander. Das heißt, von ner anderen Party oder sei es jetzt schon bei uns, ›äähh‹ es gibt Grüppchenbildung jaa, aber eher im Tresenbereich so (.) Wir sagen, wir haben schon mittlerweile einen Stammtisch. Da gibt's dann schon, wo immer die gleichen sitzen, ›äähh‹ und spielmäßig ist es eigentlich (.) nee, ist eigentlich bunt gemischt. Es ist nicht so, dass jetzt nur der Stammtisch jetzt alleine spielt, sondern es wird viel kommuniziert auch bei uns und untereinander gespielt.«

Die Stammtischstruktur hat den Vorteil, dass die bereits etablierten Gäste und Spielenden eine familiäre Atmosphäre schaffen und auch Einsteigern behilflich sein können. Kennenlernspiele und auch die farbigen Armbänder lockern die Atmosphäre auf und können gerade schüchternen Personen einen ersten Zugang zu anderen Spielenden ermöglichen. Im Zweifelsfall kann auch die angebotene Spielgarantie genutzt werden.

112 Es wird berichtet, dass auch heterosexuelle Männer in diesem Forum ihre Accounts angelegt haben, wobei ausdrücklich vermerkt ist, keinen Geschlechtsverkehr zu suchen. Der Umgang mit und zwischen homo-, bi-, trans-, inter- oder heterosexuellen Männern wird im nächsten Analyseschritt noch eine nähere Betrachtung finden.

ELOS: »Oft werden wir auch gefragt, dann (.) Weil, wir bieten das auch an (.)«

I: »Spielgarantie, ne?! Auch (.)«

ELOS: »Ja, genau. Wenn sich jetzt jemand wirklich nicht traut, jemanden anzusprechen, dann kommt der zu uns und sagt: ›Ich würde das mal ganz passiv ausprobieren‹ und da weiß ich schon so ungefähr, wen ich dann von den Stammgästen (I: hinschicke), vermitteln kann, ja. Aber es wurde bis jetzt die Spanking-Garantie (...) nur einmal genutzt, hat gut funktioniert auch. ›Äähh‹ ja, und sagen wir so, die Stammgäste, das ist jetzt nach fünf Jahren ein großer Anteil, die sind sehr erfahren, muss man eigentlich auch nix sagen. Und ›äähh‹ das coole ist auch, wenn jetzt wirklich Neulinge kommen, vermitteln unsere Stammgäste die auch selber weiter. Also es ist wie so ein Netzwerk, sag ich mal.«

Die Community- oder Stammtischstruktur hilft hier wiederum bei der Kontrolle der Situation. Etablierte schauen mitunter zusätzlich danach, ob die Regeln von den anwesenden Gästen eingehalten werden. Sie sind auch erste Ansprechpartner, wenn es um Probleme geht.

ELOS: »Es ist natürlich auch so, dass unsere Stammgäste – die ja immer da sind – auch aufpassen, und dass die auch zu den Neulingen gehen und so ›Hey, das geht nicht‹ und so. Das ist das Gute bei uns, das ist mittlerweile (.) hängt nicht nur auf unseren Schultern oder so, sondern macht jeder mit (//mhm//) ja.«

Nach dem offiziellen Teil sind die Gäste generell frei im Spiel. Viele ziehen sich in die vorhandenen Séparées zurück, um ungestört spielen zu können. Es herrscht Open End. Das Event selbst endet mit einem gemeinsamen Frühstück. Dies unterstreicht noch einmal die familiäre Atmosphäre und die Gruppenbildung.

Generell ist das Event offen gehalten. Zwar überwiegt der Fokus auf Spanking, aber es steht auch anderen BDSM-Vorlieben und Fetischen offen. Die Rollenverteilung wie beim CFNM-Event steht hier nicht im Vordergrund. Ein restriktives Moment bildet das Geschlecht oder vielmehr der weibliche Körper.[113] Dieser ist beim Event nicht zugelassen.

113 Transvestismus und Transgender werden im Interview als unproblematisch genannt. Im Zweifelsfall genügt eine Anfrage bei den Organisatoren, wenn man das Event besuchen möchte und sich nicht sicher ist, ob man die Zugangsvoraussetzungen erfüllt.

LARP-Event**

Das LARP-Event findet zweimal jährlich in den hier beschriebenen Räumlichkeiten statt. Es ist ein Rollenspiel, das auf 40 Stunden angelegt ist.

FENNO: »Der Grundtenor heißt Rollenspiel, deswegen haben wir auch Wärter und Eingeschlossene. So, deswegen haben wir Uniformen, weil, wenn wir rein auf BDSM gehen, müssten wir nicht auf Verkleidung zurückgreifen, sondern dann könnte man sagen: ›Ich bin der Dominante, du bist der Passive‹, fertig.«

Meist wird das Event auf ein Wochenende gelegt, da die An- und Abreise und der Auf- und Abbau mit einem großen Aufwand verbunden sind. Die Organisator*innen bereiten das Setting, die Verpflegung, die medizinische Betreuung etc. vor, die Spielenden reisen gegen Abend an. Strukturell ist das Event dem Film *Das Experiment* (2001) nachempfunden, wobei die Veranstalter*innen hierzu Folgendes anmerken.

FENNO: »Im Experiment ging man ja davon aus oder hat man die Seiten bestückt mit Menschen – im Prinzip – kontra zu ihrer eigenen Persönlichkeit (GALANE: ja). Das war ja der Plan des Experiments und deswegen ist es auch eskaliert. Weil man Menschen, die charakterlich nicht gefestigt waren, viel Macht gegeben hat und die dann über andere gefestigte Menschen sozusagen dieses Rachepotential ausgelebt haben. Bei uns wird es ja an der Neigung getriggert. Das heißt, wir sind ja nicht umgepolt in unseren Rollen, sondern wir sind ja da, wo wir hingehören.«

Der Ablauf des Events wird wie folgt beschrieben: Im Vorfeld melden sich die Interessierten per Mail an und zahlen einen Unkostenbeitrag – sozusagen eine erste Rate des Gesamtbetrages. Der Unkostenbeitrag dient dazu, bei Unentschlossenen die Entscheidung für das Event zu festigen und somit das Risiko der Fehlkalkulation beim Einkauf zu mindern. Dementsprechend springen nur wenige Personen noch kurz vor Beginn des Events ab. Für eine verbindliche Anmeldung bedarf es der persönlichen Kontaktaufnahme mit den Organisator*innen: »Eine Eintragung hier in der Liste reicht NICHT aus, eine persönliche Kontaktaufnahme ist erforderlich, eine Anmeldung ist erst mit der Überweisung des Unkostenbeitrages vollständig und garantiert dir deinen Platz« (Auszug aus den Eventregeln).

Bei erfolgreicher Anmeldung, die bereits die Entscheidung zur Rollenausübung beinhaltet, bekommen die Teilnehmer*innen einige Dokumente, die teils von allen, teils nur von den Inhaftierten auszufüllen sind:

- *Alle Teilnehmer*innen erhalten unter anderem*
  - einen zu unterschreibenden Regelkatalog,
  - eine Einverständniserklärung zur rechtlichen Absicherung seitens der Organisator*innen sowie
  - die spezifische Rahmenstory des Events.
- *Die Inhaftierten erhalten zusätzlich*
  - die eigene Geschichte der Rolle, eingepasst in die Rahmenstory, sowie
  - eine Tabu- und Vorliebenliste.

Die Einverständniserklärung wird von einem Rechtsanwalt aufgesetzt. Es geht hierbei um die bewusste, freiwillige und einvernehmliche Entscheidung, am Event mit all seinen Situationen teilnehmen zu wollen. Die Einverständniserklärung[114] dient dabei vor allem als rechtlicher Schutz für die Organisator*innen.

FENNO: »Im Strafrecht bewegen wir uns halt auf ein paar Ebenen, die nicht so toll sind. Das heißt, wir haben Freiheitsentzug, wir haben Körperverletzung und lauter solche Geschichten (.) Nötigung, und und und. Und den Schuh möchte ich mir natürlich rechtlich nicht anziehen, also brauch ich mal grundsätzlich die Einverständniserklärung, die rechtlich auch haltbar ist. So, wer das nicht unterschreibt und nicht seine persönlichen, echten, realen Daten kundtut, also hier geht's wirklich mit Name, Vorname, Straße, Geburtsdatum und Ort, der darf wirklich gleich wieder gehen, weil das die Grundvoraussetzung ist, um das Ganze ›äähh‹ überhaupt machen zu können. Das hat auch damit zu tun, dass es im Fall dessen, wenn es irgendwie eine Anspruchserhebung gibt, unter den Spielern untereinander derjenige auch rechtlich greifbar bleibt.«

Die Tabulisten der Inhaftierten werden als unumstößlich vorausgesetzt. Sie geben den Rahmen vor, in dem die Wärter*innen mit der/dem jeweiligen Gefangenen umgehen können. Die Tabulisten werden von den Inhaftierten vorab, selbst und ohne Zwang ausgefüllt.

114 Solche Einverständniserklärungen finden sich beispielsweise auch da, wo man sich piercen oder tätowieren lassen will, da beides eine Art Körperverletzung darstellt.

FENNO: »Die Tabuliste definiert nur diese Dinge, die generell mit mir machbar sind (GALANE: also Handlungen) (I: ja), genau, Handlungen. Also, es gibt ja auch Leute, die nicht-sexuellen BDSM suchen (GALANE: ja). Die schließen dann logischerweise das Thema Geschlechtsverkehr aus, fertig Ende. Dann ist auch klar: Den kann ich vielleicht im Rahmen seiner Tabuliste verpritschen, aber Vögeln läuft halt nicht. Punkt, Ende.«

Die Geschichten der Inhaftierten werden allen Teilnehmer*innen vorab über die Mailing-Liste zugänglich gemacht, damit sich Organisator*innen und Wärter*innen auf die Situation vorbereiten können.

Jedes Event folgt einer eigenen Rahmenhandlung, die durchaus tatsächlichen Gegebenheiten oder Situationen nachempfunden sein kann. Die Rahmenhandlung entspricht dabei in der Regel einer Gefängnissituation in einem Unrechtsstaat, mit Verhören, Folterungen etc.

Das Spiel beginnt folgendermaßen: Alle Teilnehmer*innen ziehen ihre Alltagskleidung aus und die Spieluniform an. Die Inhaftierten müssen sich all ihrer persönlichen Gegenständen entledigen, werden geduscht und bekommen dann ihre Häftlingskleidung angezogen.[115] Der Name oder auch Nickname der Inhaftierten wird durch eine Nummer ersetzt, mit der sie das komplette Spiel hindurch angesprochen werden.

FENNO: »Der Kontext heißt: Mit Eintreten zur Tür verliert derjenige seinen Namen, jegliche Persönlichkeit und bekommt eine Nummer. Diese Deprivatisierung steckt auch (.) die gehört in den Kontext rein.«[116]

Die Inhaftierten werden in die Zellen geführt und geben sich den von den Organisator*innen und Wärter*innen – und letztlich auch von ihnen selbst – geplanten Maßnahmen hin, bis das Spiel nach 40 Stunden offiziell beendet wird.

---

115 Vgl. hierzu die Vorgehensweise in totalen Institutionen, die Goffman (1973, S. 47f.) bereits herausgearbeitet hat.

116 Die Depersonalisierung in totalen Institutionen ist Goffman zufolge ein Mittel, um die Identität des Häftlings auf die neue Ordnung innerhalb der Institution vorzubereiten, indem man bereits gewohnte Handlungssicherheiten und Automatismen destabilisiert. So »unterbinden oder entwerten totale Institutionen gerade diejenigen Handlungen, die in der bürgerlichen Gesellschaft die Funktion haben, dem Handelnden und seiner Umgebung zu bestätigen, daß er seine Welt einigermaßen unter Kontrolle hat – daß er ein Mensch mit der Selbstbestimmung, Autonomie und Handlungsfreiheit eines ›Erwachsenen‹ ist« (Goffman, 1973, S. 47f.).

Der Spielverlauf der Wärter*innen läuft folgendermaßen ab: Zuerst werden sie vom Organisationsteam in Schichten und nach ihrem hierarchischen Rang eingeteilt. Ein*e Organisator*in übernimmt bei jeder Schicht die Leitung. Eine Schicht dauert sechs Stunden. Es gibt eine Pflichtschicht, die jede*r zu absolvieren hat, und eine Pflichtpause. Sie dient den Organisator*innen zufolge vor allem der Ruhe und Erholung der Inhaftierten – hier herrscht Spielverbot.

FENNO: »Sonst würde die Aktiv-Seite sag ich jetzt mal, irgendwann mal nur noch Aktivität produzieren und das hält keiner 40 Stunden aus. Und drum müssen wir halt auf der aktiven Seite das so steuern, dass alle grundsätzlich gleich viele Dienstzeiten haben (I: ja), die sie teilweise in Anspruch nehmen müssen – in der Pflichtschicht – und in der Wahlschicht tun können, aber nicht müssen.«

Wer zu keiner Schicht eingeteilt ist, kann die Zeit nutzen und sich außerhalb der Spielräume – meist in einer extra angemieteten Ferienwohnung – ausruhen oder zum Schlafen zurückziehen. Die Schichtleiter*innen und Organisator*innen schlafen vor Ort. Das Organisationsteam bringt sich in die aktiven Rollen und die Schichtverteilung gänzlich mit ein, wobei es die Aufgaben des Direktorats übernimmt. Dem Aufsichtsteam liegt für jede*n Inhaftierte*n ein Ordner mit allen relevanten Dokumenten vor, also Tabulisten, Storyline der Rolle etc. Auf Basis dieser Dokumente überlegen sich die Wärter*innen geeignete Maßnahmen, Strafen oder sonstige Praktiken, die mit der/dem jeweiligen Inhaftierten durchführbar sind, beispielsweise Erziehungs-, Sexual-, Folter- oder andere Praktiken, die das asymmetrische Machtverhältnis zwischen Wärter*innen und Inhaftierten betonen und realen Gegebenheiten in Gefängnissen nicht-demokratischer Rechtsstaaten nachempfunden sind.[117]

FENNO: »Ja, also zum Beispiel gerade mit Waterboarding. Da hatten wir jemanden gehabt, der das safe beherrscht hat und dann hatten wir das mal ausprobiert und dann war das echt der Renner unter den Gefangenen, die das auch ausprobieren wollten. Und dann natürlich auch unter den Aktiven, die das in dem Sinne safe gelernt haben.«

117 Hier sind Foltermethoden und Gefängnisverhältnisse gemeint, die medial veröffentlicht und diskutiert wurden (z.B. in der Berichterstattung über Guantanamo oder Abu-Ghraib) (vgl. http://www.fr-online.de/politik/10-jahre-militaergefaengnis-guant-namo-guant-namo---obamas-gebrochenes-versprechen,1472596,11417502.html [12.11.2017]).

Es sei hier nochmals darauf verwiesen, dass alle Praktiken und Handlungen kontrolliert und bewusst durchgeführt und freiwillig ertragen werden. Ein Abbruch des Spiels ist jederzeit mit dem Ausruf *Mayday* möglich. Es geht in diesem Event vor allem darum, die Eventsituation so authentisch wie möglich zu gestalten und nachzuempfinden.

I: »Also, geht's jetzt so im (.) also im Event geht's um Authentizität?«
FENNO: »Ja.«
I: »Authentisch diese Rollen spielen? Diese Vermischung von Wirklichkeit, also dass man das als Realität irgendwie so illusionsmäßig (.)?«
FENNO: »Das ist keine Illusion mehr. Es ist (.) meiner Meinung nach ist es so.«
I: »Es ist echt?«
FENNO: »Demjenigen, der da drin ist (.)«
I: »Life Action Role Play?«
FENNO: »Genau (GALANE: ja). Das ist really life action, solange der Aktive sich so verhält, dass der Passive nicht rausrutscht. Weil das Problem ist ja das: Der Passive, der sitzt ja in seiner Zelle, bums. Wenn der Aktive sich nicht adäquat verhält, wie ein Wärter zu sein hat auf gut Deutsch, dann rutscht der Passive auch raus.«

Alle Teilnehmer*innen sind um ein reibungsloses Spiel bemüht – ein vorzeitiger Abbruch durch irgendeine Person soll möglichst verhindert werden. Oft sind es vor allem körperliche Beschwerden, die zum Abbruch führen (z. B. Bauch- oder Rückenschmerzen). Ernst zu nehmende Beschwerden oder Symptome kommen so gut wie nicht vor. Dennoch sorgt die medizinische Betreuung hier für Sicherheit, um im Falle eines Falls entsprechend handeln zu können.

Nach Ablauf der 40 Stunden wird die Rollenkleidung wieder mit der Alltagskleidung getauscht und das Spiel ist beendet. Zum Abschluss des Events finden noch ein gemeinsames Mittagessen und eine Supervision statt, bei der Probleme, Kritik, Lob und Anregungen für das nächste Event vorgebracht und diskutiert werden können. Schließlich räumen alle zusammen auf.

Das Event richtet sich an fortgeschrittene Rollenspieler*innen mit BDSM-Neigung.[118] Erfahrungen mit Rollenspiel und BDSM sind insofern von Vorteil, als es sich erstens um eine lange Zeit handelt, die man in der Rolle verbringt

118 Prinzipiell können auch Rollenspieler*innen außerhalb dieses Kontextes am Event teilnehmen – die Tabuliste dürfte dann dementsprechend lang sein. Die Frage bleibt aber, ob man dann von einem authentischen Spiel für diejenige Person sprechen kann.

und zweitens ist das Event durchaus darauf ausgelegt, an die eigenen Grenzen zu kommen. Das Event ist thematisch sehr konzentriert, das heißt, es spricht kein mehrheitliches Publikum innerhalb der BDSM-Szene an – es besetzt vielmehr eine besondere Nische.

FENNO: »Also, die letzte Frage ist einfach beantwortet: In unserem Event gibt's keinen Klischeeler, weil wir in einer dermaßen (GALANE: Nischenposition) Nischenposition sind. Extrem möchte ich gar nicht sagen, es ist aber außergewöhnlich, es ist ein besonderer Gusto. Und diesen Gusto sucht auch der ›I would like to be a BDSMer‹ nicht. Also (I: (//mhm//)) der kommt gar nicht in diese Gegend, weil (.) Auf der aktiven Seite vielleicht, aber da fällt er ganz schnell auf, weil er inaktiv wird, weil er mit der Dynamik der Leute, die sich auskennen, gar nicht Schritt halten kann. Und auf der passiven Seite (.) wenn du die Homepage gelesen hast. Wenn der in der registrierten Version ein paar Stimmen dazu gehört hat, dann spätestens ist er raus, weil er dann feststellt: ›Oh, dieser Tabasco hat viel zu viel Kyrill für meinen Geschmack‹, ja?«

Die Zahl der Teilnehmer*innen des Events ist begrenzt, die Verteilung der Rollen vorgegeben. Alle Teilnehmer*innen zahlen unabhängig von der ausgeübten Rolle oder des Geschlechts den gleichen Unkostenbeitrag. Dies wird von den Organisator*innen, wieder in Abgrenzung zur Swinger-Szene, betont.

I: »Müssen die gleich viel zahlen eigentlich? Aktiv und passiv?«
FENNO: »Ja. Egal welchen Geschlechtes und egal welcher Neigung, weil ich der Meinung bin, dass es nicht wie im Swinger-Club läuft, dass die Frauen kostenlosen Spaß kriegen und die Männer bezahlen das Ganze ›äähh‹ und es auch nicht für mich abhängt, weil unterm Strich, wenn wir es mal ganz fair und ehrlich betrachten, hat jeder auf seiner Seite seinen Spaß, aktiv oder passiv.«
GALANE: »Dann sind wir bei der Swinger-Club-Mentalität, wo eben der Solo-Mann finanziert.«
FENNO: »Genau, und das möchte ich nicht.«

Um eine authentische Atmosphäre vermitteln zu können, wird allen Teilnehmer*innen die den Rollen entsprechende Kleidung (Häftlingskleidung und Wärter*innenuniform) gestellt. Die Inhaftierten behalten von ihren persönlichen Kleidern und Gegenständen lediglich die Schuhe – und meistens auch die Unterwäsche. Schmuck, Uhren etc. werden abgelegt und erst wieder zum Ende des Spiels ausgegeben. Obwohl die Organisation auf ein ausgewogenes Geschlechterverhältnis achtet, finden sich auf der Seite der Wärter*innen weniger Frauen als Männer. Dies ist dem Umstand geschuldet, der bereits bei der Beschreibung des CFNM-Events erwähnt wurde, denn prozentual gesehen gibt es immer noch weniger Frauen als Männer, die ihre BDSM-Vorlieben innerhalb der Szene ausleben.[119] Die Ausübung der Rollen ist dabei vom Geschlecht unabhängig zu denken.[120]

Auf dem Event gelten – wie auch bei den anderen Events – die gängigen Hygieneregeln, vor allem der geschützte Geschlechtsverkehr durch Kondome oder andere Schutzmaßnahmen. Auch wenn dieser Umstand bei einigen der bereits behandelten Events zwar explizit angesprochen wird, bleibt die Ausführung dennoch den Gästen selbst überlassen. Bei diesem Event gilt die Regel als verbindlich.

FENNO: »Also, es gibt ein paar ganz grundlegende Dinge, zum Beispiel: Wir haben außer in einer Paarbeziehung die Vorgabe: Gevögelt wird mit Gummi. So. Erwisch ich einen, der ohne Gummi in irgendjemandem steckt, der nicht seine Frau oder Freundin ist, den schmeiß ich hochkant raus und seine Klamotten kommen hinterher. [...] Für mich und so gilt es auch für jeden, der eine Schicht leitet, ist das einfach ein Grundtenor. Das gilt sogar auch für alle penetrierenden Spielzeuge außer Stromspielzeuge, weil da macht es

119 Die Trierer Studie nennt hierzu statistische Verteilungen ausgewählter Merkmale. Demnach waren bis 1993 lediglich 38% der BDSM-Praktizierenden weiblich. Davon gaben 27,8% an, dabei eine passive Rolle einzunehmen, 37% übernahmen die aktive Rolle und 35,2% praktizierten wechselnde Rollen (vgl. Wetzstein et al., 1993, S. 34–40). Interessanterweise gaben von den männlichen Praktizierenden nur 28,7% an, eine aktive Rolle auszuüben. Mehr als die Hälfte (54,4%) der Männer gaben an, eine passive Rolle im BDSM zu übernehmen (vgl. ebd.).

120 Die dominante oder sadistische Rolle ist dabei insofern nicht als typisch männlich oder weiblich zu verstehen, als Frauen die Vorliebe für diese Rollen seltener empfinden würden. Eher muss davon ausgegangen werden, dass die weibliche Sexualität noch nicht lange in die Diskurse um freies Ausleben der Sexualität oder sexuelle Selbstbestimmung eingebettet ist. Der gendertypische Konflikt, in welchem Frauen eine passiv-submissive und Männer eine aktiv-dominante Rolle im Einklang mit heteronormativen Rollenvorstellungen ausleben, wird im folgenden Analyseschritt nähere Betrachtung finden, denn obwohl die hier angesetzten Zahlen eigentlich eine konträr etablierte Rollenverteilung von männlich und weiblich auf aktiver und passiver Seite nahelegen, kommt es in dieser Beziehung häufig zu Konflikten innerhalb der Szene. Dieser Punkt wird im CFNM-Interview noch näher betrachtet.

keinen Sinn. [...] Und da gibt's im Prinzip nur die Möglichkeit, wenn jemand halt mit seiner Frau, dann zwing ich den jetzt nicht mit Gummi, was er daheim auch nicht tut, ja?! Aber, unter allen anderen Konstellationen ist auch der Blow-Job immer nur mit Lümmeltüte [...][121], Amen. Was die vorher und nach dem Knast machen, ist mir Wurst ...«

Die Regeln des Events gehen weit über die Hausordnung – also die generelle normative Rahmung – hinaus. Die konkreten Regeln und Verhaltensanweisungen sowie die straff hierarchisch organisierte Personalstruktur lassen Praktiken zu, die bei einem weniger reglementierten Event eventuell nicht realisierbar sind. Die strenge Reglementierung und Kontrolle ermöglichen paradoxerweise erst den gewünschten Kontrollverlust. Die Sicherheit des schützenden Rahmens führt somit zur Ausweitung der und zur kontrollierten Annäherung an die eigenen Grenzen. Hierbei spielt aber auch sicher die geringe Anzahl der Teilnehmer*innen eine Rolle. Dieser Aspekt wird in der weiteren Analyse noch einmal aufgegriffen und näher betrachtet. Von den Organisator*innen wird das Event wie folgt auf den Punkt gebracht:

FENNO: »Aber es ist halt Kopfkino erfüllen, es ist genau das, was die Menschen sich anderweitig vielleicht auch gar nicht trauen, indem sie ein Blind Date machen (.) weil, erster Punkt [...]: So kontrolliert, so safe wie dort, kann man sich eigentlich nicht ausprobieren (.) Da hat man nicht nur das Vier-Augen-Prinzip, sondern da hat man das Sehr-viele-Augen-Prinzip und unter dem Aspekt kannst du dich auf manche Sachen einlassen, auf die du dich in der freien Wildbahn nicht einlassen kannst oder könntest – nicht in diesem Maße. Und das bietet ein Vorteil von dem Event.«

I: »Kontrollierte Unkontrolle? Kontrollierter Kontrollverlust?«

FENNO: »›äähh‹ Kontrollierter Kontrollverlust. Genau. Und zwar, kontrolliert dahin gehend, dass die Eckpfeiler, die du stellst als Passiver, die Tabuliste, dass du weißt, die sind safe. Das heißt, die wird nicht nachher noch irgendwo nachverhandelt und diskutiert, [...] weil der Aktive kriegt am Anfang von mir gleich gesagt vom Briefing: wer sich von dieser Linie runterbewegt, fliegt hochkant raus, Ende der Durchsage.«

---

121 Unverständliche Textpassage.

Die Interviewsituation – Organisatorische Rahmung

In diesem Kapitel werden die einzelnen Interviews behandelt und dargestellt. Die Reihenfolge ergibt sich durch die im Leitfaden aufgesetzten Fragen. Dabei wird zu Beginn nach den ersten persönlichen Erfahrungen mit BDSM gefragt, anschließend nach der szenespezifischen Selbstverortung. Hierbei geht es vor allem darum, aufzuzeigen, wie man sich persönlich einer Szene nähern kann und welche integrativen Mechanismen die Szene besitzt. Die Regeln des jeweiligen Events sollen hier noch einmal als Einstig dienen, um deren explizite Probleme oder Überschreitungen darstellen zu können. Darüber hinaus wird nach den eventspezifischen No-Go-Praktiken und Tabus gefragt, um die Grenzziehung des Events sichtbar machen zu können. Alle Interviewpersonen werden mit den herausgearbeiteten Konfliktlinien konfrontiert. Bei der Interpretation steht der Vergleich der Events im Vordergrund. Zudem wird nach zeitlichen Veränderungen gefragt, welche die Organisator*innen szene- und eventspezifisch wahrnehmen. Jedes beschriebene Event endet mit einem kurzen Resümee der hervorstechenden Merkmale und Besonderheiten.

Play-Party

Das Interview wird mit ATHIA allein und innerhalb der betreffenden Örtlichkeit geführt. Störungen kommen im Vergleich zu den anderen Interviews nicht oder nur wenig vor.

Entdeckung der Vorlieben, erste Erfahrungen

Die Entdeckung der Vorliebe für BDSM fällt zumeist mit der Entdeckung der Sexualität generell zusammen, die durchaus als nicht abschließender Prozess im Lebensverlauf betrachtet werden kann. ATHIA, die Organisatorin der Play-Party, berichtet von gewissen Fantasien, die in diesen Bereich gehen und irgendwann eben auftauchten. Ob man diese Fantasien dann tatsächlich auch realisiert, ist eine andere Frage. Der Umgang mit den Fantasien und die bereits a priori wahrnehmbare soziale Etikettierung von BDSM hindert womöglich Viele an deren Realisierung. In diesem Beispiel tut sich ATHIA mit der Bewusstmachung der sexuellen Vorliebe anfangs schwer:

ATHIA: »Jaja *(lacht)*. ›äähh‹ ja (…), gewisse Fantasien hast du irgendwann und früher konnte ich sie zumindest nicht benennen, so: ›Was ist denn das?‹ Und ein guter Freund hat im Prinzip dann irgendwann mal gesagt, seit wann ich denn wüsste, dass ich masochistisch bin.«

Eine erste Annäherung an die Thematik geschieht in diesem Fall über das Internet. Hier finden sich erste Informationen über BDSM und erste Zutrittsmöglichkeiten, vor allem Stammtische und Gesprächsforen, in denen man auch erste Spielpartner*innen kennenlernen kann. Der öffentliche Umgang mit der sexuellen und der non-sexuellen Vorliebe für BDSM wird von ATHIA als eine Art *Outing* geschildert. Ihr Freundeskreis besteht weiterhin gemischt aus Menschen, die selbst auch BDSM praktizieren und Menschen, die keine Vorliebe in diese Richtung verspüren – sie werden innerhalb der Szene auch StiNos[122] genannt. Man kann sagen, die Vorliebe für BDSM gleicht anderen sexuellen Vorlieben – sie werden entweder mit anderen generell geteilt oder die Sexualität an sich ist nicht Gegenstand von Gesprächen. Das wird an der Frage deutlich, ob auch ATHIAs Eltern von ihrer Vorliebe wissen. In diesem Beispiel bestünde das Outing aber nicht in der Vorliebe für BDSM, sondern darin, die eigene Sexualität nicht monogam mit ihrem Ehepartner auszuleben.[123]

---

122 StiNo (stinknormal): Der Begriff soll BDSM-Praktizierende von Nicht-Praktizierenden unterscheiden, ohne das eine oder das andere als *normal* bzw. *nicht-normal* einzuordnen. Oft wird auch der Begriff *vanilla* oder *kinky vanilla* benutzt. Kinky vanilla bezieht sich dann auf StiNo-Sexualität, die BDSM-Elemente aufweist (vgl. hierzu Hoffmann, 2010, S. 382, 412).

123 Das Beziehungsarrangement zwischen ATHIA, ihrem Ehemann und ihrem Spielpartner läuft dabei seit mehreren Jahren stabil, wenn auch nicht ohne Reibungspunkte, die aber in jeder sozialen Beziehung durchaus zur *Normalität* gehören.

ATHIA: »Das wäre ein ziemliches Outing. Ich weiß jetzt nicht, ob die Neigung an sich das Outing wäre oder der Zweitpartner neben dem Mann das größere Outing wäre *(lacht)*, das glaub ich fast eher, aber (.) nee, meine Eltern geht das nix an, ich will ja auch nicht wissen, was sie da treiben.«

Als typisches Szenemitglied – obwohl sie die gängige Play-Party mitorganisiert – fühlt sich ATHIA nicht. Für sie ist das typische Szenemitglied eine Person, die möglichst viele ihrer Lebensbereiche auf die Szene ausrichtet (z. B. den kompletten Freundeskreis) oder auch andere Lebensthemen – fernab der Sexualität – mit Szenegänger*innen realisiert. Interessant ist, dass ATHIA die Szene nochmals in verschiedene Interessensgruppen unterteilt:

ATHIA: »Ich sehe es ja eher so, dass diese Szene sich wieder unterteilt. Es gibt welche, die einfach monogam sind quasi, die ihre Leidenschaft auch ausleben wollen. Dann gibt es relativ viele, die dann mal Partnertausch betreiben oder denen es auch egal ist, wer ihnen im Endeffekt den Hintern aushaut, ›äähh‹ also Hauptsache sie kriegen da ihre Dosis Masochismus ab, und insofern würde ich das unterteilen. Ich würde jetzt am Anfang so, Szene (.) ja, STAMMGAST oder so.«

I: »Die auch Sylvester in der Szene verbringen, so in der Richtung?«

ATHIA: »Genau [...]. Das hätte ich jetzt eher so als die Szene im ersten Moment mal (.) definiert, aber wie gesagt, die unterteilt sich in so viele verschiedene Geschichten: Du hast die reinen Masochisten, dann hast du die Rollenspieler, die eher (.) die rein devot sind (.) Ja, schon mal das. Und dann monogam, polygam, bigam oder was es dann alles gibt. Von daher ist es schwer, ein einheitliches Bild zu finden, also ...«

Die Eventregeln

Die Fragen nach den Regelkenntnissen sind in meiner Untersuchung von besonderem Interesse. Wie ATHIA diese Regeln selbst kennengelernt hat, ist ihr nur noch vage in Erinnerung:

I: »Okay, aber die SSC-Regel, die kennst du ja auch.«

ATHIA: »Natürlich.«

I: »Und hier wird ja auch nach der SSC-Regel verfahren bei den Events, ne?! (ATHIA: Ja.) Und wie hast du die SSC-Regel kennengelernt?«

ATHIA: »›äähh‹ Wie hab ich die kennengelernt? Es war ganz klar, dass du (.) wenn du dich als devoter Part in irgendwelche Hände begibst, wo du dann irgendwann mal wehrlos bist, dass du so was wie ein Codewort hast, wenn du den Typen jetzt nicht kennst. Weil, selbst wenn manche Fantasien Richtung Vergewaltigung gehen, sollte ja trotzdem eine ernsthafte Vergewaltigung vermieden werden. Und, ja. Also, es war eben das Codewort und dann stößt du zwangsläufig im Internet mal auf SSC, also …«

Wie bereits im Kapitel über die Eventsituation erläutert, wird bei der gängigen Play-Party für alle neuen Gäste eine Führung durch die Räumlichkeiten angeboten. Eine erste intuitive Annahme meinerseits war dabei, dass sich bei dieser Führung die Möglichkeit bietet, auch die Szeneregeln zu kommunizieren. Im Interview macht ATHIA jedoch deutlich, dass die elementarsten Regeln – wie SSC oder der Ampelcode – als selbstverständlich und bekannt vorausgesetzt werden. Die folgende Diskussion soll dabei als Beispiel dienen:

I: »Ja, und […] wenn du jetzt mal denkst, du bist ja doch schon erfahrener, aber wenn da jetzt mal so Neulinge kommen (ATHIA: ja), hast du ja hier ab und zu auch (…) okay, die Kleiderordnung, und das ist nochmal so ein Problem, da komm ich auch später noch drauf zu sprechen, aber wie werden die eigentlich über SSC informiert? Also, muss man davon ausgehen, dass die das irgendwie mal mitbekommen haben, dass die diese Regeln kennen oder wie wird das weitergetragen?«

ATHIA: »Im Normalfall geht man davon aus, dass es die Leute kennen, und man kriegt es ja auch mit, wie die so miteinander spielen (…) also so ungefähr kriegt man es mit, ob das jetzt was Ernsthaftes […] ja, du siehst es einfach, ob das noch okay ist oder nicht. Es gab aber auch schon mal ein Fall, da kamen eben zwei sehr junge rein, die haben miteinander gespielt, da bin ich dann auch dazwischen. Da hab ich dreimal nachgefragt, ob mit ihr noch alles okay ist. Also, er hat dann gesagt: ›Ja, sie haben ein Codewort‹, aber ich kannte das Codewort nicht, das ist der Nachteil, weil es kann sich ja jedes Paar selber eins kreieren quasi, und auf solche schaust du dann, also wenn es heftig zur Sache geht, schaut man dann schon eher drauf. Also, wie gesagt, und da habe ich auch mehrfach gefragt.«

I: »Aber es kommen ja auch ab und zu Neue, wo du dann, wenn du die Führung anbietest (.) Sagst du da zum Beispiel Hausregeln oder ein paar …?«

ATHIA: »Ein paar Hausregeln, natürlich.«

I: »Und die gängigen Regeln auch? Klar, SSC, oder so was (.)?«

ATHIA: »Nee, das müssen (...) die Paare machen das unter sich aus. Also, davon geh ich einfach mal aus, dass das alles erwachsene Menschen sind, die das schon unter sich ausmachen. Da hätte ich eher, beim Stammtisch oder so, da hätte ich eher Bedenken, dass da mal was nicht ist, aber da gab's auch mal einen Vorfall.«

Die Eventform des Stammtisches wird hierbei als Referenzpunkt verwendet. Als eine Form der ersten Kontaktaufnahme mit der Szene, sozusagen als Außenposten vorstellbar, sind hier mehr Neulinge anzutreffen, obgleich sie vermutlich dabei nicht die Mehrheit bilden. Die Wahrscheinlichkeit, dass manche Regeln noch nicht bekannt sind, ist hier demnach größer.

Für dieses Event werden von ATHIA keine weiteren spezifischen Regeln als die bereits beschriebenen Hausregeln genannt. Dennoch berichtet sie über Vorfälle mit Verhaltensregeln im Umgang mit anderen Spielenden, insbesondere Kommentierungen oder das Stören der Privatsphäre. ATHIA weist darauf hin, dass es dafür – und auch für nicht-intime Gespräche allgemein – im Tresen- und Barbereich durchaus die Möglichkeit gebe. Der Barbereich wie der Raucherbereich werden dabei als eine Art *neutrale Zone* angesehen.

Natürlich treten bei der Play-Party auch zwischenmenschliche Konflikte auf. Dabei geht es meistens nicht um BDSM- oder szenerelevante Inhalte, sondern vor allem um Sympathien und Antipathien zwischen zwei oder mehreren Parteien:

I: »Hast du schon mal als Organisatorin mal mitbekommen, dass Gäste andere Gäste irgendwie anfeinden oder dass es da irgendwie, dass du mal sogar vermitteln musstest oder so?«

ATHIA: »Jaja. ›äähh‹ ja. Schon.«

I: »Was war da?«

ATHIA: »Das war (...). Ich muss jetzt die Namen sagen [Hinweis auf Anonymisierung], ja, NAME als Domina hat hinten gespielt und daneben ein anderes Pärchen, auch sie die Dominante, und die waren sich wohl schon im Vorfeld nicht so grün. Man kennt sich ja, wenn man so aus dem Großraum GROSSSTADT kommt, hat man sich eventuell schon mal gesehen, wenn man schon ein paar Jahre unterwegs ist. Und ›äähh‹ die hat dann gemeint, die andere wäre zu brutal und Blut hätte gespritzt (...). Ja. Hat sich da bitterlichst beschwert. Blut kann gespritzt haben, klar, er hatte 'ne offene Stelle am Hintern, er hatte 'n Striemen am Hintern, aber am Hintern spritzt nix *(lacht)*. Also, das ist halt mal.«

I: »Also, die Aorta am Hintern wurde nicht erwischt?!«

ATHIA: »Nein, die wurde nicht erwischt *(beide lachen),* also, der hat ein bisschen geblutet, die andere hat desinfiziert und das war einfach (.) die wollte was zum Motzen finden, also, der hat das halt nicht gepasst [...].«

Probleme mit den Eventregeln

Im Interview werden Beispiele für Regelprobleme bei der Play-Party erfragt, das heißt, ob sich die Organisatorin retrospektiv an Situationen erinnern kann, die sich den Grenzen des Events angenähert haben. Als erstes Beispiel hierfür nennt ATHIA die Unkenntnis oder vermeintliche Nicht-Kenntnis der elementaren SSC-Regeln. Damit verbunden ist der Unterschied zwischen gängigen, szenebekannten und individuell, privat gesetzten Stopp- und Safewörtern. Als Beispiel wird wieder auf ein anderes Event verwiesen, bei dem es um einen submissiven Mann und seine dominante Partnerin ging, in deren *Session* allem Anschein nach ohne gängige Abbruchcodes gespielt wurde. Auf meine Frage, ob die submissive Person die Regeln einfach nicht kannte, antworte ATHIA:

ATHIA: »Der kannte das schon, allerdings hat er sich mit seiner Domina, mit der er normalerweise spielt, halt auf das Wort *Stopp* geeinigt gehabt. *Stopp* ist nun nix gängiges als Codewort. Also, es gibt halt einfach diesen Ampelcode, den kennt jeder: grün ist *super*, gelb ist *bitte nicht mehr* und rot ist *sofortiger Abbruch*. Den kennt eigentlich jeder, der sich mal ein bisschen damit eingelesen hat und *Mayday* ist das andere Wort, was wirklich jeder sofort schnallt und wo auch jeder Veranstalter sofort einspringt, sollte er das irgendwo hören.«

Als zweites Beispiel nennt ATHIA die Kombination von Alkoholisierung und BDSM. Obwohl sie betont, dass es letztlich jedem selbst überlassen ist, wie man spielt, entscheidet sie sich bei folgender Situation für diese Maßnahme:

ATHIA: »Also Sachen, die mir jetzt zu weit gehen, gibt's wenige, ich muss ja nicht hinschauen, sag ich mal, (...) zwingt mich ja keiner. Es gab mal, ja (...) eine, als die im relativ betrunkenem Zustand angefangen hat, den Sack ihres Mannes an den Hocker zu nageln, ›äähh‹ also *(lacht)* ›äähh‹ (...) da ging's mir jetzt weniger drum, dass (...) ich kenn die zwei ja, da wusste ich ja auch, die weiß schon eigentlich, was sie tut, da ging's mir aber um den Alkoholkonsum. (//mhm//) Und ja, da hab ich halt dann 'ne erfahrene Domina daneben platziert: ›Kannst du dir des bitte anschauen, ob die wirklich noch (…) dabei ist, und weiß, was sie macht?‹.«

Als drittes Beispiel werden Konflikte mit der Kleiderordnung aus den Beobachtungsprotokollen genannt. ATHIA relativiert jedoch die Wichtigkeit dieses scheinbar von mir überhöhten Problems. Dennoch lässt sich im folgenden Beispiel ein tiefer liegendes Konfliktthema erkennen:

ATHIA: »Ja, viele meinen halt einfach, das gilt für die anderen und nicht für mich. Ein klassisches Beispiel war einer, der kam rein ganz normal in Jeans, kein unattraktiver Typ, und wir haben ihn dann aufgefordert zum Umziehen, und dann hat er gesagt, Nein, er ist noch nicht in Stimmung, und genau da hakt es. (…) Weil es geht ja nicht drum, dass man selber in Stimmung ist, sondern auch eventuell die anderen in Stimmung zu versetzen und das geht halt nicht, wenn ich rumrenne, als ob ich gerade vom Einkaufen komme.«

Es geht also nicht um die Auswahl der Eventkleidung, sondern um das Abstreifen der Alltagskleidung – und damit letztlich um die Aufrechterhaltung der Grenze zu einem Außen. Alltagskleidung kann – auch für die anderen Gäste – die Außeralltäglichkeit zerstören:

I: »Also, das mit dem Umziehen, das hab ich immer so gewertet als ›Hier ist ein außeralltäglicher Raum‹, ne?!«
ATHIA: »Genau. Genauso. Man soll sich attraktiv machen, man soll einen besonderen Abend haben, und das macht man halt im Normalfall nicht in Jeans, also …«
I: »Genau, und viele schlüpfen ja da auch in eine Rolle, also …«
ATHIA: »Natürlich.«

No-Go-Praktiken

Bei der Play-Party sind Praktiken und Spiele von vornherein ausgeschlossen, in denen zwischen Spiel und Ernst von außen nur noch schwer unterschieden werden kann (z.B. Vergewaltigungen). Außerdem ausgeschlossen sind Spiele und

Praktiken, die an problematische historische oder gegenwärtige Realitäten angelehnt sind (z.B. real stattfindende Formen der Diskriminierung und Folterung sowie Rassismus).[124]

ATHIA: »Ja, ›äähh‹ für mich geht nichts, was an wirkliche (...) an wirkliche Diskriminierung rangeht. Also sprich, als die Dame da ihre ›Negerjagd im Dschungel‹ machen wollte, fand ich das unglaublich diskriminierend und von daher abgelehnt. Genauso wie du gesagt hast, dass die (...), was haben die da nachgespielt?«

I: »Waterboarding oder Guantanamo?«

ATHIA: »Guantanamo, genau. So was geht für mich nicht.«[125]

Auch Wagner nennt in ihrer Studie den Max-Mosley-Fall als ein Beispiel für Praktiken aus dieser Kategorie (vgl. hierzu Wagner, 2014, S. 32–42). Hier geht es um Praktiken, die auch außerhalb der BDSM-Szene ein Tabu darstellen. In Deutschland sind es vor allem Themen aus dem rechtsextremistischen Bereich sowie die Glorifizierung der Zeit des Nationalsozialismus. Die Debatte zeichnet sich innerhalb der BDSM-Szene vor allem am Uniform-Fetisch ab:

I: »Kennst du den Max Mosley-Fall? Das hab ich vor Kurzem gelesen. Das war irgend so ein Geschäftsunternehmer in Großbritannien. Da wurde ein Video veröffentlicht, wo er BDSM hat mit ein paar Mädels, und er hatte 'ne Nazi-Uniform an, oder so was.«

ATHIA: »Ohhh, das hatten wir ganz am Anfang, als das ETABLISSEMENT noch nicht unser war, [...] da hatten wir auch so 'ne Crew da, die zwar nicht wirklich Nazi-Uniform – also die verbotenen Symbole waren nicht dran (I: ja), aber natürlich trotzdem sehr eindeutig in die Richtung und da gab's wahnsinnig viel Diskussionen. Und da haben wir uns auch wahnsinnig viele Gedanken drüber gemacht – geht das, geht das nicht? Weil wir

124 Auch hier muss noch einmal betont werden, dass die Geschlechterdiskriminierung hier nicht im Fokus steht. Dennoch ist es unbedingt erforderlich, wünschenswert und zudem äußerst interessant, den Konflikt zwischen zugeschriebenen Geschlechtseigenschaften und gegensätzlicher Rolleneinnahme derselben innerhalb der BDSM-Szene zu untersuchen.

125 Die Beispiele Waterboarding und Guantanamo sind aus dem LARP-Event entnommen. Bei der gängigen Play-Party werden sie von vornherein ausgeschlossen, beim LARP-Event sind sie Bestandteil. Dieses Beispiel wird bei der Beschreibung des LARP-Events noch einmal aufgegriffen.

ihnen, dadurch dass wir sie kannten, wirklich auch kein Nazi-Hintergrund im normalen Leben an ..., also hatten sie nicht (.) unserer Meinung nach. Und, wir haben dann für uns halt die Parole rausgegeben, solange nichts Ungesetzliches da dran ist, könnt ihr das tragen.«

Hier waren vor allem Uniformen aus dem Hitler-Regime, dem DDR-Regime und dem stalinistischen Regime Gegenstand der Debatte. Ob es dabei explizit um den Nationalsozialismus oder generell um das Tragen von Uniformen autokratischer Regime geht, konnte im Interview nicht festgestellt werden. Ich nehme an, dass generelle Debatten um die Positionierung zu politischen Lagern – oder politischen Extremen – bei dieser speziellen Play-Party nicht gewünscht und dadurch auch selten sind, da das Event keinen geeigneten Raum hierfür darstellt.

Weiter sind Spiele und Praktiken ausgeschlossen, die den Hygiene-Regeln nicht entsprechen, welche die Trierer Studie als Praktiken mit dem Thema *Ekel* bezeichnet (vgl. Wetzstein et al., 1993, S. 163–166), also letztlich alle Praktiken, die mit austretenden Körperflüssigkeiten wie Blut, Urin etc. zu tun haben. Schweiß und Genital-Sekrete sind davon in der Regel ausgenommen.[126]

ATHIA: »Was ich nicht will und schon einfach aus hygienischen Gründen, sind NS-Spielchen, öffentliche, oder KV oder [...] ankotzen (...), stehen ja auch manche drauf. Also, so was würde ich jetzt auf ner, naja, öffentlich ist es ja nicht, aber auf so ner Spielparty nicht haben wollen, weil es einfach, denk ich, die meisten abturnt.«

Auf meine Nachfrage, wie es denn mit Geschlechtsverkehr aussieht, antwortet sie kurz und einfach, dass »erlaubt ist, was Spaß macht (.) da scheiden sich allerdings die Geister, das stimmt.«

Hier wird offenbar, dass immer wieder zwischen unmittelbar sexuell erregenden und non-sexuellen – im engeren Sinne zwischen koitalen und nichtkoitalen – BDSM-Praktiken unterschieden wird. Das ist der Grundsatzdebatte geschuldet, ob Geschlechtsverkehr überhaupt zu BDSM gehört oder nicht. Womöglich geht es um die Frage, ob BDSM auch in einer anderen Form er- oder anregen kann, außerhalb des Sexuellen oder Erotischen. ATHIA sieht die Debatte um Geschlechtsverkehr im BDSM generell eher diplomatisch:

---

126 Oft finden sich in den Örtlichkeiten der Play-Partys Latex- oder andere Unterlagen, die leichter zu reinigen sind als Stein- oder Holzböden.

ATHIA: »Naja, für die einen ist SM, hat SM mit Sexualität nix zu tun. Also, das ist dann wirklich, da geht's dann ums quälen und dadurch den Kick oder ums gequält werden und dadurch den Kick. Andere, wie jetzt auch ich, betrachten es als Vorspiel, also (.) oder Zwischenspiel oder (.) wie auch immer, und (.) ja, deswegen sagen die einen SM hat mit Geschlechtsverkehr nichts zu tun und die anderen machen es halt trotzdem.«

Eine grenzwertige Stellung nehmen bei diesem Event Praktiken ein, die erst auf den zweiten Blick BDSM zugeordnet werden können. ATHIA unterscheidet dabei jedoch zwischen ihren persönlichen Neigungen und dem, was innerhalb des Events noch vertretbar und somit möglich ist:

ATHIA: »Schneiden, find ich, auch Cutting, Branding, diese ganze, (//mhm//) ich mag auch Piercen nicht, aber wie gesagt, muss ja [...], es hat aber sogar mal eine hier ihr Piercing gekriegt, das weiß ich auch noch. Die haben aber gewartet, auf unseren Wunsch hin, bis alle weg waren, alle anderen. Also (...) ja. Und ich hab auch nicht zugeschaut.«

Der Umgang mit diesen Praktiken ist dabei Folgender: Sie sind nicht generell ausgeschlossen, jedoch sollten sie in einem privateren, intimeren Kreis stattfinden, beispielsweise dann, wenn die meisten Gäste die Play-Party bereits verlassen haben, damit diese bei der Durchführung der Praktik nicht unmittelbar anwesend sein müssen. Man kann sich auch in andere Räume zurückziehen. Es ist davon auszugehen, dass die genannten Praktiken eher Nischenvorlieben sind, die der Zielklientel des Events letztlich weniger entsprechen, das heißt gewissermaßen nicht *jedermanns Sache* sind.

Konfliktlinien

In jedem Interview werden die im Leitfaden bereits genannten Konfliktlinien erfragt und diskutiert. Zur Erinnerung sind sie in der weiteren Ausführung getrennt aufgeführt.

Rollenkonflikte

Eine erste Konfliktlinie ergibt sich ATHIA zufolge durch den Umgang mit den eingenommenen Rollen. Ein Problem stellt die Dauer der Rolle bzw. die

Dauer der *Session* dar. Bei der gängigen Play-Party ist es den Gästen letztlich selbst überlassen, wie lange sie die Rolle übernehmen wollen. Manche bleiben nur für die Dauer der *Session* in ihren Rollen, andere wiederum noch über den Abend hinaus. Bei themenspezifischen Events ist dies reglementiert oder auch begrenzt. Als Beispiel nennt ATHIA ein Event, das sich an aktive Frauen und passive Männer richtet. Hier sollte die Rolle möglichst für den ganzen Abend eingenommen werden. ATHIA berichtet über eine Organisatorin dieses Eventtyps:[127]

ATHIA: »NAME [professionelle Domina] zum Beispiel konnte es überhaupt nicht haben, also die hat ja auch CFNM gemacht und die hat dann gesagt: ›Und dann stehen sie knutschend vorne an der Bar‹. Für die war das dann wirklich der ganze Abend ein Spiel: Die Frauen sind die Herrinnen, die Männer haben nix zu melden; mal unabhängig davon, ob die in einer normalen Partnerschaft leben oder nicht. Und wenn dann der Ehemann mit der Ehefrau knutscht, dann konnte sie das nicht haben, weil das dann einfach zu ihrem Konzept für diese Party nicht passt.«

Aus den Beobachtungsprotokollen ergibt sich die Frage, ob die Übernahme beider Rollen von beiden Partner*innen – also das *Switchen* – womöglich eine neuere Erscheinung ist, und sich somit auf der Themenlinie *Alt versus Jung* befinden könnte. Dies wurde jedoch entkräftet. Demnach ist *switchen* nicht als Phänomen einer Szenegeneration zu begreifen. Vielmehr drückt es den individuellen Charakter der sozialen Beziehung der Spielenden aus.

Homo- versus Heterosexualität

Wie ich bereits bei der strukturellen und organisatorischen Rahmung des Events erläutert habe, ist die gängige Play-Party für alle BDSM-Neigungen, -Fetische und -Vorlieben generell offen. Den Beobachtungsprotokollen ist dabei die Frage zu entnehmen, wie es sich mit den sexuellen Orientierungen verhält. Bei diesem Event werden diesbezüglich keine Probleme wahrgenommen. Trans-, Bi-, Heterosexualität oder Transgender werden alle mehr oder weniger häufig reali-

127 ATHIA nennt das beschriebene CFNM-Event. Da dieses Event als eine Kooperation zwischen ihr und den externen Organisator*innen zu verstehen ist, kann sie hierbei als Expertin angesehen werden. Eine Äußerung über dieses Event ist somit meines Erachtens legitim.

siert. Ganz klar dominiert hierbei allerdings die heterosexuelle Orientierung, was jedoch in Relation zur gesamtgesellschaftlichen Verteilung und Häufigkeit der sexuellen Orientierung zu verstehen ist. Selten werden homosexuelle Praktiken beobachtet, was ATHIA auch bestätigt. Diesen Umstand erklärt sie mit dem Verweis auf die hier untersuchte Spank-Party, sowie auf ein weiteres Event, das auf eine männliche – zumeist schwule – Klientel ausgerichtet ist. Beide Events finden in den beschriebenen Räumlichkeiten statt und werden für homosexuelle Praktiken gegenüber der gängigen Play-Party scheinbar bevorzugt. Interessanterweise – um dies bereits vorweg zu nehmen – berichten die Organisatoren der Spank-Party davon, dass es einen Unterschied macht, ob man von gleichgeschlechtlichen oder gegengeschlechtlichen Partner*innen gespankt wird. ATHIA sieht darin jedoch keinen Unterschied:

ATHIA: »Sie sagen ja immer, es ist keine Schwulenparty, es ist halt eine Party nur für Männer, weil wie gesagt, dem einen oder anderen ist es Wurscht, wer ihm den Arsch aushaut, also, ob das ein Mann oder eine Frau ist. ›äähh‹ […] ich seh (…) da eigentlich keinen Konflikt, also […].«

Alt versus Jung – Alt versus Neu

Den Beobachtungsprotokollen ist zu entnehmen, dass einige Unterschiede im Auftreten und im Umgang mit BDSM anhand des Alters festzustellen sind. Beispielsweise tragen die jüngeren Gäste deutlich andere Kleidung. Generell gibt es in der Erscheinung natürlich altersbedingte Unterschiede. Hierbei greift ATHIA das Thema der Ästhetik auf. Die Diskussion konzentriert sich dabei eher auf die Auseinandersetzung mit den gängigen Schönheitsidealen, Jugend, Makellosigkeit etc.:

I: »Okay, und dieses Alt-Jung? So dieses Generationen (.) gibt's irgendwie Konflikte, wo du mal mitbekommen hast? Oder kann man das so als Konfliktlinie benennen?«

ATHIA: »[…] wohl eher für die jungen, glaub ich.«

I: »Ja? Warum?«

ATHIA: »Naja, weil (.) das Alter es halt so mit sich bringt, dass die Orangenhaut ein wenig heftiger ist und dass die Dame vielleicht ein wenig mehr Kilos auf die Rippen hat, also weil es halt einfach dem gängigen Schönheitsideal nicht mehr so entspricht, wenn du älter bist.«

I: »Ach so, von der Ästhetik also.«

ATHIA: »Von der Ästhetik her. Von den Praktiken her (...) würd ich das überhaupt nicht so sehen. Schau dir den NAME [Offiziersfetisch und sadistische Vorlieben] an, der ist auch noch jung und ist wahrscheinlich von den Praktiken her wesentlich derber als manch Alter, der da spielt.«

Der Unterschied in den Vorlieben für Praktiken, Fetische oder Neigungen scheint somit unabhängig vom Alter zu sein. Womöglich entscheidet dabei auch nicht das biologische, sondern das *Szene-Alter* – also, wie viele Erfahrungen und welches Wissen speziell mit BDSM erworben wurden.

Die Konfliktlinie Etablierte versus Neulinge bzw. Alt versus Neu wird in diesem Interview nicht beschrieben. Sie stellt speziell in diesem Event also allem Anschein nach keinen großen Raum für Probleme dar.

Zeitliche Veränderungen

Das Thema der Kleidung soll hier noch einmal gesondert aufgegriffen werden. Festzustellen ist der unterschiedliche Kleidungsstil, der innerhalb der verschiedenen Altersgruppen sichtbar zu werden scheint. ATHIA sieht eine Erklärung darin, dass sich die Szenegänger*innen aus Einflüssen verschiedenster – auch subkultureller – Mode- und Lebensstilen zusammensetzen. Jeder Lebens- und Modestil ist dabei dem jeweiligen Zeitgeist unterworfen. Hätten ältere Szenegänger*innen womöglich die zeitgeistliche Strömung der 1980er erlebt und realisiert, die sich vor allem aus der Leder-Szene ableitet, verbindet sich das Thema BDSM in der jüngeren Generation öfter mit der Gothic-Szene. Hier dominieren schwarze Stoffe, Spitzen- und Seidenkorsagen, Smoking etc. den Kleidungsstil. ATHIA bringt diese Annahme wie folgt auf den Punkt:

ATHIA: »Ich glaube, also ich denke eher, dass die Jungen zum Teil halt noch eher in den Gothic-Laden gehen und sich dort einkleiden und da gibt's halt mehr Samt etc. und die Alten gehen halt eher zu, naja (.) wenn sie dann kein Geld ausgeben wollen zu EROTIKSHOP oder so (//mhm//), wo du halt dann eher diese (...) Swingermode hast, aber das ist glaub ich einfach auch der Zeit geschuldet, dass du halt früher (.) wo solltest du denn hin, wenn du so was willst? Kannst ja nur in Sexladen gehen. Dass ich jetzt mit 60 nicht mehr in den Gothic-Laden gehe, okay Und der Mensch ist ein Gewohnheitstier: Ich bin schon immer da hingegangen, ich hab schon immer da gekauft, also bleib ich halt da dabei, also ...«

Kurzes Resümee

BDSM ist kein willkürlicher Partner*innentausch. BDSM ist ebenso auf Monogamie und langfristige Partnerschaft ausgelegt, wie das auch außerhalb der Szene üblich ist. Die Einstellung zu Partnerschaft und Beziehung muss sich mitunter flexibler gestalten, da einige Personen BDSM – aus welchem Grund auch immer – nicht mit ihrer Partnerin bzw. ihrem Partner ausleben, sondern aus der Ehe oder Partnerschaft auslagern. Das Bekenntnis zu einer anderen Beziehungskonstellation als zu der hegemonial vorherrschenden, heteronormativen Ehe ist womöglich als größere Hürde zu verstehen, als sich zu BDSM als einer möglichen sexuellen und non-sexuellen Praktik zu bekennen. Viele Paare können BDSM jedoch auch gemeinsam ausleben. Sie sind also außerhalb der Szene auch Partner*innen.

Typische Szenegänger*innen sind Menschen, die möglichst viele Lebensbereiche unter das Thema BDSM stellen, also Menschen, bei denen das Thema generell einen wichtigen Stellenwert im Leben hat und somit einen großen Bereich einnimmt.

Die Kleidung, oder vielmehr der eventspezifische Dresscode, symbolisiert das Eintreten in eine Außeralltäglichkeit,[128] das Abstreifen der Rolle außerhalb und die Übernahme der Rolle innerhalb des BDSM-Kontextes.

Praktiken, bei denen die SSC-Regel nicht gewahrt oder aus der Beobachter-Perspektive nicht mehr zwischen Spiel und Realität unterschieden werden kann, werden von vornherein ausgeschlossen. Diese Praktiken bewegen sich auf dem schmalen Grat zur Illegalität (z. B. Vergewaltigungen, Praktiken mit rassistischen Themen etc.), die auch außerhalb des BDSM-Kontextes tabuisiert oder illegal sind.

Praktiken mit körperlichen Ausscheidungen sind bei diesem Event nicht generell ausgeschlossen, durch die räumlichen Bedingungen jedoch nicht regelgerecht realisierbar. Solche Nischen-Vorlieben fallen für viele Party-Gäste unter die persönlichen Tabus.

Die angesprochenen Konfliktlinien tragen bei diesem Event wenig zu tatsächlichen Problemen bei. Vielmehr neigen interindividuelle Interaktionen zwischen den Gästen dazu, konfliktträchtig zu werden.

Was als Resümee des ersten Interviews bereits auffällt, ist, dass sich viele Konflikte letztlich um die Grundsätze und die unterschiedlichen Verständnisse von BDSM drehen: Wie BDSM für einen selbst und für andere definiert wird und

128 Foucault würde diesen Umstand als Heterotopie bezeichnen, also als konkreten Nicht-Ort, an dem tatsächlich eine andere Ordnung herrschen kann (vgl. hierzu Foucault, 1992, 2005).

wie sich dies von anderen Definitionen von BDSM unterscheidet. Gerade durch die Abgrenzung zu einem Außen konstituiert sich das eigene Verständnis von BDSM sowie das, was als BDSM innerhalb der Szene – und auch des jeweiligen Szene-Events – verstanden wird. Das wird vor allem in der Auseinandersetzung mit der Verfilmung der Roman-Trilogie von *Fifty Shades of Grey* von E. L. James deutlich. Die Diskussion um SM, BDSM und *kinky vanilla* verlief dabei wie folgt:

ATHIA: »Ja. Also, für mich ist alles, was irgendwie mit ›äähh‹ entweder mit Schmerz zufügen und empfangen zu tun hat oder eben mit einem dominant/devotem Rollenspiel (...) oder aktiv/passiv. Also, das würde für mich alles da drunter fallen in Ermangelung eines besseren Überbegriffs.«
I: »Aber was ist dann der Unterschied zum kinky vanilla?«
ATHIA: »Zu was?«
I: »Kinky vanilla, hab ich gelesen *(beide lachen)*, wenn du BDSM-Elemente im Schlafzimmer ...«
ATHIA: »Das sind ja dann auch BDSM-Elemente. Also, ich hab ja auch über Sexualpädagogik meine Magisterarbeit geschrieben. Ich glaube, es war eine erschreckend hohe Zahl, was heißt erschreckend: Für 85 Prozent sind Fesselspiele im Schlafzimmer normal. Also, das fällt für die nicht unter SM.«

Für die Organisatorin der Play-Party spielt es letztlich keine Rolle, ob BDSM nun privat, halb-öffentlich oder öffentlich realisiert wird. ATHIA – die unter anderem selbst eine Definition für ihr Event als Rahmung vorgibt – trennt hierbei wieder deutlich zwischen eigener und Szenedefinition. Sie vertritt dabei eine – wenn man so will – liberale Haltung für das Event und fasst dessen vorgegebenen Rahmen somit generell breit und abschließend so zusammen:

ATHIA: »Nee. (...) Da gibt's den tollen Spruch und da ist was Wahres dran: ›Pervers fängt da an, wenn keiner mehr mitmacht‹.«

Paare-Dinner

Das Paare- Dinner wird von denselben Organisator*innen ausgerichtet wie die zuvor beschriebene Play-Party. Die Ergebnisse der Analyse dieses Events treten deswegen in den Hintergrund. Das Event ist aber für die Logik und die Schlussfolgerungen meiner Untersuchung dennoch von Wichtigkeit. Gerade das Paare-Dinner kann in der hier gewählten Reihenfolge als exemplarisch für Events gelten, die in einem privateren Rahmen organisiert sind. Der Unterschied zur Play-Party liegt vor allem in der Anzahl der Teilnehmer*innen und in der Zielklientel.

Die Eventregeln

Die normative und die organisatorische Rahmung entsprechen letztlich denen der Play-Party. Auch beim Paare-Dinner besteht die Möglichkeit einer Führung durch die Räumlichkeiten und die damit verbundene Information über die Hausregeln etc. Das Paare-Dinner zeichnet sich also durch eine privatere und intimere Atmosphäre aus. Auf meine Frage, wo denn mehr gespielt wird, bei der Play-Party oder beim Paare-Dinner, antwortet ATHIA:

ATHIA: »Beim Paare-Dinner kriegst du ja manche Spielchen gar nicht so mit. Wenn die zu zweit am Tisch sitzen, dann spielen die ja zum Teil schon, also das kriegst du dann maximal mit, wenn du vorbeigehst und Teller abräumst und der eine hat die Augenbinde auf und muss mit verbundenen Augen essen. Oder, der Bediener ist quasi der Klassiker, […] dass der passive Part zu bedienen hat und solche Sachen. Es sind halt eher so, ich glaube, dass das Paare-Dinner eher ein wenig um Rollenspiel geht und weniger um draufhauen.«

Insgesamt ist das Spielen eher dezent gehalten. Die Praktiken passen sich an die mit Kerzenschein und romantischer Musik untermalten Räumlichkeiten gewissermaßen an. Da es durch den hohen Grad an Intimität insbesondere für Einsteiger*innen geeignet ist, könnte man das Paare-Dinner auch als Möglichkeit zum ersten Einüben spezifischer BDSM-Rollen verstehen.

Probleme mit den Eventregeln

Einige Probleme, die innerhalb des Paare-Dinners aufgetreten sind, sollen im Folgenden erläutert werden. Dennoch möchte ich betonen, dass das Paare-Dinner generell sehr wenig Konfliktpotenzial beinhaltet. Letztlich werden nur leichte Missverständnisse genannt, die kurzfristig von den Spielenden auch selbst lösbar sind:

ATHIA: »Das Schlimmste, was wir da mal hatten […] war, dass einer halt den Raum da draußen komplett für sich beansprucht hat (//mhm//). Also an den Handfesseln da hingen die Gerten und überm Käfig waren die Schnüre und überm (...) also, da haben wir gesagt, so ausbreiten geht nicht. Hatten wir bei der Play-Party aber auch schon mal.«

I: »Aber sonst?«

ATHIA: »Nee, nee, beim Paare-Dinner sowieso nicht. Nee.«

Die No-Go-Praktiken entsprechen denen der Play-Party, was vor allem den Räumlichkeiten geschuldet ist.

Konfliktlinien

Wie bereits erwähnt, ist die Rollenverteilung beim Paare-Dinner offen gehalten. Letztlich geht es nur darum, dass die Gäste in Paar- oder Spielkreiskonstellation erscheinen. Welches Geschlecht dabei welche Rolle einnimmt wird hier nicht von den Organisator*innen bestimmt – die Gäste entscheiden somit selbst über ihre Spielkonstellationen. ATHIA berichtet jedoch von häufigeren Nachfragen bei der Anmeldung, die in diese Richtung gehen:

ATHIA: »Ich hab das schon mal gehört, ja. Ich krieg auch ab und zu bei der Anmeldung im Vorfeld die Anfrage, ob das überhaupt okay ist, wenn 'ne Domina mit ihrem Sklaven dann kommt. Oder auch die Frage, insbesondere bei den kleineren Veranstaltungen kommt das meistens, also beim Paare-Dinner: Sind denn nur MaleDoms mit ihren Subs da oder auch andersrum? Sind wir da die einzigen? Das kommt schon. Ich hab mir da persönlich noch nie 'n Kopf drüber gemacht, weil mir das wie gesagt egal ist, sollen sie machen wie es ihnen gefällt (...), aber anscheinend ist es so, dass da manche ein Problem haben, ja.«

Der damit angedeutete Konflikt betrifft den zugeschriebenen, geschlechtlichen Rollenaspekt und wird mehrmals in den Beobachtungsprotokollen vermerkt. Das Problem beruht auf der Kategorisierung von Mann als dominant und Frau als passiv.[129]

Insgesamt lässt sich feststellen, dass kleinere Events deutlich weniger Konfliktpotenzial besitzen. ATHIA bringt diesen Umstand abschließend wie folgt zum Ausdruck:

129 Diese Rollenzuschreibung wird beispielsweise innerhalb von CFNM-Events umgedreht. Die sich daraus ergebenden Probleme und Konfliktlinien werden in der Analyse des CF-NM-Events betrachtet.

I: »Ja. Also, das sind jetzt eher so die kleineren Veranstaltungen. Passiert da einfach generell weniger, also weißt du was ich mein?«

ATHIA: »Ja, es sind weniger Leute, es ist weniger Konfliktpotenzial da. Also, ist ganz (.) je mehr Leute, umso mehr Konflikt, also (.) es ist einfach so.«

Kurzes Resümee

Je kleiner das Event wird, desto weniger Konfliktpotenzial herrscht. Erstens natürlich, weil dadurch mehr Rückzugs- und Ausweichmöglichkeiten vorhanden sind. Gleichzeitig stehen bei diesem Event die Privatsphäre und Intimität von Paaren und Spielkreisen im Vordergrund, die Auseinandersetzung mit dem BDSM-Verständnis anderer Spieler*innen ist dadurch weniger vorhanden, da die Spielkonstellationen bereits eher geschlossen sind.

Ein kleineres Event eignet sich ATHIA zufolge besser für Einsteiger*innen oder Unerfahrene, weil hier einerseits das Risiko geringer ist, in der Masse unterzugehen und andererseits mehr Möglichkeiten bestehen, Nachfragen zu stellen oder sich intensiver über das Thema BDSM zu informieren. Durch die intimere Atmosphäre kann man sich zudem auch erstmalig ausprobieren, da ein großes Publikum oder eine Art Gruppenzwang zur Inszenierung nicht besteht.

Die angesprochenen Konfliktlinien verursachen beim Paare-Dinner keine Probleme.

CFNM-Event**

Das Interview mit BENIKE, der Organisatorin des CFNM-Events, wird bei ihr zu Hause im Wohnzimmer geführt. CAJA, ihre Lebensgefährtin, ist dabei anwesend und hat einiges zum Interview beigetragen. Da beide das Event zusammen organisieren, sind keine Probleme durch die Anwesenheit Dritter anzunehmen.

Entdeckung der Vorlieben, erste Erfahrungen

BENIKE beschreibt ihren Einstieg in die Szene, wie auch schon ATHIA, mit ersten Fantasien, die sich in diese Richtung zeigen. Ihre erste Kontaktaufnahme mit BDSM geschieht dabei auch über das Internet. Dabei lernt sie ihren ersten Spielpartner kennen, der ihr erste Erfahrungen in diesem Bereich ermöglicht:

BENIKE: »Und hab dann irgendwann angefangen, ja (.) mal das Internet zu durchforsten und bin dann da auf den Begriff BDSM gestoßen (.) und bin so eigentlich in das Ganze rein gekommen. Und mit 16 dann (...) hab ich mich dann das erste Mal mit jemanden getroffen (.) und (.) ja, und mit dem allerlei Sachen ausprobiert. Der war da ganz relaxed, der hat gesagt: ›Hier, das und das hab ich an Kram, an Spielzeug, willst du davon irgendwas ausprobieren?‹. Ich hab da meine ersten Erfahrungen mit Latex-Klamotten gemacht und hab dann sofort festgestellt, dass es nichts für mich ist *(lacht)*. [...] Und so bin ich halt in das Ganze angekommen und so richtig in die SM-Szene an sich bin ich tatsächlich erst 2007 gekommen, ›äähh‹ (...) da hab ich auf ner Internet-Community für (.) ja, da sind allerlei lustige Vögel rumgesprungen, Gruftis, SMer, Transen (.) und hab da jemanden kennengelernt, mit dem ich mich recht gut verstanden hab und der meinte: ›Komm doch mal zum Stammtisch, da beißt keiner, da kannste dich mal mit Leuten unterhalten, die auch so drauf sind‹ (.) und äähh, ja, da bin ich dann das erste Mal hingefahren nach STADT auf einen SM-Stammtisch (//mhm//). Und durch ihn bin ich dann eben auf die SZ [Sklavenzentrale] gekommen, auf die Seite. Ja, und da spring ich seit 2007 jetzt rum.«

Der Stammtisch dient dabei als eine der ersten Möglichkeiten, Kontakt zu Gleichgesinnten aufzunehmen und sich über das Thema BDSM generell oder spezifisch auszutauschen. Hier werden oft auch erste Spielkonstellationen ausprobiert:

I: »Aber, hat das dann was mit Stammtisch oder SM zu tun?«

BENIKE: »Mit SM. Weil, da geht's halt echt (.) also, man tauscht sich halt drüber aus, über Praktiken. Der eine macht's so, ist die Möglichkeit vielleicht besser. Das ist das gleiche (.) der lackiert das Auto so, der andere lackiert es so. Wie geht es schneller? Was ist besser? Bla. Und (.) meine Lieblingssachen sind halt eben so *Body* [...][130]. Ich pierce gern, ich cutte gern, ich nadel gern (.) branden würde ich allerdings auch gern mal wieder (.) aber wenn ich so was äußere, egal welcher Stammtisch, also bis auf GROSSSTADT wo halt echt schon Großstadt ist, bin ich angeschaut worden: ›Wie kannst du denn? Was bist du denn?‹.«

---

130 Unverständliche Textpassage.

Bezüglich der Selbstverortung führt BENIKE anfangs, als ich sie kennenlerne, noch dominant eine Beziehung mit einem männlichen Submissiven, zusätzlich zu ihrer gleichgeschlechtlichen Partnerschaft. Zum Zeitpunkt des Interviews gibt sie ihre Neigung als devot an.

Mit ihrer Lebensgefährtin CAJA spielt BENIKE generell nicht. Dieses Phänomen offenbart sich auch in anderen Interviews. Oft wird dabei ein Konflikt zwischen den eingenommenen Rollen im BDSM und den eingenommenen Rollen in der Partnerschaft als Grund angegeben:

I: »Hab ich jetzt auch im Forum [...] oft gelesen hab, dass manche auch nur mit Leuten spielen, die sie nicht so sehr lieben oder mögen, ne?!«

BENIKE: »Ja, das ist oft schwierig, wenn man jemanden liebt, dann der Person einfach bloß wehzutun.«

I: »Ihr spielt ja auch nicht miteinander.«

BENIKE und CAJA: »Nee.«

CAJA: »Deswegen hab ich gesagt, ich schlag Leute, die ich mag, nicht liebe.«

Die Eventregeln

Das von ihr organisierte CFNM-Event wird von BENIKE so beschrieben:

BENIKE: »Ja, CFNM heißt ja an sich erstmal bekleidete Frau, nackter Mann, äähh, im SM-Kontext hast du eben die klare Rollenverteilung. Du hast, äähh, dominant-sadistische Frauen und devot-masochistische Männer, wobei es auch die Ausprägung nur dominant und nur devot gibt ...«

Wie bereits erläutert, ist die Sklavenversteigerung programmatischer Dreh- und Angelpunkt des Events, dessen Rahmung an sich nicht unbedingt dazu geeignet ist, neue Spielpartner*innen kennenzulernen. Hierzu wird eher auf Bars verwiesen, die zwar auf BDSM ausgerichtet sind, bei denen jedoch der Schwerpunkt mehr auf Bar und Tanz gelegt wird:

I: »Aber so an sich, dass da zwei Fremde miteinander sich kennenlernen irgendwo, also bei dem Event und dann miteinander spielen, ohne dass es vielleicht so davor eingefädelt wird, ist das eher selten, oder?!«

CAJA: »Eher selten an sich.«

BENIKE: »Ja, auf unseren Partys eigentlich gar nicht.«

CAJA: »So, wenn man sagt, man geht normal clubmäßig weg in eine SM-Bar, dass man sagt, mal schauen, vielleicht tanzen, was trinken, nett unterhalten, entwickelt sich schon gelegentlich was.«

Auch bei diesem Event wird nicht ausdrücklich auf die Grundlagenregeln hingewiesen. Die Kenntnis der SSC-Regel wird – wie bei der gängigen Play-Party – vorausgesetzt.

BENIKE: »SSC ist für mich eigentlich nichts, wo man diskutieren muss, das setz ich voraus. Also, deswegen auch die Aussage vorhin, im Zweifel hat jeder noch einen Mund und kann sagen, wenn ihm etwas nicht passt, weil halt viele Kerle nachtappen: ›Oh mein Gott, was ist, wenn die irgendwas von mir will, was ich nicht machen will oder so?‹. Dann sag ich, ja dann hast du einen Mund und kannst es immer noch sagen, weil damit bricht man auch nicht aus der Rolle aus, weil jeder hat irgendwelche Tabus und, äähh, ja, auf die muss man halt einfach Rücksicht nehmen. Punkt. Da gibt es meines Erachtens nach nichts drüber zu diskutieren und wer meint, er muss sich da was rausnehmen hier, der ist halt fehl am Platz.«

Die Regeln werden öffentlich ausgeschrieben, das heißt, sie sind in der generellen Beschreibung des Events auf den bereits genannten Foren enthalten.

BENIKE und CAJA haben sich auch mit anderen BDSM-Regeln beschäftigt, vor allem *DEBRIS* und *RACK*[131].

I: »Was ist DEBRIS?«
BENIKE: »Es gibt SSC, RACK und DEBRIS, ›äähh‹ RACK ist *risk aware* bla irgendwas. Also, RACK ist so eins über SSC, sag ich mal. Das heißt, du bewegst dich gewollt durchaus im Metakonsens, das heißt, es können

131 DEBRIS (Domination Enhanced Beyond Rule Induced Superiority) und RACK (Risk Aware Consensual Kink) sind erweiterte Kontrollformen innerhalb von BDSM ähnlich der SSC-Regel. Bei RACK wird die Komponente der *Sicherheit* der SSC-Regel infrage gestellt, da es bei bewusst zugefügten Verletzungen immer ein unvermeidbares Risiko gibt. Bei RACK wird das Bewusstsein für dieses Risiko betont. DEBRIS ist die extremste Form von Dominanz und Unterwerfung und gleicht eher einer 24/7-Beziehung. Die passive Person hat dabei nicht das Recht, Sessions von sich aus durch ein Safeword abzubrechen, sie kann aber jederzeit die Beziehung – dann aber im vollen Umfang – beenden (vgl. zu DEBRIS: http://gentledom.de/aus-dem-leben/umfragen/aktuelle-umfragen/debris-und-bdsm/; zu RACK: http://bdsmlexikon.de/rack/).

durchaus Situationen auftreten, die der devote Part so vielleicht nicht will, mit denen er aber trotzdem ›äähh‹ einverstanden ist.«

I: »An die Grenzen führen (BENIKE: ja) und eventuell die Grenzen überschreiten?«

BENIKE: »Ja, also das heißt, Dinge tun, die nicht schön sind, aber die trotzdem hingenommen und auch akzeptiert werden, also du bewegst dich damit dann halt nicht mit einem Bein im Knast, sondern es ist in Ordnung. [...] Und DEBRIS, DEBRIS ist wohl ›äähh‹ (...) es gibt auch 'ne Seite, die heißt DEBRIS glaub ich. Ist wohl dieses tatsächliche völlige Entrechten des devoten Parts und dieses wirkliche, naja wirklich Sklave sein ist halt auch immer so leicht gesagt, aber die wollen halt genau das, also dass du einfach komplett ›äähh‹ rechtloses Subjekt bist ›äähh‹ und mit deinem Sklaven wirklich tun kannst, was du möchtest, ob der das will oder nicht.«

Probleme mit den Eventregeln

CFNM, so kann von vielen Seiten wahrgenommen werden, ist das Event, bei dem die meisten Unstimmigkeiten oder Probleme auftreten. Diese werden auch in diesem Event in erster Linie von der Vermischung von Spiel und Realität bestimmt, das heißt, ob von außen noch ersichtlich ist, ob es noch Spiel oder schon Ernst ist. Dies schließt die Frage ein, wann und vor allem wer bei anderen Spielen dazwischengehen darf oder wann oder wer nicht. *Mayday* als universelles Safeword und der Ampelcode dienen dabei nicht nur den beteiligten Spieler*innen, sondern auch den anderen Teilnehmer*innen des Events dazu, die betreffende Situation weiterhin auf ihren Spiel- oder Ernstgehalt einzuschätzen. In der Regel sind es die Organisator*innen, die in so einem Fall einschreiten und die jeweilige Session abbrechen würden. Aus den Beobachtungsprotokollen lässt sich zu dieser Thematik folgender Auszug ausmachen:

> »Ein devoter Mann ist bei der Sklavenversteigerung extrem renitent und frech. Die anwesenden Frauen machen bereits unter sich aus, wer ihn ersteigern und somit züchtigen darf. Man erkennt, dass das Verhalten des Mannes durchaus absichtlich geschieht und gerade auf Erziehung und Züchtigung abzielt. Eine Dominante ersteigert ihn, hängt seine Arme in einen Kettenzug und drangsaliert ihn. Der Mann schreit sehr laut und des Öfteren *Stopp*. Die Organisator*innen sind sich nicht sicher, ob sie einschreiten sollen, da *Stopp* kein allgemeines Safeword ist. Die Szenerie – und vor allem die Stopprufe – wiederholen sich und schließlich erkundigen

sich die Organisator*innen doch bei der Dominanten nach seinem Befinden« (Beobachtungsprotokoll des CFNM-Events).

Retrospektiv erscheint die Situation anders. Der Mann hätte jederzeit *Mayday* rufen oder den Ampelcode verwenden können, hätte er einen tatsächlichen Spielabbruch gewünscht. BENIKE antwortet auf die Konfrontation mit diesem Beispiel so:

I: »Okay, also, jetzt der Typ nochmal, ne?! Zum Beispiel bei CFNM, da ist ja dann die ATHIA so (BENIKE: dazwischen), also da war uns jetzt nicht klar, wie geht man jetzt damit um, also …«

BENIKE: »Solche Personen sind aber schwierig, weil der hat das mit Absicht gemacht, der hat das provoziert. […] Der hat im Endeffekt die ganzen Weiber, ›äähh‹ ich bin da auch völlig ausgetickt, weil mir der so auf den Sack gegangen ist. Der hat die ganzen Weiber, die sich über ihn aufgeregt haben, hat der komplett vorgeführt eigentlich. Genau das wollte der nämlich, der wollte Prügel und der hat sich halt einfach so lange wie ein Arschloch benommen, bis er Prügel bekommen hat.

CAJA: »Klar (.) davor wollt ihn ja keiner schlagen.«

BENIKE: »Ja, vorher wollt ihn ja keiner.«

Ein weiterer daraus resultierender Konfliktpunkt ist der Umstand, dass sich Spielende – und nicht BENIKE oder CAJA als Organisatorinnen – bei anderen Sessions einmischen. So erzählt BENIKE, dass es in diesem Bereich des Öfteren zu Beschwerden kam.

No-Go-Praktiken

Die Tabus und No-Go-Praktiken sind auch in diesem Bereich bereits räumlich und strukturell determiniert. Obwohl BENIKE privat gerne Praktiken wie Cutten, Nadeln oder Branden realisiert, ist die Räumlichkeit – nicht das Event – allein aufgrund der Licht- und Hygieneverhältnisse nicht darauf ausgelegt:

I: »Ja, ich hab das Forum mal durchforstet, ne. Gerade auf Tabus ›äähh‹ und da kam immer das, was ihr auch gesagt habt. Tabu ist immer: Cutting, Branding (CAJA: Cutten, Nadeln), Klinik, Nadeln und, ›äähh‹ KV und NS. Und das fand ich ganz interessant, weil ihr fallt genau in diese – also das nenn ich, also abweichendes Verhalten heißt Devianz (CAJA *(freut sich):* Ich bin nicht Mainstream) und das abweichende Verhalten vom abweichenden Verhalten, weil viele sagen ja schon, BDSM ist abweichend, das wäre dann die Meta-Devianz, ja?! Und deswegen seid ihr eigentlich so meta-abweichend *(alle lachen)* (CAJA: Ich bin ein Metafist.). Ja.«

Hierbei stellt sich mir die Frage, wo dann eigentlich solche Praktiken ausgelebt werden können.

I: »Wo wird denn KV, wo wird das realisiert?«
BENIKE: »Ich weiß es nicht und ich möchte es ehrlich auch nicht wissen.«
I: »Wird es in den eigenen vier Wänden?«
CAJA: »Ja, in den eigenen vier Wänden und wenn die Location einen Nassbereich hat (BENIKE: in KNEIPE), KNEIPE.«
BENIKE: »Die KNEIPE hatte einen Nassbereich, so 'nen richtigen (.) KNEIPE gibt's nicht mehr, war ›der‹ SM-Club in GROSSSTADT. ›äähh‹ Die hatten 'nen Nassraum wo quasi auch 'ne Badewanne mit drin war, einen Gynstuhl und wo halt wirklich gefliest war und halt auch mit diesem Abguss. Da konntest du halt wirklich (CAJA: [...][132], saubermachen, fertig).«
CAJA: »Wir hatten da aber auch immer einen Toilettensklaven. Du hast halt zwei oder drei normale Toiletten gehabt und bei einer hing halt: ›Vorsicht Sklave‹ davor.«
BENIKE: »Ja, und da ist halt dann einer drin gekniet oder so. Und wenn du halt Bock hattest konntest du dem halt in den Mund pinkeln. Oder einer ist auch rumgelaufen immer hier mit seinem rosa Tütü und seinem Pissfläschchen und hat gefragt, ob irgendeine Dame NS für ihn spenden möchte, weil er das halt gerne trinkt, ja?! Und wenn du halt nett warst und Bock hattest, dann konntest du ihm halt in sein Fläschchen pinkeln *(lacht)*.«

Es wird deutlich, dass sich solche – meta-devianten – Praktiken nur noch schwierig in halb-öffentlichen Räumlichkeiten realisieren lassen. In allen Interviews – soviel sei vorweggenommen – werden für die Realisierung der genannten No-Go-Praktiken andere Örtlichkeiten genannt, die allesamt aber mittlerweile geschlossen haben. Dies ist in erster Linie als zeitliche Veränderung zu werten. Es entsteht dabei der Anschein, dass diese Praktiken eher im privaten Bereich ausge-

132 Unverständliche Textpassage.

lebt werden, wo sie einer weniger starken Hygiene-Kontrolle unterliegen können, aber nicht müssen.

Selbst wenn angenommen wird, die Eventräumlichkeiten hätten einen Nassbereich oder einen Raum mit geeigneten Lichtverhältnissen für Branding oder Cutting, so ist der Umgang mit diesen Praktiken dennoch ein anderer. Dieser Umstand wird durch die folgende Diskussion nachvollziehbarer:

I: »Aber, das ist jetzt die Frage: Was ist, wenn du jetzt auf einer Party bist, eine gängige Play-Party, und da gibt's einen Nassbereich und da wird das getan.«

BENIKE: »Dann muss ich aber nicht in den Nassbereich gehen. Dann ist das immer noch meine freie Entscheidung, ob ich in diesen Nassbereich gehe, weil, wenn ich schon weiß, da ist ein Nassbereich, dann kann ich, also ich zumindest für mich selbst kann davon ausgehen, da wird vermutlich also Wachs, NS, KV wird da vermutlich laufen und dann ist es ja meine freie Entscheidung, ob ich sage: ›Ich gucke jetzt einfach mal und geh das Risiko ein, dass sich da halt jetzt gerade jemand anscheißen lässt oder ich tu es halt nicht.‹ [...] Was anderes ist es, wenn jetzt zum Beispiel in dem großen Raum im ETABLISSEMENT, wo du jemanden an die Decke hängen kannst, wo dieser große Käfig ist. Wenn ich da jetzt mit jemandem spiele, und neben mir fängt plötzlich jemand an, seinen Sklaven anzuscheißen. Das wär was anderes, da würde ich mich tatsächlich gestört fühlen, auch weil das eben kein (.) dafür vorgesehener Bereich ist, weil, wie willst du es wirklich saubermachen? So, dass es dann halt auch wirklich hygienisch sauber ist dann danach?«

CAJA: »Du könntest ein Latex-Laken ausbreiten.«

BENIKE: »Aber dann würde ich halt erwarten, dass man vorher fragt, ist es in Ordnung für dich? (CAJA: Ja.) Weil es halt einfach auch nichts Alltägliches ist, ja?! Ich müsste jetzt niemanden fragen: ›Du stört es dich, wenn ich meinen Sklaven hier schlage?‹.«

I: »Aber du müsstest vielleicht fragen: ›Du stört es dich, wenn ich meinen Sklaven hier brande?‹.«

BENIKE: »Ja. Würde ich aber auch tun. Ich würde auch niemals einfach nadeln [...].«

CAJA: »Nee. Stopp! Stopp! Ich würde schon fragen, ob es stören würde, wenn ich merke, dass ich zu nah am Privatbereich bin. Das heißt, wenn ich im Umkreis, ich sag mal einer Schlagweite, also anderthalb Meter bzw. zwei Meter an den ausgestreckten Arm ranreiche, frage ich, ob das okay ist, wenn wir da so aneinander spielen. Einfach aus dem Grund der Privatsphäre (.)«

BDSM-Praktiken sind also nicht gleich BDSM-Praktiken. Es scheint, als nähmen gewisse Praktiken die Rolle des Devianten innerhalb der BDSM-Szene ein. Man könnte sie – wie bereits erläutert – als meta-deviante Praktiken bezeichnen.

Konfliktlinien

Das CFNM-Event zeichnet sich gerade dadurch aus, dass die gängige und etablierte Zuschreibung der Geschlechterrollen umgekehrt wird, dass also die Frauenrollen aktiv und die Männerrollen passiv ausgelebt werden. Der daraus resultierende Rollenkonflikt kann an zwei Themenkomplexen nachgezeichnet werden: Weiblichkeit versus Männlichkeit und Hetero- versus Homosexualität.

Rollenkonflikte

Das Thema Weiblichkeit versus Männlichkeit kann als gängige Debatte innerhalb der BDSM-Szene betrachtet werden: Kann eine dominante Frau Geschlechtsverkehr mit einem submissiven Mann haben? Es geht bei dieser Frage durchaus darum, ob die Frau ihre dominante Rolle aufgibt, wenn sie es ist, die penetriert wird. BENIKE drückt diesen Umstand hier als ihre persönliche Meinung aus:

BENIKE: »Weil ich in meiner Sexualität gerne passiv bin und in dem Moment, wo ich mich hinlege und mich ficken lasse, ist meine dominante Rolle einfach weg (//mhm//), ja?! Und dieses ganze ›Man benutzt den Sklaven ja für seine Lust‹, ja, nee, da ist meine Rolle einfach im Arsch, also das ist halt mein persönliches Empfinden (.) und ›äähh‹ ich sag mal jetzt, sich lecken lassen oder so okay, aber da ich da halt allgemein nicht so besonders drauf steh, war das halt auch nie wirklich eine Option. Ich hab zum Beispiel sehr gerne Männer in den Arsch gefickt. Das hab ich tatsächlich immer sehr gern getan.«

Das gleiche Problem ergibt sich scheinbar, wenn sich ein männlicher Dominanter von einem submissiven Mann oral befriedigen lässt:

CAJA: »Weil, lustigerweise ein Dom, der 'nen Bi-Sklaven hat, ist ja in Ordnung, der ist ja variabel, den kann man ja für mehr hernehmen. Aber sagt der Dom, er ist bi und lässt sich, was weiß ich, während er eine Frau schlägt, einen von einem Mann lutschen, ja das geht ja nicht. ›Guckt euch den an, der lässt sich von dem Mann einen lutschen.‹ Da könntest du ja […][133]. Das ist (//mhm//) also macho-like einfach, also. Macho-Sein ist auch total gern ausgeprägt in der Szene. […] Ich hab wenig Machos auf einem Haufen gesehen, als wie im SM. Also, das ist, das glaub ich muss fast zusammengehören. Ich weiß nicht, vielleicht gehört das auch irgendwie zusammen. Sobald sie einen Anzug anziehen müssen sie einfach irgendwie spontan Plastikeier in der Hose kriegen, ich weiß es nicht.«

Der Konflikt zwischen weiblichen und männlichen Rollenzuschreibungen wird vor allem am unterschiedlichen Umgang mit weiblichen und männlichen Dominanten sowie weiblichen und männlichen Submissiven sichtbar. Die Debatte erscheint in erster Linie als bloße Reproduktion der Geschlechterdiskussion, die auch außerhalb der BDSM-Szene geführt wird.

I: »Das war bei der, also gerade bei CFNM, beim Rauchen oben, ne?! Da haben sich die Frauen so gefreut, dass es ebenso eine Veranstaltung gibt. Und da haben viele gesagt, dass sie sich ›äähh‹ nicht anerkannt oder akzeptiert fühlen von den männlichen Doms (Beide: ja). Habt ihr das auch schon so (.) warum?«

CAJA: »Weil eben in dem Blickfeld eines männlichen Doms im Kontext gesehen also, vielleicht ist er nicht im Alltag so, aber auf einer SM-Veranstaltung, wenn er als männlicher Dom da ist (.)«

BENIKE: »Ist er der König der Welt. […] Da kommt glaub ich der kleine Chauvinist in jedem (.)«

CAJA: »Da kommt der große Höhlenbewohner (.) […]. Man muss sich ja als Frau, wenn man jetzt zum Beispiel öfter (BENIKE: Du musst dich behaupten (.) und beweisen.). Du musst zeigen, das ist tatsächlich echt schon fast ein Wettbewerb. Du musst zeigen, was du drauf hast […].«

I: »Es hört sich ein bisschen so an, als wären die 50er Jahre jetzt vorbei, es herrschen gleichberechtigte Beziehungen und der alte Chauvi-Mann, der nirgends mehr 'ne *normale*, ungleichberechtigte Beziehung haben kann, flüchtet jetzt in den SM-Bereich, wo er das noch haben kann (CAJA *(lacht)*: Prost.). Kann man das so? (.)«

BENIKE: »Jaa, gibt's […].«

I: »Was fällt da auf?«

BENIKE: »Dass solche sich da bewegen. Du merkst einfach ganz schnell, ob jemand einfach ›äähh‹ Dom ist, weil er einfach diese Neigung hat, oder ob

133 Unverständliche Textpassage.

der vielleicht einfach gerne die Hosen anhaben möchte und halt kein passendes Weibchen findet, dass das mit sich machen lässt und sich dann halt als Dom hinstellt und sich eine Sub sucht.«

An dieser Stelle wird ein interessanter Punkt offensichtlich: nämlich die Reaktion in der BDSM-Szene auf äußere Veränderungen im Umgang zwischen Mann und Frau. Es scheint, als diene die BDSM-Szene als Möglichkeitsraum, um asymmetrische Beziehungsstrukturen und -anteile weiterhin ausleben zu können. In diesem Fall ist es der öffentliche Konsens über gleichberechtigte Partnerschaften als *Ideal* und dessen Verneinung ungleichberechtigter Partnerschaften. Die BDSM-Szene fungiert dabei als Raum, der diese Praktiken in die Szene mit aufnehmen muss. Wie und ob sich diese Praktiken in die BDSM-Szene integrieren lassen, wird gerade an den hier betrachteten Konfliktlinien sichtbar.

Interessanterweise erscheinen vor allem diejenigen Männer als prätentiös dominant, denen öffentlich nur wenig *männliche* Attribute zugeschrieben werden. Im Umkehrschluss ist ein hochgewachsener, muskulöser Mann mit einer tiefen Stimme – also ein Mensch, dem öffentlich viele *männliche* Attribute zugeschrieben werden – in einer submissiven Rolle zuerst womöglich gleichfalls irritierend.

Homo- versus Heterosexualität

Der Debatte um Weiblichkeit versus Männlichkeit schließt sich unmittelbar der Frage nach Hetero- und Homosexualität an. Generell lässt sich dazu seitens der Interviewten festhalten, dass die BDSM-Szene – was unterschiedliche geschlechtliche Sexualitäten angeht – eher tolerant eingestellt ist:

BENIKE: »Also grundsätzlich ist, was, gerade was Homo- und Bisexualität angeht, die Toleranz im SM-Bereich größer als jetzt im alltäglichen Leben. Nicht immer, aber grundsätzlich. Was allerdings trotz allem auffällt ist, dass die Toleranz Frauen, die bi- oder homosexuell sind, gegenüber erheblich größer ist als bei Männern. (//mhm//) Also, wobei man da auch noch unterscheiden kann, wenn jetzt ein Sklave sagt, er ist bi, dann ist es schon wieder tolerierter, als wenn jetzt ein männlicher Dom sagen würde, er ist bi.«

Dennoch werden die Sexualitäten anhand der eingenommenen Rollen unterschiedlich bewertet. In einem Beispiel aus den Beobachtungsprotokollen wird auf folgende Situation verwiesen: Eine dominante Frau beschwert sich bei den Organisator*innen, weil sie zwei männliche Submissive beobachtet hat, die analen und oralen Geschlechtsverkehr miteinander ausgeübt hatten. Meine erste Annahme war, dass sie sich dabei über die homosexuellen Praktiken beschwert habe. Letztlich ging es aber darum, ob den Männern als Submissiven diese Handlungen befohlen wurden, oder ob sie sich über ihre Rollen – und somit über ihre Dominanten – hinweggesetzt haben.

Der geschlechtliche oder/und sexuelle Rollenkonflikt steigert sich dabei, wenn es um Bi-Sexualität oder um *Switchen* geht. Allem Anschein nach ist gerade diese Grenzüberschreitung fester Rollenbeschreibungen das, was als problematisch empfunden wird. CAJA und BENIKE erklären diesen Sachverhalt so:

CAJA: »Das ist wie bi.«
I: »Das ist nichts Halbes und nix (.)?«
CAJA: »Das geht nicht, das geht nicht, das ist wie bi (BENIKE: ja).«
I: »Warum? Was ist da so? Was ist das?«
CAJA: »Es ist nicht klar abgegrenzt. Das ist für ganz viele ein Problem. Die Gesellschaft, die braucht einfach: das ist schwarz und das ist weiß. Punkt. Mehr geht nicht. Du kannst nicht zwischendrin einfach mal die schwarze von links nach rechts (.) […].«

Auch in einem späteren Interview wird diese Thematik noch einmal aufgegriffen. Es geht dabei um die Überschreitung klar definierter Rollen. Wie diese Rollen definiert sind, ist dabei im Prinzip egal. Konfliktreich wird es immer dann, wenn die Rollenbeschreibungen wässrig, umdefiniert oder generell infrage gestellt werden.

Alt versus Jung – Alt versus Neu

Die nächsten betrachteten Konfliktlinien ergeben sich zwischen Alt und Jung im Sinne des Generationenkonflikts und zwischen Alt und Neu im Sinne des *Szene-Alters*. Die Grenzen sind dabei nicht klar definiert. Auffallend ist, dass Erfahrung und Expertise – generell sowie spezifisch im BDSM-Bereich – eher älteren als jüngeren Menschen zugeschrieben werden. Dieser Umstand ist auch in der Szene zu beobachten:

I: »Ja, ist interessant, also das wäre jetzt nämlich noch so 'ne andere Konfliktlinie, wo ich gedacht habe, ob die vielleicht passt ›äähh‹: Alt gegen Jung, also so generationenkonfliktmäßig. Also, dass die Herrschaften und Damenschaften, die vielleicht jetzt so 50 sind, dass die ›äähh‹ auch anders

SM sehen oder BDSM und auch so ein bisschen anders auf die junge Generation gucken. […] Also, ist euch da so was aufgefallen, dass es vielleicht so eine Konfliktlinie da gibt?«

BENIKE: »Ja, ich find schon. Also ich denke, man kann das nicht pauschalisieren, ›äähh‹ aber es gibt durchaus solche. Und ich denke, dass es nicht nur im SM-Bereich so ist, sondern auch allgemein, dass die, die älter sind, grundsätzlich meinen, sie haben mehr Erfahrung und ›äähh‹ was sie tun, ist das einzig Wahre. Gibt's im SM-Bereich leider auch (.) sehr ausgeprägt vor allem (I: Ja?). Ja, weil die sagen: ›Ja, du bist 27, du kannst ja noch gar nicht so viel Erfahrung haben‹. Wenn der jetzt 45 ist und hat vor drei Jahren mit SM angefangen und ich bin 27 und ich hab mit 16 angefangen. Ich hab elf Jahre real gelebte Erfahrung. Ja?! Nur weil ich 20 Jahre jünger bin als er, muss das halt noch lange nicht heißen, dass er mir im SM was voraus hat. Und das sehen viele halt nicht gern. Das schmeckt denen dann einfach nicht.«

Gerade auf den Stammtischen ist dieses Phänomen scheinbar durchaus öfter anzutreffen. Jedoch soll hier noch einmal betont werden, dass es sich dabei generell eher um die Hierarchie nach Alter – also um den Konflikt zwischen *Alt und Jung* – als tatsächlich um ein BDSM-spezifisches Phänomen handelt. Das Szene-Alter, das unabhängig vom biologischen Alter ist, müsste dabei eigentlich den Ausschlag geben, also wie lange man mit welchen Praktiken Erfahrungen gesammelt hat. CAJA fasst dies wie folgt zusammen:

CAJA: »Was weiß ich, der eine hat halt CBT[134]-Erfahrung und der andere hat dafür Erfahrung, was Cutten und Nadeln angeht. Oder er hat mit Atemreduktion Erfahrung, hat der andere nicht. Dafür hat er Erfahrung, wie man Körperteile abbindet. Weißte, das ist halt auch unterschiedlich und wenn mir einer sagt, er hat von allem Erfahrung, dann sag ich: ›Cool. Bist du 180?‹.«

Zeitliche Veränderungen

BENIKE gibt an, seit 2007 in der BDSM-Szene organisatorisch aktiv zu sein. Auf meine Frage, ob sie in diesen Jahren irgendwelche Veränderungen in der Sze-

134 CBT (Cock-Ball-Torture): die Folterung des männlichen Genitalbereichs (z. B. durch Schläge etc.).

ne wahrgenommen hat, nennt sie erstens die sich wandelnde Mode – vor allem der modische Wandel der Spielzeuge:

CAJA: »Du merkst die Unterschiede in den Spielzeugen. Früher war es eben, äähh, sagen wir mal zwischen 2003 und 2006 war der Rohrstock recht modern. Weil der Rohrstock ist was, das ist klein, das ist handlich, das passt auch in meine Handtasche. Oder ich kann mir das in den Stiefel stecken. Da war das halt total modern, dass ich mir was in meine Reiterstiefel stecke oder irgendwas (//mhm//) (BENIKE: oder 'ne Reitgerte). Ja, die kam, dann kam die Reitgerte. Reitgerte und Springgerte wurde dann moderner, weil die Springgerte auch recht kurz ist [...].«

BENIKE: »Mittlerweile find ich, haben sie auch gern Peitschen.«

CAJA: »Peitschen, jetzt kommt viel ›äähh‹ hier, Viehtreiber, Elektroschock. Viel Elektro ist (.) also, dass, je moderner das Handy geworden ist, desto moderner werden die Spielzeuge. Vibro-Eier sind seit ein, zwei Jahren der Running-Gag anscheinend.«

Zweitens kann eine unterschiedliche Wahrnehmung der Praktiken festgestellt werden. Dabei wird nicht klar, ob die Toleranz innerhalb der Szene für gewisse Praktiken zugenommen hat oder ob sich die Szene soweit ausdifferenziert hat, dass sich die unterschiedlichen Praktiken sozusagen nicht mehr oder nur noch selten tangieren. CAJA nennt – für mich überraschend – hierfür das Beispiel Latex:

I: »Hat sich der Standard verschoben? So, wie lang, seit 2007 (CAJA: bin ich in der Szene unterwegs, ja). Und wenn du dir das jetzt mal so überlegst, ist es intoleranter geworden oder hat sich es verschoben, wo man sagt zum Beispiel, vor zehn oder sieben Jahren da war (.)«

CAJA: »Die Grenze hat sich verschoben.«

I: »Wohin?«

CAJA: »Dass jetzt Latex nicht mehr so schlimm ist. Vorher war ja Latex: ›Oh nee, und der mit seinem stinkenden Gummi, der mit seinem Autoreifen, muss der jetzt da sein?‹ und ›äähh‹: »Kann man da nicht eigene Partys machen, wo bloß sie hinkönnen?‹.«

I: »Jetzt gibt's eigene Partys? Jetzt ist es in Ordnung?«

CAJA: »Ja. Jetzt gibt's eigene Partys, jetzt ist es ja in Ordnung. Jetzt, wenn ein, zwei rumlaufen: ›Ach schau mal, ganz nett.‹ Was sich nie verschoben hat, von Anfang bis Ende (.) sind die blutigen Dinge, die haben sich nie verschoben.«

Aus den zeitlichen Veränderungen wird ersichtlich, dass sich nicht nur die Grenzen dessen, was zu BDSM zählt und was nicht verschoben haben, sondern dass sich die Szene generell ausdifferenziert hat. Diese Ausdifferenzierung resultiert aus einer breiteren und zahlenmäßig größeren Szene, was wiederum spezifischere Veranstaltungen ermöglicht. Man könnte hierbei auch von der eingangs beschriebenen räumlichen Parzellierung der Praktiken sprechen. Diese Aufteilung kann sogar unter ein und demselben Eventrahmen stattfinden, wenn die Räumlichkeiten es ermöglichen. Auf meine Frage, ob diese Feststellung von den Organisator*innen geteilt wird, antwortet sie:

CAJA: »Ja. Das siehst du, wenn du im ETABLISSEMENT, im hinteren rechten Teil waren die Popper (I: ja). Also in dem ganz hinten rechts zum Beispiel […] da war Spanking, aber Gyn und das Bett, dann […], da gehst du nur zum Vögeln hin auf blöd gesagt. Die haben das aber auch mit Absicht so gemacht, dass sie sich Sachen suchten, wo sie abgetrennt waren, weil halt viele sagen: ›Nee, du kannst dich nicht von deinem Sklaven vögeln lassen.‹ Und die wissen das selber. […] Die wissen halt einfach, dass es viele scheiße finden und dann gehen sie halt auf die Seite.«

Dabei geht es vor allem um das bereits beschriebene Thema Geschlechtsverkehr zwischen dominanter Frau und submissivem Mann. Um Konflikte zu vermeiden wird die Praktik der vaginalen Penetration eher in privatere, nicht einsehbare Räumlichkeiten verlagert – wohl wissend um diese Debatte. Die unter den Frauen beliebten männlichen homosexuellen Praktiken werden eher im öffentlichen Kreis ausgelebt. Dies ist aber mitunter wohl auch dem Umstand geschuldet, dass es sich hier mehrheitlich um Spielkreise handelt, das heißt, viele Dominante ersteigern sich zusammen mehrere Submissive, und dass die öffentlichen Spielorte flächenmäßig meist größer sind als die privateren Rückzugsmöglichkeiten.

Kurzes Resümee

Auch in diesem Interview lassen sich die ersten Schritte in die BDSM-Szene deutlich nachzeichnen. Zu Beginn stehen erste Fantasien. Das Thema wird zunächst über das Internet erschlossen. Eine konkrete und reale Kontaktaufnahme geschieht dabei über die Stammtische, die ebenso wie die einschlägigen Internetforen somit primäre Integrationspunkte für die Szene darstellen.

Die ausgelebten Rollen und Vorlieben können sich im Zeitverlauf durchaus verändern. Sie sind nicht in Stein gemeißelt, sondern letztlich abhängig von den Erfahrungen, die man macht und von der Bereitschaft, weitere Erfahrungen in seine bisherige Sexualität zu integrieren.

Die Organisator*innen BENIKE und CAJA praktizieren in ihrer privaten Partnerschaft kein BDSM. Ihre Vorlieben leben sie entweder mit anderen oder gemeinsam mit Dritten aus. Sie begründen dies unter anderem einerseits mit dem dadurch entstehenden Rollenkonflikt und andererseits damit, dass BDSM in diesem Falle nicht mit Personen ausgelebt wird, zu denen sie sich emotional stark hingezogen fühlen.

Beim Event selbst wird die SSC-Regel als Metakonsens vorausgesetzt. Daneben gibt es aber noch andere Kontrollformen von BDSM, vor allem RACK und DEBRIS, die jedoch in der Szene – unter diesen Begriffen zumindest – weniger geläufig sind. Das CFNM-Event setzt Erfahrungen mit BDSM voraus. Die Übernahme der möglichen Rollen geschieht dabei zwar nach persönlicher Neigung, die Eventstruktur erlaubt jedoch nur eine spezifische Rollenkonstellation.

Aktive Frauen sind – im Vergleich zur Trierer Studie (vgl. Wetzstein et al., 1993) – mittlerweile häufiger vertreten. Das liegt vor allem daran, dass sich die BDSM-Szene in diese Richtung weiter ausdifferenzieren konnte, dass es quantitativ gesehen also Sinn macht, eigene Events für aktive Frauen und passive Männer zu veranstalten und dass man sich womöglich generell mit dem Thema Sexualität öffentlich und auch privat mehr oder anders auseinandersetzt.

Reibungspunkte ergeben sich insbesondere zwischen den Spielenden oder vielmehr in der Auseinandersetzung mit unterschiedlichen Verständnissen davon, was BDSM ist und was BDSM nicht oder nicht mehr ist. Oft sind diese Auseinandersetzungen mit einem *Herausfallen* aus der Rolle verbunden.

Obwohl BENIKE und CAJA privat ihre Vorlieben für bestimmte Praktiken (Cutten, Piercen, Branding, Nadelspiele) äußern, sind diese bei dem Event aufgrund der topologischen Rahmung nicht realisierbar. Sie werden außerdem szene-intern des Öfteren als No-Go-Praktiken bezeichnet, ebenso wie die zuvor beschriebenen Ekel-Praktiken (NS und KV). Diese Praktiken können als abweichend von der Szenenorm betrachtet und somit also als meta-deviant bezeichnet werden. Sie bilden damit eine weitere Grenzzone zwischen dem, was BDSM ist und dem, was es nicht mehr ist oder sein soll.

Das SM-Paradoxon – also die scheinbare Umkehr der eingenommenen Rollen im BDSM-Kontext – wird vor allem an den geschlechtlichen Rollen- und Sexualitätszuschreibungen außerhalb der Szene und innerhalb des Events deutlich. Hier ergeben sich durchaus Konflikt- und Diskussionspotenziale. Die Normen und Zuschreibungen innerhalb der BDSM-Szene stehen somit im unmittelbaren Zusammenhang mit denjenigen außerhalb der Szene. Sie wirken aufeinander ein und konstituieren sich mitunter gegenseitig.

Die Konfliktlinien *Alt versus Jung* und *Alt versus Neu* bzw. *Etabliert versus Neuling* werden eher für die Stammtischsituationen genannt und dabei als generelles und nicht als szene-internes Problem ausgewiesen. Beim Event selbst oder in den Beobachtungsprotokollen können hierzu nur marginale Beobachtungen gemacht werden.

Auch beim CFNM-Event wird Bezug auf die Swinger-Szene genommen. Hierbei wird betont, dass der Eintrittspreis keine Spielgarantie darstellt. Die Passiven stehen nicht unter dem sozialen Zwang spielen zu müssen, ebenso wenig die dominanten Personen.

Hinsichtlich der zeitlichen Veränderungen wird deutlich, dass sich die Szene – modisch und bezüglich der Praktiken und Techniken – im Wandel befindet. Waren womöglich vor zwei Dekaden noch Lederkleidung und Lederpeitschen vorherrschend, so sind heute eher Korsagen und elektronisch unterstützte Spielzeuge im Kommen. Die Strömungen und Einflüsse, durch welche die Szene geprägt wird, sind also kulturell und zeitlich bedingt.

Spank-Party**

Das Interview wird mit den beiden Veranstaltern DANTE und ELOS gemeinsam bei ihnen zu Hause geführt. Sie leben seit über fünf Jahren in einer gemeinsamen Partnerschaft. Da beide die Party zusammen organisieren, sind keine Probleme durch die Anwesenheit Dritter anzunehmen.

Entdeckung der Vorlieben, erste Erfahrungen

DANTE hat seine persönliche Sexualität und die Vorliebe für BDSM ziemlich spät und erst in Verbindung mit der Reflexion seiner Homosexualität kennengelernt. Mit 30 Jahren findet sein Outing statt, davor war er mit einer Frau verheiratet. Die Vertiefung oder Intensivierung der Vorlieben zu BDSM-Elementen steht dabei in Verbindung mit der Organisation der eigenen Party:

DANTE: »Und wie gesagt, bin ich dann so in diese BDSM-Schiene, in diesen Fetisch Spanking reingekommen und im Laufe der Jahre, sagen wir mal

15 Jahre und fünf Jahre, wo wir jetzt zusammen sind. [...] Und wie gesagt haben wir dann die Spank-Party gegründet und die Partys gemacht und ja seit fünf Jahren gibt's das und ich bin dann persönlich immer mehr, immer intensiver mit reingerutscht um dann eben auch andere Sexualpraktiken auszuprobieren als Spanking, also auch richtig mit BDSM, mit (.) eigentlich hab ich so ziemlich fast alles probiert, außer jetzt intensive Nadelspiele, wo halt (.) ja, Extremnadelspiele, das hab ich bis jetzt nicht ausprobiert, und fühl jetzt auch nicht irgendwie, dass ich das jetzt mal machen müsste ›ähh‹ ist noch gerade so, wo ich dann sage: ›Nee, hier ist die Grenze.‹.«

Eine eigene Verortung ist für DANTE schwierig. Sein Partner ELOS würde ihn eher auf der devoten Seite einordnen. Dennoch gibt es keine Seite oder Vorliebe, die von ihm ausschließlich ausgelebt wird. Beide Partner switchen zudem. DANTE lebt seine passive Seite dabei mit einem anderen Partner aus. Er unterteilt seine Vorlieben so:

DANTE: »Ja, das ist dann meine devote Seite, also es gibt für mich wirklich solche Dinge, wo ich weiß (.) ich leb mit dem meine devote Seite, weil ich dann richtig sage: ›Okay, dann brauch ich mich auch auf nichts anderes einzustellen.‹ Die Switcherseite ist dann so, ich hab für jeden irgendwie irgendjemanden (.) den DOMUS [dominante Person, mit der DANTE seine devote Neigung auslebt], den ich jetzt hab, da kann ich wirklich sagen: ›Okay, da brauch ich mich auf nix anderes einzulassen. Der weiß, was ich will, wie ich es will.‹ Und da muss ich mir auch keine Sorgen machen, dass der danach kommt und sagt: ›Ja, jetzt komm ich mal dran.‹ (I: okay, ja). Ich hab dann einen Freund, der ist dann auch aktiv und passiv, sag ich jetzt mal, so wie ich auch (.) ›ähh‹ da ist es für mich immer schwierig (.) da hat man in letzter Zeit auch überhaupt kein Treffen mehr mit ihm gemacht, weil da (.) kommt von seiner Seite her auch das Verlangen (.) passiv zu sein, wo ich hergehe und sage: ›Nö, da hab ich aber jetzt kein Bock drauf‹ weil, entweder bin ich jetzt aktiv oder passiv und beides ist für mich immer (I: schwierig), schwierig bei einer gewissen Spielart, sag ich jetzt mal. Und dann gibt es halt die aktive Seite, wo ich auch hab, wo ich auch gerne auslebe, aber da ist das Publikum immer jünger, sag ich jetzt mal (.) Also, ich kann mit einem Älteren jetzt nicht wirklich, weil (.) diese Art von Spiel, also jetzt auch mit DOMUS sind immer eine Form von Rollenspiele *(reden kurz über das Haustier)*, ja das sind immer so eine Art Rollen, immer ein Rollenspiel.«

Die Konflikte, die sich aus der eingenommenen Rolle beim Spanking und der Rolle in der Partnerschaft ergeben, können auch hier scheinbar durch das Ausleben der verschiedenen Rollen mit anderen Personen gelöst werden. Dabei sind – allgemein gesprochen – vor allem die Aspekte fremd und vertraut von Bedeutung, denn fremde, nicht vertraute Partner*innen haben den Vorteil, dass man mit ihnen auch neue Seiten von Sexualität ausprobieren kann, vertraute Partner*innen dagegen haben den Vorteil, einen sicheren Ablauf, ein sicheres Einlassen auf die Rolle besser gewährleisten zu können:

DANTE: »Das ist die Kunst bei dem Ganzen. Das ist, dass wie man auch vorher gesagt hat, bei den einen hat es gepasst, da trifft er sich gern immer wieder, und bei den anderen passt es nicht, die können dich einfach, glaub ich, in diese Rolle einfach (.) Du kommst einfach in die Rolle nicht rein als Passiver, sag ich jetzt mal.«

I: »Ja, wenn du dich in die Rolle fallen lassen kannst, dann auch.«

DANTE: »Du hast ein Partner gegenüber, der vielleicht neu ist oder fremdelt und dann hast du eine Vorstellung schon und so ein Dings und (.) wenn der das dann irgendwie bringt (.) der braucht nur einmal was falsch sagen, ne?!«

I: »Dann biste raus aus dem Spiel?«

DANTE: »Dann bist du aus dem Spiel und dann ist das Spiel auch eigentlich schon vorbei und (.)«

ELOS: »Ich tu mich eigentlich besonders schwer, mich fallen lassen zu können. Was auch ein bisschen ein Problem dann ein bisschen in der Partnerschaft ist, weil bei Fremden fällt es mir dann einfacher (I: kenn ich), ›äähh‹ ist ganz blöd eigentlich, aber ich glaube das geht nicht nur uns so, weiß es nicht.«

ELOS entdeckt seine Vorliebe für Spanking bereits recht früh mit ersten Fantasien. Eine Kontaktaufnahme für das reale Ausleben dieser Fantasien erfolgt auch hier über das Internet. Er hat sich nach ersten Kennenlernphasen schnell auf feste Partnerschaften geeinigt und begründet dies vor allem mit der Schwierigkeit, Personen zu finden, bei denen es einfach *passt*. Mit seinem ersten festen Partner hat er dann die erste Party organisiert. Bei der Selbstverortung erwähnt ELOS einen Test[135], der im Internet gratis durchgeführt werden kann, und der als Ergebnis eine prozentuale Verteilung von BDSM-Vorlieben ausgibt. Demnach gibt

135 Vgl. http://www.bdsm-test.com.

ELOS an, etwa zu 70 Prozent devot zu sein. Interessanterweise unterscheidet er selbst zwischen BDSM und der Praktik des Spankens:

ELOS (lacht): »Okay. Ja, weil in der (.) ich sag mal vorweg (.) in der sagen wir mal (.) ja richtigen BDSM-Szene kenn ich mich jetzt nicht so gut aus ›äähh‹ weil ich ja eigentlich nur Spanking mache (.) Ich meine, das ist ja auch eine Form von SM, aber das ist halt nicht so tief greifend wie das komplette (.) Master-Sklave oder so, ne?! Sag ich jetzt einfach mal.«

Den Umgang mit der eigenen Sexualität beschreiben beide generell als offen:

ELOS: »Also bei mir weiß es (.) ich sag mal, die Schwulen-Szene in STADT oder die, die mich kennen, da ich ja früher oft in die Szene gegangen bin, als es noch gab, bin ich eigentlich von Anfang an offen damit umgegangen (.) des weiß eigentlich jeder, der mich so kennt, weiß, dass ich auf Spanking stehe.«

I: »Die Eltern?«

ELOS: »Nee *(alle lachen)*, aber (.) die können sich das freilich denken. Die wissen auch, dass wir eine Party im ETABLISSEMENT machen (.) die kennen auch das ETABLISSEMENT, die waren da auch schon mehrmals drin, weil ich da mal ein Geburtstag gefeiert hab. äähh Die sind nicht dumm, die können sich das denken, aber über so was rede ich mit meinen Eltern nicht.«

DANTE: »Also, ich geh eigentlich sehr offen damit um, nach außen. Also, mein Chef weiß auch, dass wir im ETABLISSEMENT Party machen (.) er weiß jetzt nicht die Richtung (.) mein Arbeitskollege (ELOS: der weiß es eigentlich genau), der weiß es eigentlich ganz genau [...].«

ELOS: »Nee, wir gehen sehr offen damit um (DANTE: ja) außer ich jetzt bei meiner Verwandtschaft [...][136], das geht mir dann doch zu weit (.)«

I: »Weil man generell mit der Familie und Verwandtschaft nicht über Sex redet?«

ELOS: »Ja, genau. Kann man so sagen. Ja, das ist ...«

DANTE: »Ja, das ist (.) ich rede eigentlich auch mit meinen Eltern über so was.«

Es geht – wie bei den bereits beschriebenen Events erwähnt – letztlich darum, wie offen man mit seiner persönlichen Sexualität generell umgeht. Offenheit und das Eingestehen der einzelnen Vorlieben hängt letztlich vom Grad der Detailge-

136 Unverständliche Textpassage.

nauigkeit ab. Das heißt, wenn man sich über die einen Vorlieben äußert, wird man sich auch über die anderen Vorlieben äußern. Ist das Kommunizieren der persönlichen Sexualität generell problematisch oder zu intim, erübrigt sich auch das Sprechen über die Details. Bezüglich der eigenen Verortung in der Szene unterteilen beide in BDSM- und Schwulen-Szene:

I: »Und so vom Freundeskreis her? Also, seid ihr (.) Szenemitglieder? Kann man das so sagen? Würdet ihr euch eigentlich zur Szene dazugehörig ...?«

ELOS: »Müssen wir ja eigentlich, wenn wir eine Party veranstalten, sind wir eigentlich automatisch in der Szene, weil ja die Szene immer zu uns kommt. Und wir sind ja integriert, und es ist jetzt aber nicht so, dass wir jetzt in andere Clubs gehen, privat(.) war auch mal, aber ist auch schon lang nicht mehr.«

I: »Der Freundeskreis, wie (.) sind da viele Szenegänger?«

DANTE: »Blätter, blätter *(geht im Kopf seinen Freundeskreis durch).*«

I: »Oder gemischt, oder?«

ELOS: »Sagen wir mal so (.) jein. Eigentlich nur die Freunde, die jetzt weiter weg wohnen, also jetzt hier in der Umgebung (...) ja, reine Schwulenszene klar, aber jetzt BDSM-mäßig fällt mir jetzt eigentlich keiner ein.«

I: »Also heißt jetzt *reine Schwulenszene* also auch schwule Freunde oder was meinst du jetzt damit?«

DANTE: »Jaja, wir haben in STADT schon ...«

ELOS: »Also, die reinen schwulen Freunde, die gehen halt in die Schwulen-Szene aber nicht in die BDSM-Szene, also ganz normal auf Partys oder so (ELOS: Discos und Kneipe oder so) aber jetzt hier in der Umgebung kenn ich jetzt keinen Freund, der hier wirklich (I: mit spanken) unterwegs ist. (...) Bekannte ja, aber Freunde jetzt nicht.«

DANTE: »Also, wir haben auf unserer Spank-Party sehr sehr wenig Leute von hier (I: echt?). Ja (.)«

Die SSC-Regel ist DANTE und ELOS unter dieser Bezeichnung letztlich kein Begriff. Dennoch wird im Laufe der Diskussion – vor allem wenn es um die eigenen Eventregeln geht – deutlich, dass auch hier die SSC-Regel als Metakonsens vorausgesetzt wird. Bei ihren privaten Spielen wird – wenn überhaupt – ein Safeword benutzt. Ihre ersten privaten Erfahrungen mit BDSM machten sie allerdings ohne die Verwendung der SSC-Regel, des Ampelcodes oder des Safewords als Sicherheitsmaßnahme. Im privaten Bereich könnte man bei ihnen also eher – wenn man so will – von RACK sprechen:

ELOS: »Safeword kennengelernt hab ich dann denk ich mal durch (.) ja, meinen ersten Spielpartner dann. [...] wobei ich das da auch nie gebraucht hab, weil er von Anfang an gesteigert hat, sag ich mal. Also er konnte sehr gut auf den anderen sich einlassen und drauf eingehen [...], also, solche gibt's ja auch (I: ja), die das sehr gut merken, was der andere braucht und was nicht geht. Und Regeln so an sich, ja eigentlich seit wir die Party machen, hab ich mich damit ein bisschen befasst (.) aber, ja wie man jetzt schon bemerkt, nicht so tiefgründig [...]. Du hattest doch mal was Interessantes mit [andere Person] gemacht. Wenn er Stopp sagt, kriegt er noch sechs und kann dann entscheiden, ob er weitermacht. Und wenn er aber dann das Codewort sagt, hörst du gleich auf (//mhm//) (DANTE: jaja). Das war dann auch so mal so eine Art Spiel, und da hat er zwar öfter mal *stopp* gesagt, aber wollte dann trotzdem wieder weitermachen.«

DANTE: »Jaja, weil stopp ist (ELOS: [...][137] komplett abbrechen) das stopp ist immer meistens [...] ich erklär das den Leuten immer so, das *stopp* ist ja grad nur das für ihn im Moment ist es zu viel, wo ich dann sag ›Okay, stopp ist jetzt (.) mach mal langsam‹, dieses gelb.«

ELOS: »Das wäre so nach Ampel [...][138] eigentlich.«

Die Eventregeln

DANTE und ELOS haben die Regeln für die eigene Party vollständig von einem ähnlichen Event in einer anderen Region Deutschlands übernommen. Die Regeln sind dabei vor allem organisatorischer Natur, das heißt, es sind Vorschriften zum Verhalten in den Räumen oder zur Hygiene.

An der Party nehmen zwischen 20 und 40 Gäste teil. Auf meine Nachfrage, warum es denn nicht mehr seien, antworten die Organisatoren:

DANTE: »Ja, das ist halt, dass Spanking halt doch eine Nische ist und die doch von sehr sehr weit herkommen.«

ELOS: »Sagen wir mal so, es gibt, wenn ich jetzt in FORUM guck, auch hier in der Umgebung allein schon hundert, die drauf stehen.«

I: »Aber die stehen halt privat [...].«

ELOS: »Ja (//mhm//), die kommen nicht zur Party.«

---

137 Unverständliche Textpassage.

138 Unverständliche Textpassage.

DANTE: »Es ist auch so, dass sich vieles in jeder Hinsicht ins Private verlagert hat (ELOS: ja), dass sich viele eben sagen: ›Also, ich mach mit drei, vier zu Hause eine Session, bevor ich dann da hingeh und 50 Euro zahle und weiß nicht, was und wen und wo, und alles andere kann ich zu Hause auch machen.‹.«

Um Regelverletzungen vorzubeugen wird zu Beginn der Party explizit auf die Möglichkeit hingewiesen, einfach die Organisatoren aufzusuchen und das Problem zu erklären. Dies wird – wohl aus Angst, als Petze zu gelten – nur selten genutzt. Gleichzeitig werden von den Organisatoren Kontrollgänge unternommen, um nach dem Rechten zu sehen und um den Überblick zu behalten etc.

Die Hygieneregeln und den Geschlechtsverkehr betreffend steht auch hier der Geschlechtsverkehr – also die Penetration – nicht im Vordergrund des Events. Geschlechtsverkehr kommt zwar vor, wird aber nicht besonders beachtet. Die Hygieneregeln zum Thema Geschlechtsverkehr werden dennoch angesprochen:

DANTE: »Ja, das ist das, was wir sagen und was die Leute draus machen. Wir sagen halt immer, Kondome sind keine Dekoration jetzt hier im ETABLISSEMENT.«

ELOS: »Würde ich jetzt jemand sehen, der es ohne macht, würde ich mich jetzt auch nicht einmischen. Das muss jeder selber wissen (DANTE: Kann ich nicht ändern) Hinweisen find ich wichtig (.) und Prävention.«

DANTE: »Also, wir haben von der STÄDTISCHEN Aids-Hilfe schon ein Lob bekommen, die waren auch mal da […]. Und die haben gesagt: ›Sehr vorbildlich. Überall sind Zewa, Kondome, Abfalleimer.‹ Das ist uns auch immer ganz wichtig, da wird wirklich drauf geschaut. Wenn mal nix da ist, dann wird es gekauft von uns dann auch, privat sag ich jetzt mal.«

Der Alkoholkonsum hält sich wie bei den bereits beschriebenen Events in Grenzen. Alkoholisierung steht nicht im Mittelpunkt der Veranstaltung. Es geht vor allem darum, wach und fit zu bleiben. DANTE und ELOS erinnern sich an keine Situation, in der jemand so alkoholisiert war, dass sie eingreifen mussten.

Probleme mit den Eventregeln

Auch bei dieser Party werden vor allem Regelverletzungen angesprochen, die den Umgang mit anderen Teilnehmer*innen betreffen. DANTE und ELOS beschreiben Beispiele von Spielenden, die sich in andere Sessions einmischen oder eben diese ungefragt kommentieren. Diese Vorfälle werden den Organisatoren häufig erst im Nachhinein gemeldet, wenn keine Handlungsmöglichkeit ihrerseits mehr besteht. Sie nennen dafür folgendes Beispiel, bei dem sie tatsächlich einschreiten mussten:

ELOS: »Da war mal 'n Hetero, wir haben einen Stammgast, einen Hetero, und den hat das dann (DANTE: den hat's gestört), den hat jetzt nicht unbedingt das Wichsen gestört, sondern weil er es halt fast neben ihm gemacht hat. Und der hat Zeichen gemacht, er soll weggehen, und er kam halt immer wieder, bis er ausgepackt hat.«

DANTE: »Der ist halt dann zu uns gekommen und hat gesagt: ›Also, der und der hat das (.), das stört mich‹.«

DANTE: »Ja, und das haben wir dem gesagt und (.)«

ELOS: »Seitdem ist es nicht mehr (DANTE: ja).«

I: »Nimmt er Abstand seitdem?«

ELOS: »Ich hab einmal gesagt, das kann er ja machen aber bitte nicht so, dass es der andere gleich sieht, weiter weg, was weiß ich, aber nicht direkt neben, jetzt mal ...«

DANTE: »Oder, er soll mit ihm reden und fragen: ›Stört es dich, wenn ich da bin und da mit mir rumspiele?‹ Und seitdem macht er es auch nicht mehr. Seitdem ist er eigentlich ein umgänglicher Gast geworden, muss ich jetzt ganz klar sagen.«

Die Organisator*innen berichten außerdem von einem Vorfall, bei dem im Rahmen der Party von einem Gast sexuelle Dienstleistungen gegen Geld angeboten wurden – also Prostitution. Sie schildern hierzu folgende Situation:

DANTE: »Da, wo wir wirklich ganz böse reagiert haben, das weiß ich ganz genau (.) und auch wirklich gleich gehandelt haben, war wie der eine gesagt hat: ›Du willst es mit mir machen, dann gib mir 'nen 50er.‹ (ELOS: Ja.) Den haben wir dann rausgeschmissen.«

ELOS: »Naja, rausgeschmissen nicht. Pass auf, das war anders (.) ›äähh‹ da kam ein Gast zu mir, also das war nicht ein Stammgast aber der war schon öfters da, und der hat gesagt ›äähh‹: ›Ich könnte jetzt mit dem da was machen, aber (.)‹ ›äähh‹ ›der will irgendwie Geld.‹ Da bin ich klar ausgeflippt: ›Wie, der will Geld?‹ Da bin ich nach hinten, und dann hat er das erst mal abgestritten, und dann hab ich gesagt (.) ich hab ihn nicht gleich rausgeschmissen (.) ich habe dann gesagt: ›Wenn ich das jetzt noch einmal hör oder so, dann hast du Hausverbot, aber für immer.‹ Und der ist dann freiwillig gegangen, aber das geht gar nicht.«

I: »Ja, aber (.)«

ELOS: »Das Problem war, der Gast hätte ihm sogar Geld gegeben, aber selbst das will ich nicht.«

I: »Ja, war das ein Professioneller, oder?!«

ELOS: »Ja, anscheinend. Anscheinend war das ein Callboy oder so, keine Ahnung. ›äähh‹ Und wie gesagt, der Gast wollte ihm sogar Geld gegeben, ich weiß auch nicht, warum er mir das überhaupt gesagt hat. Da hab ich auch gesagt: ›Das möchte ich hier nicht. Wenn du das machen willst, dann geh. Dann kannst du ihm Geld geben, dann geh in ein Hotel, dann kannst du das machen, aber nicht hier. Ich will nicht, dass hier irgendwie untereinander bezahlt wird für irgendwas.‹.«

DANTE: »Weil das auch auf die Party zurückgeht (ELOS: ja), wenn jetzt dann der Falsche […][139] und sagt: ›Ey, jetzt hab ich schon 50 Euro gezahlt, jetzt soll ich noch für den noch was zahlen.‹.«

ELOS: »Oder er braucht ja nur erzählen: ›Ja, die Party war geil und da hatte ich 'n jungen Typen, den hatte ich zwar bezahlen müssen.‹ Der kann das jetzt ja gutheißen, aber wenn das jemand anders hört und das geht dann rum (.) das kann schnell gehen so was (.) dann heißt es, ja (.)«

I: »Dann heißt es auch Spielgarantie (.) anscheinend nur für Geld.«

No-Go-Praktiken

Die No-Go-Praktiken, die von DANTE und ELOS erwähnt werden, sind die gleichen wie bei den bereits beschriebenen Events. Der Grund dafür sind auch hier die räumlichen Gegebenheiten, die Praktiken mit Körperausscheidungen (ausgenommen Sperma, Schweiß und Blut) und Praktiken, die nahezu sterile Bedingungen erfordern, von a priori ausschließen. Demnach werden Praktiken mit Kot und Urin sowie Nadelspielchen als No-Go-Praktiken genannt. Praktiken, die unter die Kategorie *Klinik*[140] fallen, kamen bei diesem Event noch nie vor und können daher nicht von vornherein ausgeschlossen werden.

139 Unverständliche Textpassage.

140 Unter Klinik-Praktiken sind medizinische Maßnahmen (z. B. Katheterisierungen, Einführen von Kanülen oder Spritzen etc.) zu verstehen, die höchste Sterilität und Fachkenntnis verlangen.

Konfliktlinien

Rollenkonflikte

Im Unterschied zu den bereits untersuchten Events sind bei der Spank-Party keine Frauen erlaubt. Dadurch kann sich auch kein geschlechtsspezifischer Rollenkonflikt ergeben, wie beispielsweise beim CFNM-Event. Ein Konflikt zwischen aktiver und passiver Rolle kann nicht festgestellt werden.

Homo- versus Heterosexualität

Wie bereits erwähnt, nimmt das Thema der sexuellen Orientierung bei diesem Event keinen besonderen Stellenwert ein. Die Party ist jedoch nur an Männer gerichtet. Auf meine Nachfrage, ob es auch Ausnahmen gab, an denen Frauen zum Event zugelassen waren, schildern DANTE und ELOS zwei Vorfälle. Im ersten Beispiel wurden die beteiligten Personen umgehend wieder nach Hause geschickt, weil in jeder Werbung für die Party ausdrücklich vermerkt war, dass nur Männer zugelassen sind. Im zweiten Beispiel wurde eine Frau nur versehentlich hereingelassen. Die Organisatoren beschreiben diese Situation so:

DANTE: »Und man muss, jetzt muss ich aber auch dazusagen, wir hatten einmal (…) einen Arbeitskollege von mir da, da hab ich noch woanders gearbeitet, der ist mit 'ner Frau gekommen.«

ELOS: »Den haben wir auch noch reingelassen.«

DANTE: »Ja, das wussten wir ja nicht. Der hat halt geklingelt und dann drücken wir und dann stehen halt dann ein Mann und eine Frau vor der Tür und dann hast du von Sekunden gesehen, war die Theke leer. Die war wirklich leer, die sind alle verschwunden. Da standen ich, das Pärchen und ELOS halt dann vor der Theke. Ab und zu hat dann mal einer vorgespitzt, hat dann sein Bier getrunken, ist dann wieder nach hinten …«

ELOS: »Ich weiß nicht, ob die Angst haben dann, das kann ich dir nicht sagen.«

DANTE: »Also, das war dann wie so in einem Western, wo dann so der Strohballen vorbeirollt, ne?!« *(alle lachen)*

Warum nur Männer? Eine Erklärung auf mein persönliches Unverständnis für diese Restriktion wird zunächst folgendermaßen begründet:

ELOS: »Nee, weil Men only ist deswegen entstanden von Anfang an, ja weil ich ja selber nur mit Männern gespankt hab und es mir mit einer Frau überhaupt nicht vorstellen konnte bzw. weil ich ja schwul war, sag ich mal. Deswegen hab ich die Party von vornherein *Men only* gemacht. Und dann war es natürlich auch – naja, es ist jetzt ein blödes Argument aber so hab ich trotzdem gedacht – leichter zu bewerben. Weil, ich hätte die SZ, kannte ich damals nicht. Ich hätte überhaupt nicht gewusst, wo bewerbe ich im Hetero-Bereich diese Party?«

Bei weiteren Nachfragen zu dieser Thematik stellt sich heraus, dass die sexuelle Ausrichtung im Prinzip nicht das ausschlaggebende Merkmal für die geschlechtliche Begrenzung der Party ist – es geht vielmehr darum, dass generell keine weiblichen Körper zugelassen sind:

I: »[...] Dieses *Men only*, weil, mich kotzt es ja auch an, dass ich da nicht arbeiten darf, so in der Richtung, ne?! So ist es ja nicht, aber kann (.) möchte man lieber unter sich bleiben oder gibt es so eine strikte Trennung wirklich zwischen (.) also hat das wirklich was mit einer strikten Trennung zwischen Hetero- und homosexuell zu tun?«

ELOS: »Nee, nee, nee. Nicht hetero- und homosexuell, einfach zwischen männlich und weiblich. Wir haben ja auch heterosexuelle Gäste, die aber beim Spanking (.) die sind zum Beispiel verheiratet mit ner Frau, aber Spanking möchten sie nur mit Männern machen, ›äähh‹ das ist ja am Spanking jetzt nicht unüblich, sag ich mal.«

I: »Was?«

ELOS: »[...] Dass Heteros zum Beispiel trotzdem nur mit Männern spanken (.) oder umgekehrt (.) naja, umgekehrt weniger. Eigentlich, also was ich so beobachte und sehe, dass (.) ja (.) Verheiratete gern mit Männern spanken, warum das auch immer so ist. [...] Überhaupt diese Trennung: [...] Mann haut Frau, [...] Frau haut Mann, Mann haut Mann, Frau haut Frau. Das ist ja bis heute im Internet, wenn man im Bereich Spanking ist, getrennt, was jetzt Geschichten oder Bilder oder irgendwas betrifft. Von vornherein sagst du: ›Ich will nur Mann-Mann 'ne Geschichte oder Bild und genauso ist es mit Frau-Mann, Mann-Frau und so. Das ist irgendwo (.) ja fest verankert, ne?! Hab ich so das Gefühl ...«

DANTE und ELOS berichten von einem von ihnen organisierten Event, das sich an beide Geschlechter richtete. Dieses gemischte Event folgte ihrer Einschätzung nach einer ganz anderen Ordnung, als sie es bei der hier beschriebenen Spank-Party erlebt und strukturiert haben. Die folgende Situation soll diesen Umstand verdeutlichen:

ELOS: »Ja. Also, wir hatten schon mal eine Party, 'ne gemischte [...] zweimal haben wir das gemacht. Jaaa, hätte man schon aufbauen können, aber wir kamen mit dem Publikum nicht so zurecht. Das war eine ganz andere Welt, von den Gästen, die kamen. Die waren jetzt nicht irgendwie, wie soll man sagen, unsympathisch oder so, aber es war (...) ein anderes Publikum einfach, damit muss man klarkommen irgendwie, oder (.) Das waren halt wirklich so Pärchen und Grüppchen. Ins Gespräch gekommen bist du dann gar nicht. Teilweise habe ich mich dann irgendwie auch blöd gefühlt (DANTE: ja), irgendwie so als Veranstalter irgendwie so überhaupt nicht wahrgenommen ›äähh‹ (...) ja ›pfff‹, wie soll man das beschreiben?«

DANTE: »Ich mein, wir machen die verrücktesten Spiele, aber dafür lieben die Leute unsere Party.«

ELOS: »Ja, solche Spiele machen wir dann und das kam halt dann nicht so gut an bei den Heteros [...]. Solche Spiele machen wir, um ein bisschen Stimmung zu bringen und [...].«

I: »Um aber auch zu vermischen halt, ne?!«

DANTE: »Zu vermischen, ja.«

ELOS: »Auch zu vermischen, ja.«

I: »Und also, sprechen wir hier zum Beispiel von heterosexuellen Pärchen, die das dann komisch fanden, oder (.)?«

ELOS: »Ja, so diese GEMISCHTE SPANK-PARTY.«

DANTE: »Ja, das waren überwiegend Mann-Frau. Also, es war so komisch, es sind immer so ...«

ELOS: »Da waren auch ganz viele Pärchen, schon mal [...].«

DANTE: »Ja. Also, du kommst mit denen eigentlich überhaupt nicht ...«

ELOS: »Wir sind nicht warm geworden.«

DANTE: »Du kommst nicht ins Gespräch mit denen [...].«

I: »Die möchten eher unter sich bleiben?«

ELOS: »Ja. Die waren in ihrer eigenen Welt, aber (.)«

I: »Als Pärchenspieler?«

ELOS: »Genau, ja.«

Allem Anschein nach fand unter heterosexuellen Personen eher eine Grüppchen- oder Pärchenbildung statt als bei den anwesenden homosexuellen Gästen.

Dies mag dem Umstand geschuldet sein, dass sich heterosexuelle Personen eventuell zunächst in ihrer persönlichen Sexualität noch näher an einer monogamen, auf Zweierbeziehung, Ehe und Familie ausgerichteten Leitkultur (Heteronormativität) orientieren, als beispielsweise Homosexuelle, die bei einer ersten Reflexion ihrer persönlichen Sexualität bereits davon – gesetzlich – ausgeschlossen waren und teilweise noch sind. Die Struktur der Party reproduzierte gewissermaßen die Struktur der persönlichen Beziehungsstrukturen der Gäste. Ein Event, dass eher auf eine homosexuelle Klientel ausgerichtet ist, scheint dabei zunächst strukturell offener, was die Spielkonstellationen betrifft. Diese ergeben sich womöglich auch erst im Verlauf der Party, wobei – wie aus den bereits beschriebenen Events ersichtlich wird – Heterosexuelle die Partys bereits in gesetzten Paar- oder Gruppenkonstellationen aufsuchen. Ob dieses Phänomen mit der gesetzlichen Bemühung um die Gleichstellung von Homo- und Heterosexualität abnimmt, lässt sich anhand dieser Datenlage jedoch nicht sagen.

Mit Bi- und Transsexualität werden bei der hier untersuchten Spank-Party zwar wenig Erfahrungen, aber keine Probleme geschildert. Die Organisatoren berichten lediglich von einer Anfrage in dieser Richtung:

I: »Wie sieht's mit Bi- und Transsexualität aus?«

ELOS: »Auch sehr interessant. Wir hatten – das ist jetzt zwei Jahre her – da hatten wir eine Anfrage von einem Transvestiten, ›äähh‹ ob er denn erwünscht wäre, was unsere Gäste denken. Da hab ich gesagt: ›Na, ich hab persönlich dagegen überhaupt nichts. Weißt du was, wir machen mal eine Umfrage.‹ Ich glaub 95 Prozent haben gesagt: ›Überhaupt kein Problem‹ und fünf Prozent haben gesagt, das ist denen egal oder so, aber ich (.) kein Einziger hat nein gesagt [...]. Der NAME ist so (.) ja, Damenwäscheträger sag ich mal, ne?! Der schminkt sich dann auch richtig. Und zieht sich Stöckelschuhe an und so, ›äähh‹ das finden unsere Gäste eigentlich cool, also gibt's eigentlich auch überhaupt kein Problem.«

Alt versus Jung – Alt versus Neu

In diesem Interview wird von DANTE und ELOS vor allem das Thema *Alter* angesprochen, das besonders die Schwulen-Szene betreffe. Sie beschreiben dabei das Problem, jüngere Personen als Eventklientel zu akquirieren. Dieses Phänomen sei generell bei Events zu beobachten, welche die Schnittstelle von BDSM und Homosexualität bilden:

DANTE: »[…] Der dritte Punkt: Alt oder Jung, ja, weil Jüngere ist ja eh schwierig zur Party zu bekommen.«

I: »Warum?«

ELOS: »Weiß ich nicht, die haben da irgendwie (.) keine Ahnung. Entweder haben die mehr Angst oder machen das wirklich zu Hause (.) ›pfff‹ Die Älteren, die kommen, die kennen eben viele Partys noch von früher, da gab's auch viel mehr.«

DANTE: »Wo die Szene halt noch (.)«

ELOS: »Ich weiß noch in Holland war die größte Spanking-Party Europas, ›äähh‹ ich hab es nicht mehr mitbekommen, aber jeden, den ich kenn, war schon dort und die schwärmen alle davon (.)«

I: »Und die gibt's jetzt nicht mehr?«

ELOS: »Nee, oder ist extrem klein geworden. ›äähh‹ Ja. Und die Neueren, ›äähh‹ die Neueren sag ich, die Jüngeren […], es ist so die Frage, ob das Ganze nicht eher so (.) Meine Frage ist wirklich, ob das nicht überhaupt irgendwann ausstirbt. Ich weiß nicht, ob es in 20 Jahren die SPANK-PARTY überhaupt noch geben kann, weil vielleicht kommt keiner mehr (.)«

DANTE und ELOS berichten in diesem Zusammenhang von einer anderen Spank-Party, die extreme Schwierigkeiten zu haben scheint, jüngere Gäste anzulocken. Das Problem sei dabei einerseits der scheinbar schwindende Nachwuchs und andererseits der Umstand, dass Jüngere sofort die Aufmerksamkeit der Älteren auf sich ziehen, wenn sie denn einmal ein solches Event aufsuchen:

DANTE: »Also, wo halt bei ANDERE SPANK-PARTY geschimpft wird, dass nur noch die alten Säcke drin hocken (.)«

I: »Von welchen alten Säcken reden wir jetzt? Also, welches Alter?«

DANTE: »Von 50 aufwärts bei dieser ANDEREN SPANK-PARTY, das ist, was der NAME auch sagt.«

ELOS: »Ich wollte gerade sagen, dass ist bei den NAME seit Jahren auch so. Eigentlich sind wir, kann man mal sagen – rein Männer die beste gemischteste Party Deutschlands.«

I: »Was sind die NAME oder wie?«

ELOS: »Das ist ein Verein, den gibt's bestimmt schon seit 20, 30 Jahren in GROSSSTADT. (//mhm//) Das ist auch ein Spanking-Club, aber die haben eine feste Bar (.) das ist ein Verein.«

I: »Und bei denen ist das auch ›äähh‹ jetzt älter geworden, also (.) das Publikum wächst mit?«

ELOS: »Ja, kann man sagen, und deswegen hab ich ja gemeint, keine Ahnung, ob es in zehn Jahren noch die Spank-Party gibt, weil ich seh keinen Nachwuchs, also keinen in der Szene. FORUM oder Kontaktanzeigen ›oooh‹, ganz viele. Aber du kriegst die nicht – aus welchem Grund auch immer – oder schwer eben zur Party bewegt.«

Nach diesen Beispielen kann für die Spank-Party Folgendes konstatiert werden: Die Anzahl der Eventbesucher in der Schwulen-Szene nimmt ab. Zwar sind viele Praktizierende im Internet und den einschlägigen Foren zu finden, aber sie suchen eher Kontakte für den privaten Bereich. Der genannte Verein sowie die erwähnte andere Spank-Party scheinen daher Schwierigkeiten mit dem Nachwuchs zu haben. Die Realisierung der beschriebenen Praktiken verlagert sich also weg vom halb-öffentlichen Event und hinein ins Private. Erste Kontaktaufnahmen finden daher nicht mehr körperlich bei den realen Events statt, sondern zuerst im virtuellen Raum. Das Event dient womöglich nur noch zur Bereitstellung der Instrumente und Räumlichkeiten, wenn diese privat nicht vorhanden sind.

In Bezug auf das Alter der Gäste berichten DANTE und ELOS von der scheinbar üblichen Praxis in einschlägigen Foren, eine Altersgrenze zu setzen, nach deren Überschreitung man neue Partner nicht mehr kennenlernen möchte:

I: »Ja, also wie heißt der Film: *Nicht der Homosexuelle ist pervers, sondern die Situation, in der er lebt* oder so? Kennt Ihr den Film?«

DANTE: »Hab ich glaub ich schon mal gehört aber (.) kenn ich nicht.«

I: »Also, das ist genau das. Da wird halt dieses Alter, das Thema Alter und Jugend thematisiert, dass du ab 35 sozusagen, da guckt dich keine Sau mehr an.«

DANTE und ELOS: »Das geht schon vorher los.«

ELOS: »Ist schon bei 28 im Chat (DANTE: ja). Ich hab mal spaßeshalber mein Alter in 24 geändert, ich hatte dreimal so viel Besucher an dem Tag und Anfragen (.) ich brauch es halt nicht aber, das war interessant, ne?! Aber was ich noch sagen wollt, ich finde das so hohl, ne?! Ich meine, wenn jemand nur bis 30 sucht, ist ja ganz normal, gibt's ja gar nichts dagegen zu sagen, aber dann denjenigen von vornherein zu schreiben: ›Und mit älteren Säcken über 30 chatte ich gar nicht erst. Braucht gar nicht zu schreiben.‹ Es ist (.) das ist eigentlich das, was daran so gefährlich ist. Und das machen dann halt immer mehr nach (.) Das hast du in den letzten zwei, drei Jahren (.) ist das immer schlimmer geworden. Und die sind auch so blöd, weil die schaufeln sich ihr eigenes Grab (.) (I: ja) die werden ja auch mal alt (DANTE: ja). So! Und jetzt ahmt das jeder nach und die stehen vielleicht auch auf Jüngere (.) Ja, können sie mit keinem mehr chatten, weil sie das mitbewegt haben aber das kapieren sie nicht.«

Interessanterweise spielen Jüngere – wenn sie sich zu den Events trauen – oft nur mit Gleichaltrigen. Dazu muss gesagt werden, dass es natürlich auch Gäste gibt, bei denen das Alter mehr oder weniger im Hintergrund steht. Vielmehr zählen hier Sympathie und ob die jeweiligen Vorlieben zueinander passen:

ELOS: »Die Jüngeren, die nicht auf Ältere stehen, die kommen (.) eigentlich habe ich noch keinen gehabt, der alleine da war. Die kommen dann wirklich zu zweit oder zu dritt, und wissen das halt und spielen (.) alleine. Diejenigen, die mit ›äähh‹ und dann gibt's ja die, die stehen auf Jung *und* Alt, ja denen ist das Alter egal, die spielen halt, mit wem es denen gefällt. Und dann haben wir noch einen, der kommt ab und zu. Das ist natürlich immer geil, weil der unterhält alle Gäste. Der mag das dann, sich irgendwo aufhängen zu lassen und sich dann (.) ja, dass zehn Männer zugucken und ihn angrapschen. Das ist natürlich megageil, weil dann sind alle unterwegs und alle begeistert, ne?!«

DANTE: »Ich glaub, bei der Party kommt es überhaupt nicht so auf das Alter drauf an.«

ELOS: »Nee, das eigentlich nicht.«

DANTE: »Da ist, glaub ich, noch nie irgendwie: ›Och, wie alt bist du denn? Ach, du bist 31? Scheiße, ich hab geschrieben, nur bis 30.‹ Das gibt's da eigentlich bei der Party überhaupt nicht, da geht's eigentlich wirklich über den Kontakt. Also, reden miteinander: ›Was gefällt denn dir? Und was magst denn du? Und was willst du denn?‹.«

Konflikte zwischen bereits etablierten Gästen und Neulingen werden von DANTE und ELOS nicht genannt. Im Gegenteil schaffen die Stammtisch-Struktur und der familiäre Umgang untereinander eher eine einladende Atmosphäre für Neue. Dabei kommen Neulinge nur selten allein zum Event. Oft sind sie bereits in Begleitung von erfahreneren Spielern. Daher ist das Risiko, ungewollte Verletzungen zu provozieren, sehr gering:

ELOS: »Und da (.) vielleicht liegt es aber auch wirklich daran, weil (.) eigentlich, wenn wir wirklich einen da haben, der so weit, dass er spielt mit jemanden (.) dass wir es eigentlich noch nie hatten, dass der mit jemanden gespielt hat, der keine Ahnung hat, ne?! (DANTE: (//mhm//)) Irgendwann hat der eigentlich immer einen erfahrenen Partner dabei gehabt. Nicht, dass wir das immer gesteuert hätten oder so, aber da wir halt eben so viele Gäste haben (.) ich sag mal 70, 80 Prozent, man kann schon 80 Prozent sagen (.) sind halt aus der Spanking-Szene und die kennen sich aus, die machen das seit Jahren. (//mhm//) Deswegen gibt's glaub ich da auch keine Probleme mit Anfängern.«

Zeitliche Veränderungen

Schwindende Szene

Was die zeitlichen Veränderungen angeht, so sind bei dieser Spank-Party zwei Phänomene zu nennen. Das erste ist das scheinbare Schwinden der Schwulen-Szene. Die Organisatoren berichten von einigen öffentlichen Kneipen oder Clubs aus der regionalen Schwulen-Szene, die mittlerweile – aufgrund fehlender Gäste – schließen mussten:

DANTE: »Also wir kennen den, der den CLUB gehabt hat, den kennen wir auch privat sehr gut. [...] Ja, der hat den halt zugemacht, der hat halt gesagt: ›Samstagabend, wo die Leute weggehen, geh mal auf FORUM, da sind 200 Leute auf FORUM und suchen halt privat was, bevor die halt dann (.)‹ Und dann wenn, hat er gesagt, treffen sie sich in der Kneipe bei ihm (.) dann haben sie aber schon vorgeglüht und fahren dann halt irgendwie nach GROSSSTADT oder irgendwo in (.) und da hat er gesagt, davon kann er nicht mehr leben, ne?! Und deswegen halt auch das Ding zugemacht, ne?!«

Auch die steuerlichen Restriktionen – vor allem die Steuern auf *Darkrooms* oder Steuern für das Zeigen von Pornografie – tragen wesentlich für diese Entwicklung bei. Ob es sich tatsächlich um einen quantitativen Rückgang der Szenegänger oder der Homosexuellen generell handelt, ist dabei ungewiss. Vielmehr verlagern sich die Funktionen, die sonst die Schwulen-Szene erfüllte, ins Private. DANTE und ELOS berichten von vielen Bekannten, die sich selbst einen privaten *Playroom* eingerichtet haben, womit die Notwendigkeit, ein Event für das Ausleben der beschriebenen Praktiken aufzusuchen, nicht mehr gegeben ist. Dies zeigt sich vor allem darin, dass sich die Gäste der hier beschriebenen Spank-Party vor allem aus Etablierten und Stammkunden zusammensetzen. Es können nur wenig neue Gäste geworben oder akquiriert werden. Einen wesentlichen Grund für diese Veränderungen sehen die Organisatoren im Internet, das andere Möglichkeiten bietet, einen ersten Kontakt zu Gleichgesinnten herzustellen – ein reales Treffen ist dabei nicht mehr unbedingt der erste Schritt, sondern vielmehr Folge eines ersten virtuellen Kennenlernens. Damit ersetzt das Internet die Funktion von szenespezifischen Örtlichkeiten, die früher eventuell die einzige Möglichkeit waren, Gleichgesinnte oder Spielpartner kennenzulernen.

Von der Szene zur spezifischen Eventstruktur

Ein zweiter Trend betrifft die Ausdifferenzierung der Szene sowie der sexuellen Praktiken im Allgemeinen. Das gilt für die Schwulen-Szene und in ähnlichem Maße auch für die BDSM-Szene, was an folgender Diskussion anschaulich wird:

DANTE: »Also, wenn wir jetzt von unserer Fetisch-Party ausgehen (.) wir haben mal eine Fetisch-Party gemacht, ne?!«

I: »Was für ein Fetisch dann?«

DANTE: »Das ist nämlich das Problem.«

ELOS: »Die hieß NAME [...]. Und darunter stand *Men, SM, Play.*«

DANTE: »Genau. Und dann ging's halt darum, dass ja Fetisch so ein großer Begriff ist (I: ja) und dann kamen halt drei Leute in Gummi (I: Ja) und der andere kam halt in seinen Chaps und der andere kam halt nackig (.) und dann hast du aber hier nix zusammengebracht. Dann haben die drei Gummis, die sind einfach nach zwei Stunden gegangen.«

ELOS: »Das war glaub ich auch früher anders. (DANTE: Ja) Aber das liegt auch am Internet wieder.«

I: »Wieso früher anders? Also, da war eine Fetisch-Party und dann sind halt alle gekommen und [...].«

ELOS: »Weil's gar nicht so viel Alternativen gab auch. Weil es nicht so einfach war, da (.) (//mhm//) ich finde, dass Internet hat viel kaputt gemacht, hat viel auch gebracht aber auch sehr viel kaputt gemacht.«

I: »Jeder hatte Spaß, weil jeder einfach nur seinen Fetisch ausleben kann?«

DANTE: »Ja. Es ist ja auch wirklich, ne?! Du hast diesen (.) da gibt's ja diesen *Stutenmarkt*, und dann gibt's dieses *doggy play* und dann gibt's das, und dann musst du wirklich für jedes Ding musst du wirklich spezifisch sein und sagen: ›Ich mach jetzt diese Art von Party, dass halt die Art Leute kommen und dass die halt dann ihren Spaß dann haben, ne?!«

Aus den Schilderungen ist Folgendes festzuhalten: Die Szene als Vergemeinschaftungsform muss zunächst einmal nicht unbedingt im Rückgang sein. Vielmehr könnte sich auch ihre Struktur verändern. Sie wird einerseits ausdifferenzierter – was die spezifischen Vorlieben und somit die Zielgruppe betrifft – und daher quantitativ kleiner. Andererseits nimmt die Szene zunehmenden Eventcharakter an. Das bloße Bereitstellen einer Örtlichkeit – eines Möglichkeitsraumes also, wie es die Szene-Kneipe oder der Szene-Club darstellen – reicht mitunter nicht mehr aus, um eine reale Vergemeinschaftung zu realisieren. Vielmehr steht ein spezifisches Thema im Vordergrund, das ein Zusammentreffen von Menschen mit je spezifischen Gemeinsamkeiten motiviert. Die Möglichkeit, sich mit seiner persönlichen Sexualität auseinanderzusetzen, ist nicht mehr an eine andere anwesende Person gebunden. Erste Informationen und der Austausch über Praktiken, Produkte, Örtlichkeiten etc. finden generell mittlerweile vermehrt virtuell statt. Die Anonymität des Internets bietet dabei einerseits mehr Menschen die Möglichkeit, ihre persönliche Sexualität auszudifferenzieren und kennenzulernen. Andererseits kann dies auch vollkommen im privaten Bereich realisiert werden. Dadurch büßt die Szene auf der einen Seite ihr Identifikationspotenzial und auf der anderen Seite ihr Potenzial zu Vergemeinschaftung und sozialer Einbindung zugunsten neuer Möglichkeiten derselben ein – eben durch Events oder andere Vergemeinschaftungsformen, die real oder virtuell stattfinden können.

Kurzes Resümee

Die Spank-Party ist zusammenfassend kein Event für homosexuelle Männer, sondern ein Event für Menschen mit männlichem Körper, wobei die sexuelle Orientierung zunächst keine Rolle spielt. Der weibliche Körper ist vom Event ausgeschlossen. Das Event zählt zahlenmäßig zu den Kleineren und ist von einer familiären Atmosphäre geprägt, die sich auch in der Gruppenzugehörigkeit und in der *Community*-Struktur bemerkbar macht.

Es gelten die gängigen Eventregeln, deren Einhaltung von den Organisatoren und den erwähnten Stammgästen überwacht wird. Dadurch, dass auch die

Stammkunden nach dem *Rechten* sehen, ist die unmittelbare soziale Kontrolle unter den Spielenden erhöht, sie bleibt dabei aber unauffällig. Regelüberschreitungen oder -verletzungen sind daher selten. SSC, RACK etc. sind den Organisatoren unter dieser Bezeichnung kein Begriff, obwohl sie sich explizit mit der Thematik auskennen und auch persönlich danach spielen. Probleme mit den Eventregeln ergeben sich letztlich wieder auf interindividueller Ebene – Stören, Einmischen oder das Kommentieren anderer Spiele und Spielender sind die hauptsächlichen Probleme, die bei diesem Event auftreten.

Das Event ist nicht auf Paare ausgerichtet. Vielmehr formieren sich die Spielkonstellationen erst im Laufe des Abends – was dieses Event von gemischten Partys unterscheidet. Dabei bieten Spiele etc. den Gästen die Möglichkeit, sich untereinander kennenzulernen. Im Vergleich zu gemischten Events lassen sich zudem deutlich unterscheidbare Personenstrukturen ausmachen. So ist die Spank-Party im Hinblick auf neue Spielformierungen generell offener. Es fällt auf, dass gerade heterosexuelle Paare zur dyadischen Schließung neigen. Sie kommen – idealtypisch gesprochen – zum Event zusammen, spielen zusammen, unterhalten sich nur miteinander und gehen auch wieder gemeinsam – die Interaktion nach außen ist hierbei deutlich eingeschränkt. Das lässt sich bei diesem Event aber eher seltener beobachten, und wenn es vorkommt, dann vor allem bei den Jüngeren, die teilweise auch eine geschlossene, dyadische Konstellation einnehmen.

Das Event bietet eine Spielgarantie an. Sie dient eher kontaktscheuen Menschen dazu, geeignete Spielpartner für diesen Abend zu finden. Die Spielgarantie wurde bisher – in fünf Jahren also – nur ein- oder zweimal genutzt. Sie kann allerdings auch Anlass für Konflikte sein, beispielsweise wenn eine Spielgarantie gegen Bezahlung angeboten wird, womit sich das Event letztlich an der Grenze zur Prostitution befände. Die Organisatoren schildern hierzu einen Vorfall, den sie sofort unterbanden. Es mag Partys geben, bei denen man eine Spielgarantie gegen Aufpreis *dazu buchen* kann, diese habe ich jedoch nicht untersucht und kann deshalb keine Aussage über solche Events treffen.

Die in den vorherigen Interviews erwähnten No-Go-Praktiken kommen bei diesem Event noch nicht vor oder werden – wie auch bei den anderen Events – aufgrund der räumlichen Gegebenheiten von vornherein ausgeschlossen.

Bemerkenswerte Besonderheiten ergeben sich vor allem in den Bereichen *Jung versus Alt* und *Homo- versus Heterosexualität*. Das Alter, oder vielmehr die Jugend, spielt eine scheinbar wichtige Rolle, nicht nur im Rahmen der männlichen Homosexualität. Dennoch kämpft gerade die Schwulen-Szene mit Nachwuchs, was bei den anderen hier untersuchten Events ansonsten nicht zu beobachten ist. Jüngere nutzen allem Anschein nach in vielen Dingen zuerst das Internet, bevor sie einschlägige Etablissements aufsuchen. Sie treffen sich auch eher privat, nehmen also die Eventstruktur weniger gut an. Wenn sie an einer Party teilnehmen, dann vor allem im bereits vertrauten Spielkreis oder mit schon bekannten Spielpartnern. Eine Kontaktaufnahme mit anderen Personen ist dadurch erschwert.

Die Spank-Party befindet sich an der Schnittstelle von Schwulen-Szene und BDSM-Szene, wobei erstere eine deutlich ältere Geschichte aufweist. Gerade an den zeitlichen Entwicklungen, welche die Schwulen-Szene bereits erfahren hat, lassen sich die Veränderungen ablesen, die auf die BDSM-Szene noch zukommen könnten. Beide Organisatoren beklagen die Entwicklungen: weg vom realen Kennenlernen, hin zur ersten Kontaktaufnahme per Internet. Die Szenestruktur wandelt sich insofern, als spezifische Örtlichkeiten nicht mehr die ersten Kontakte ermöglichen, sondern dem Internet nachgelagert sind. Bars und Clubs als fixe Szene-Treffpunkte verlieren dadurch ihre Bedeutung, weil die Eventstruktur hierbei die Funktion des flexiblen, zeitweise fixen Treffpunktes übernimmt. Von der Szene zum Event also.

LARP-Event**

Das Interview wird in einer öffentlichen Gaststätte in Anwesenheit Dritter geführt, denn neben den beiden Organisator*innen, GALANE und FENNO, kommen noch ein aktiver Spieler (HONTES) und eine passive Spielerin hinzu. Das Interview ist sehr vielen Störfaktoren ausgesetzt (Bedienungen, Geräuschkulisse durch andere Gäste etc.). Dennoch wird das Gespräch sehr offen gehalten. GALANE und FENNO bilden zusammen seit über fünf Jahren eine Partnerschaft. Das Interview wird hauptsächlich mit ihnen geführt, jedoch zeitweise durch Äußerungen von HONTES ergänzt.

Entdeckung der Vorlieben, erste Erfahrungen

In Bezug auf das persönliche Kennenlernen ihrer sexuellen Vorlieben beschreiben GALANE und FENNO ein empfundenes sexuelles Defizit in ihren damaligen Partnerschaften bzw. Ehen. GALANE schildert ihren Eintritt in die BDSM-Szene so:

GALANE: »Okay. Also, ich bin Baujahr 1969 und in die Szene bin ich eigentlich erst 2009 gekommen (//mhm//), und zwar eigentlich so nach nem

Spruch meines Jetzt-Ex-Mannes ›äähh‹ (.) wo ich gefragt habe, so nach zwei Jahren Abstinenz was das Bett anbelangt hat, hab ich da mal gefragt: ›Na, wie sieht's denn eigentlich aus? Kommen wir jemals noch zusammen in die Kiste oder wie stellst du dir das restliche Leben vor?‹. Da meinte er: ›Ich lieb dich nicht mehr, such dir für Sex 'nen Anderen.‹ Und das war irgendwo so der Schlüsselsatz, wo ich dann gedacht habe: ›Was erwartest du jetzt eigentlich von der Zukunft? ›äähh‹ Was sind deine Träume?‹ und dann kam so irgendwo: ›Lebe deine Träume‹ und geheime Träume waren da einfach irgendwo (...) gefesselt sein [...].«

GALANE gibt an, bereits seit dem Kindesalter erste Fantasien in diese Richtung gehabt zu haben. Realisiert hat sie diese dann erst 30 Jahre später. Eine erste Kontaktaufnahme zum Thema BDSM geschieht auch bei ihr über das Internet und im zweiten Schritt über den Besuch eines Stammtisches:

GALANE: »Der Stammtischleiter hat sich eigentlich [...], hat sich recht gut gekümmert. [...] Es war schon vorab klar, dass natürlich am Stammtisch nicht gespielt wird (//mhm//), weil es in einer öffentlichen Gaststätte ist, dass man auch nicht in Fetisch-Klamotten und so weiter erscheint und so Zeug. Ja, und dann hat der auch einen Neueinsteiger-Workshop gemacht (.) und da hat er eigentlich auch so Regeln erklärt: Ampelcode ›äähh‹ was man als Tabu erklärt, er hat das auch sehr sehr ausführlich gemacht. Im Prinzip, richtig bürokratisch: Wenn man mit jemand spielt, gib ihm Informationen, Gesundheitszustand, gibt's irgendwelche psychische Belastungen oder [...].«

Im besuchten Workshop ergibt sich für GALANE die Möglichkeit, BDSM-Praktiken sicher und regelgerecht zu erlernen und auszuführen. Workshops können als weiterer sicherer Schritt in Richtung selbstständiges Praktizieren von BDSM angesehen werden. GALANE beschreibt die Workshop-Struktur als eine Art Trockenübung in BDSM. Ihre Rollenneigung ändert sich im Laufe ihrer persönlichen Reflexion über BDSM und Sexualität:

GALANE: »Also, zunächst mal war meine Neigung definitiv ›äähh‹ submissiv mit Maso-Anteil, definitiv ›äähh‹ und das witzige war eigentlich, ›äähh‹ umso mehr ich mich mit SM befasst habe, wollte ich – rein Neugierde halber – wissen, wie tickt die andere Seite (//mhm//) und über das hab ich dann eigentlich auch für mich festgestellt, ich bin nicht unbedingt dominant, aber sadistisch *(lacht)*.«

GALANE beschreibt – wie FENNO auch – den offenen Umgang mit dem Thema BDSM und Sexualität an sich abhängig von den Gesprächspartner*innen und der Situation. Mit zunehmender Beschäftigung mit BDSM werden dabei auch Gleichgesinnte kennengelernt und in den persönlichen Freundeskreis integriert.

FENNO schildert eine ähnliche Annäherung an das Thema Sexualität im Allgemeinen und an BDSM speziell. Eine erste Informationsmöglichkeit bietet auch ihm das Internet und im weiteren Verlauf der Besuch eines Stammtisches:

FENNO: »Also, so ein Stammtisch war für mich 'ne ganz interessante Schnittstelle (//mhm//), um einfach andere Menschen kennenzulernen, und wie die so ticken, was sich da dahinter so verbirgt. Und, dann war da der Latex-Stammtisch, also konnte man so andere Nischen kennenlernen (.) und von dem her konnte ich dann auch über zwei, drei Partys mal mit Live-Berührungspunkten relativ schnell auch die praktische Seite mal in Farbe sehen.«

Das Kennenlernen neuer Menschen in diesem Bereich beschränkt sich dabei nicht nur auf die eigene Region. FENNO bleibt zu Beginn seiner sexuellen Neu- oder Umorientierung generell offen, schnuppert sozusagen in die unterschiedlichsten Facetten von Sexualität und BDSM hinein:

FENNO: »Ich war dann in einer REGION, hab dort jemand, bin im Prinzip über Dating dort gelandet, hab dort wieder Menschen kennengelernt, hab 'ne Domina mit eigenem Studio kennengelernt und das war im Prinzip so 'ne super Schnittstelle *(Störung von außen)*, das war 'ne super Schnittstelle ›äähh‹ dadurch, dass du dich dann mit jemandem unterhalten kannst, der das [...] professionell macht, der ein eigenes Studio hat über 120 Quadratmeter, da siehst du viele Dinge.«

Wie bereits erwähnt, ist er seit über fünf Jahren mit GALANE in einer Beziehung. Beim Event selbst übernehmen sie zusammen die Leitung und Organisation.

Die Eventregeln

Die Regeln des Events umfassen einen straffen und detaillierten Katalog, der weit über die Hausordnung der Örtlichkeit des Events hinausgeht. Es gelten für alle Teilnehmer*innen die zuvor unterschriebenen Regeln und eine Einverständniserklärung. Auf diesem Event wird von allen Spieler*innen das szenegängige Safeword *Mayday* benutzt. Es ist verbindlich und somit unmissverständlich und führt zum sofortigen Abbruch des Spiels. Mit *komplettem* Spielabbruch ist dabei zuerst die momentane Situation gemeint. In vielen Fällen ist es ein temporäres *Herausfallen aus der Rolle* seitens der Passiven, das beispielsweise durch Zuhören oder Reden aufgefangen werden kann. Das Herausfallen aus der Rolle ist dabei nicht mit einem Kontrollverlust über die ausgeübte Rolle – vor allem seitens der Aktiven – zu verstehen. In den meisten Fällen wird eine Situation wegen körperlichen Missbefindlichkeiten abgebrochen:

I: »Und ›äähh‹ geht's da um Kontrollverlust oder aus der Rolle rausfallen?«

GALANE: »Nee, Unbefindlichkeiten. Meistens ist das …«

FENNO: »Kontrollverlust ist das wenigste, weil das bestellen sie ja. Also, es liegt am Kontext des Passiven, dass du sagst: ›Ich leg mich auf die Pritsche und warte was passiert.‹«

GALANE: »›äähh‹ Abbrüche sind das meistens, weil irgendjemand Bauchweh hat.«

I: »Körperliche also? Der eine hatte doch irgendwie einen Ischias und hat eine Spritze bekommen letztes Mal, das war doch das, oder?!«

GALANE: »Bandscheibenvorfall. Der kam mit einem Bandscheibenvorfall schon, der eigentlich aber insoweit schon behandelt war, aber er hat sich da einfach (.) das war eine Bewegung, wo er gemacht hat und dann ist das Ding in dem Sinne wieder verrutscht und (.) ja klar, wenn er einfach von den Schmerzen her nicht weiterspielen kann, dann ist es totaler Blödsinn, wenn er sich da zu irgendwas zwingt.«

Es herrscht ein bewusst gesetztes Machtgefälle zwischen Gefangenen und Wärter*innen. Dieses Gefälle muss auf der aktiven Seite von der Spielleitung kontrolliert und gesteuert werden:

FENNO: »Durch diese (.) ich sage mal große Machtstruktur, die zwischen aktiv und passiv steckt (.) durch diese Kluft muss aktiv auch hierarchisch gesteuert sein (//mhm//), wenn dort freie Wahl bestehen würde, dann würde das eskalieren. Das heißt, dann würde jeder alles tun *(Störung von außen)*.«

Gerade hier ist es seitens der Organisator*innen unabdingbar, die Persönlichkeiten der spielenden Aktiven bewusst einzuschätzen und einzusetzen, wobei die Wichtigkeit der Teamarbeit zu betonen ist.

Probleme mit den Eventregeln

An diesem Punkt ergeben sich für das Event spezifische Probleme. Personen, die sich im Verlauf des Spiels als nicht teamfähig herausstellen, werden entweder gemaßregelt oder müssen das Event verlassen. FENNO berichtet von einer Situation mit einem Wärter, der sich nicht ins Team eingebracht hat und sogar seine Schichten nicht angetreten hat. In diesem Fall haben zuerst seine Teamkolleg*innen reagiert, indem sie ihn in eine Zelle eingeschlossen haben und ihm damit die aktive Rolle ab- und die passive Rolle zuerkannt haben mit dem Ergebnis, dass dieser Spieler das Event verlassen hat:

FENNO: »Wer nicht zum Team passt und sich contra Team verhält, wird automatisch auch im Rudel sozusagen dafür gegängelt. Er hat es nicht verstanden. Ist daraufhin gegangen. Wobei jetzt sein Gehen nicht sonderlich ins Gewicht fiel, weil er war ja eh kein Teamplayer.«

Auf meine Frage, welche Möglichkeiten es denn für die Eventleitung gibt, mit Problemen oder Regelverletzungen umzugehen, ohne dabei die Authentizität des Spiels zu verletzen, weisen die Organisator*innen zwar auf viele Optionen hin, nennen aber nur wenige präzise Mittel zur Maßregelung. Einige Maßnahmen bestehen jedoch in der direkten oder indirekten Steuerung der aktiven Rolle. Auf mein Bitten gibt FENNO ein konkretes Beispiel:

I: »Moment, das ist mir zu abstrakt.«

FENNO: »Das ist dir zu abstrakt? Das ist ganz einfach. Ich gehe zum Schichtleiter und sag: ›Pass auf, Wärter so und so, der verhält sich gegenüber dem und dem Häftling (.)‹. Machen wir ein Beispiel: Du hast zehn Leute eingeknastet. Davon sind sieben Männer, drei Frauen. Von denen drei Frauen ist eine die Schwester von Claudia Schiffer. Und die anderen zwei, die Zwillingsschwestern von Alice Schwarzer. So, es wird wohl unweigerlich passieren, dass die Schwester von Claudia Schiffer einen höheren sexuellen Reiz auswirkt wie die von Alice Schwarzer. Und wenn du dann halt das Pendant auf der aktiven Seite hast, jemand der einen unheimlichen Hormonstau hat und sich dann dieses Leckerchen rausgesucht hat (GALANE: und nur, nur) und dieses Weibchen dann halt dauerhaft besteigen möchte, dann kommen wir irgendwann an den Punkt, wo wir sagen: ›Stopp. Es ist ein Rollenspiel und keine *Vögelparty.*‹ Es ist ein Rollenspiel, wo jeder für jeden da ist. Das heißt, wenn irgendein Passiver einen Toilettengang braucht oder irgendwas anderes oder mich herausfordert verbal, dann kann es nicht sein, dass du sagst: ›Oh, der, der interessiert mich nicht, der kann mich provozieren, soviel er will.‹ Und die andere darf nur laut atmen, schon hab ich sie in der Mangel, ja?! Das geht halt nicht und das kann man im dem Sinne steuern, indem man ihm auch Aufgaben über die Schichtleitung zukommen lässt, die ihm gar nicht den Freiraum lassen, dorthin abgleiten zu lassen, wo wir ihn nicht haben wollen.«

Für dieses Beispiel gibt es mehrere Interventionsmöglichkeiten. Erstens: Der Aktive wird mit anderen Aufgaben betraut. Zweitens: Es wird eine Zwangspause für die passive Person angeordnet. Dies geschieht beispielsweise über Markierungen im für jede*n Inhaftierte*n persönlich erstellten Zeit- und Maßnahmenplan. Drittens: Im extremsten Fall wird die betreffende Person vom Event ausgeschlossen.

In Bezug auf den Umgang mit Abweichungen von den Regeln ergibt sich speziell bei diesem Event der Widerspruch, dass Sanktionen im Sinne von Bestrafungen ja durchaus – von beiden Seiten – gewollt sind. Auf meine Frage nach diesem Umstand, entsteht folgende Diskussion:

I: »Ich hätte da noch 'ne Frage mit (.) Also, wenn sich jemand unziemlich verhält […], sagen wir mal ein Passiver, wie wird der bestraft? Weil, eine Bestrafung ist ja eigentlich keine Bestrafung in der Hinsicht, weißt du was ich mein?«

HONTES: »Es kommt drauf an, wie du ihn bestrafen willst. Man kann zum Beispiel hingehen und sagen: ›Wenn du jetzt nicht die Schnauze hältst, lassen wir dich in deiner Zelle und das war's dann!‹.«

I: »Und wir bespielen dich zum Beispiel nicht?«

FENNO: »Das haben wir beim letzten Event gehabt. Jemand hat, also (.) zum dritten Mal dabei und kennt alle Rahmenbedingungen, das heißt kein Neu-Beleckter, sondern eigentlich jemand, der weiß wie es läuft (.) Kommt und gibt mir eine Tabuliste ab, wo alles (GALANE: tabu ist) als Tabu drauf steht. So, daraufhin hat man sich noch mal im Zuge der Häftlingsvorstellung zitiert, und ich hab ihm dann angeraten da nochmal drüber nachzudenken, ob er da korrigieren will oder nicht. […] Weil ich hab diese Tabuliste, nachdem er sie nicht verändert hat, hab ich auch seiner Frau gesagt: ›Pass auf, wer bei mir 40 Stunden Langeweile bestellt, der bekommt exakt 40 Stunden Langeweile.‹ Weil ich mich auf diese Art und Weise nicht provozieren lass. […] Die sind auch früher gegangen, weil es ihn einfach auch angeödet hat. Aber ich hab's ihm auch beim Gehen gesagt: ›Pass auf, wer mir diese Liste so abgibt, der gibt mir rein rechtlich, weil es im Zusammenhang auch mit der Einverständniserklärung steht (I: ja) keinen Spielraum [...].«

Bestrafung ist in diesem Sinne beispielsweise *Nicht-Bestrafung*, also das In-Ruhe-Lassen oder das Nicht-Interagieren mit der passiven Person. Wenn keine Deeskalation durch Maßregelungen oder Interventionen herbeigeführt werden kann, wird die betreffende Person von den Organisator*innen aus dem Spiel genommen, sie muss das Event dann verlassen.

No-Go-Praktiken

Trotz der starren Reglementierung existieren beim LARP-Event im Vergleich zu den anderen Events weniger No-Go-Praktiken. Wegen der geringen Zahl der Teilnehmer*innen kann die sich in den Räumlichkeiten befindende Dusche teilweise als Nassbereich genutzt werden. Somit können diejenigen Praktiken realisiert werden, die mit Körperausscheidungen in Verbindung stehen.

Was ausdrücklich als No-Go-Praktik angesehen und von vornherein ausgeschlossen wird, sind unkontrolliert herbeigeführte Verletzungen der Gefangenen. Dabei wird jedoch zwischen absichtlichen und unabsichtlichen Verletzungen unterschieden. Verboten sind nur diejenigen Verletzungen, die sich außerhalb des Eventkontextes ereignen. Verletzungen wie beispielsweise Striemen oder aufgeplatzte Haut durch die Züchtigung mit einem Rohrstock etc. sind davon also ausgenommen, denn diese Arten von Verletzungen werden durchaus im Kontext des Events zugefügt. FENNO nennt als Beispiel eine Kopfverletzung, die dadurch herbeigeführt wurde, dass ein ungleiches Kräfteverhältnis zwischen Gefangener und Wärter bestand:

FENNO: »Das war einmal 'ne sehr aggressive Aktion gegenüber jemand, der dann mit dem Kopf gegen die Wand gescheppert ist, wo ich dann sofort in Break ging und gesagt habe: ›So, jetzt möchte ich erst mal wissen, ob die Kollision mit der Wand ›äähh‹ irgendwas an Probleme erzeugt‹, sprich, gibt das eine Gehirnerschütterung? Ja/Nein? Das war einfach, ich sage mal, ein Stück weit körperliche Überlegenheit. Wenn jetzt so ein massiver Schrank à la Schwarzenegger gegen unsere INHAFTIERTE scheppert, dann ist es halt definitiv eine Masse-Differenz, die da herrscht. Und, ob das so gewollt war oder nicht, das ist ja auch in dem Moment gar nicht Thema, sondern (.)

es passiert etwas, was ›äähh‹ Gefahrenpotenzial hat, wo ich sag: ›Okay, jetzt möchte ich einfach aus Veranstaltersicht ein Auge drauf haben. Geht's da weiter oder ist derjenige dadurch gehandicapt?‹ Es könnte viel sein.«

In diesem Zusammenhang wird von allen beim Interview Anwesenden berichtet, dass generell ziemlich wenig unvorhergesehene – also außerhalb der Eventordnung oder des Eventkontextes liegende – Ereignisse stattfinden.

Obwohl oder gerade weil es die ständige Kontrolle der Situation beinhaltet, wird das gemeinsame Spiel als höchst authentisch erlebt. Und genau hier liegt auch eine der größten Schwierigkeiten des Events: die Herstellung von Authentizität innerhalb eines Spiels. Die Vermischung von Spiel und Realität ist hier bewusstes Ziel. Der Kontext definiert dabei die Grenze der Echtheit im Spiel und die Überschreitung zur Realität. Das Spiel muss so realistisch wie möglich sein, um als authentisch erlebt werden zu können. Gerade in Bezug auf die erwähnte Unterscheidung der Verletzungen spielt der Kontext eine wichtige Rolle. Die Organisator*innen machen dies an einem Beispiel deutlich:

GALANE: »Also, wenn zum Beispiel jetzt eine Wärterin zu einem Gefangenen ›Du Sklavensau‹ sagt, (FENNO: genau), jaaaa, also das ist alles andere als dieses Rollenspiel (FENNO: Kontext), ja?!«

FENNO: »Und wenn ich hergehe, und geh an die Zelle und rede denjenigen, der da drin ist, plötzlich mit seinem Vornamen an.«

GALANE: »Und nicht mit 0815.«

FENNO: »Genau. Dann bin ich nicht kontextlich, weil der Kontext heißt: Mit Eintreten zur Tür verliert derjenige seinen Namen, jegliche Persönlichkeit und bekommt eine Nummer. Diese Deprivatisierung steckt auch (.) die gehört in Kontext rein.«

Konfliktlinien

Rollenkonflikte

Rollenkonflikte sind bei diesem Event selten. Die Rollen werden bewusst von den Spieler*innen selbst ausgesucht. Das Geschlecht hat auf die Wahl der Rolle keinen Einfluss. Schwierigkeiten können sich – wie bereits beschrieben – dadurch ergeben, dass einzelne Spieler* innen zeitweise aus ihrer Rolle *herausfallen*, was vor allem an der langen Spieldauer von 40 Stunden liegt.

Ein Konflikt ergibt sich letztlich nur dadurch, dass die Rolle nicht nach eigenen Vorlieben oder Fähigkeiten gewählt wird, sondern nach außer-individuellen Vorgaben (z.B. geschlechtliche Sozialisation). Die authentische Verkörperung der Rollen seitens der Spieler*innen und deren Einteilung in die Personalstruktur wird so – auf die Dauer des Spiels betrachtet – mehr als schwierig:

FENNO: »Man versucht auch dem so gerecht wie möglich zu werden, aber jetzt kommt der Faktor X dazu: Du hast Menschen, die sich, manchmal für mehr verkaufen als das, was sie sind […].«

Ein Beispiel hierfür ist ein Spieler, der auf der aktiven Seite spielt, weil ihm *männlich* als natürliche Verbindung zu *aktiv* erscheint, der aber nicht die nötige Autorität vermitteln kann, um die aktive Rolle authentisch zu realisieren.

Homo- versus Heterosexualität

Auch die sexuelle Orientierung steht bei diesem Event im Hintergrund. FENNO unterscheidet hierbei zwischen seiner persönlichen Rolle und seiner Rolle als Organisator:

I: »Homosexualität? Kein Thema?«
FENNO: »Bei mir? Da hab ich kein Problem.«
I: »Hast du schon mal von einem Mann 'n Blow-Job gekriegt?«
FENNO: »Ich? Nee *(HONTES lacht)*.«
I: »Warum?«
FENNO: »Weil ich da keine Lust darauf habe. Für mich versprüht ein Mann keinerlei erotischen Reiz. Für mich persönlich. (I: Okay.) Wenn das welche tun wollen, hab ich da kein Problem. Ich spiel auch mit diesem Gedankengut innerhalb des Knastes. […] Ich spiel damit schon, und ich lieb das auch, das Kopfkino zu bedienen und was die dann draus machen, das sieht man in ihrem Verhalten dann, ne?!«

Dennoch können nicht alle sexuellen Vorlieben und Orientierungen in den Eventkontext eingebunden werden. Dies betrifft vor allem den Transvestismus:

GALANE: »Das ganze Problem ist: Sie sind diejenigen, die auf: ›Ich mach mich hübsch, ich mach mich zur Frau‹ stehen, ›äähh‹ was du aber in dem Augenblick, im Knast-Kontext, ja gar nicht hinkriegst, weil, die haben dann dort keinen Spiegel, um sich Lippenstift oder weiß der Kuckuck was aufzutragen.«

I: »Die haben da drin vielleicht auch gar kein Geschlecht, so in der Richtung?«

FENNO: »Nö, also du bist entweder Mann oder du bist Frau. Aber beides gleichzeitig geht nicht, aber mangels Tuning-Maßnahmen. (GALANE: Ja.) Du kriegst von uns bis auf deine Unterhose und das T-Shirt und Socken [...]. Ansonsten ist die Kleidung gestellt. So, und dann wirst du im Prinzip durch diese orangene Kleidung mit den Schuhen, mit deinen Handschellen auf das reduziert, was du wirklich bist, wenn man dich biologisch betrachtet.«

Wahrscheinlich liegt die Schwierigkeit darin, dass sich Transvestismus (TV) – im Unterschied zu Transsexualität (TS) – ja gerade durch äußerlich sichtbar gemachte Merkmale auszeichnet (z. B. Kleidung, Frisur, Make-up). Durch die Reduzierung der passiven Personen auf ihre biologischen Merkmale und durch das Tragen der gleichen Häftlingskleidung ist Transvestismus in diesem Kontext nicht oder nur schwer realisierbar.

Transsexualität stellt bei diesem Event dann kein Problem dar, wenn die Person eindeutig einem Geschlecht zugeordnet werden kann:

FENNO: »Andere Baustelle. Transsexuelle sind anders programmiert. Weil die sind auch, ohne dass sie sich aufhübschen und in Latex-BHs schnallen, ›äähh‹ zumindest dem anderen Geschlecht zugewendet, weil dort steht Hormonbehandlung, eventuell sogar Operation im Raum, da hast du (.) die ticken auch ganz anders, die sind (.) egal wie, sie sind dann männlich oder weiblich, je nachdem, aus welcher Richtung sie halt kommen. Aber TV ist weder Fleisch noch Fisch.«

Auch hier wird eine eindeutige geschlechtliche Linie gezogen. Für das Ausüben der aktiven oder passiven Seite im Spiel ist es irrelevant, wer welche geschlechtliche Zuschreibung erfährt. Viel wichtiger ist der Umstand, dass sich die Auffassung von Geschlecht als dichotom nicht verändert. Die Kategorien männlich und weiblich werden womöglich umdefiniert oder mit anderen Zuschreibungen versehen, die dichotome Ausprägung von Geschlecht bleibt jedoch unangetastet.

Alt versus Jung – Alt versus Neu

Mit den bereits genannten Beispielen für Rollenkonflikte verbunden ist die angedeutete Konfliktlinie zwischen Alt und Jung bzw. Etablierten und Neulingen.

GALANE und FENNO erklären, dass die Kombination von Alt und Jung bzw. Alt und Neu nicht als konfliktreich erlebt wird, sondern dass genau das Gegenteil der Fall ist:

GALANE: »Überhaupt nicht. Das ist ja sogar das Tolle, dass es die Mischung macht, und zwar auf der aktiven wie auf der passiven Seite, weil die ›äähh‹ alten Hasen, die nehmen ein bisschen die Neulinge an die Hand, nehmen sie mit, nehmen ihnen die Angst oder aber dann im aktiven Bereich ist ja dann auch wieder so, ›äähh‹ durch das An-die-Hand-Nehmen führen sie die vielleicht auch in etwas ein, wo die Neulinge noch nicht so sicher sind, also nicht nur das Rollenspiel selber, sondern auch irgendwelche Praktiken.«

Wichtig ist demnach in allen Fällen nur, dass die Spielenden ihre Rolle oder Persönlichkeit offen darlegen, denn ein Konflikt entsteht eben dann, wenn die Situation oder die Person von den Organisator*innen nicht richtig eingeschätzt werden kann.

Das Alter spielt bei diesem Event insofern eine Rolle, als das Risiko körperlicher Missbefindlichkeiten mit zunehmenden Lebensjahren teilweise stark zunimmt. Einen Unterschied in der Ausübung der Rollen und Positionen ist vom Alter jedoch unabhängig. Die Position des Neulings wird in diesem Event nicht als defizitär, sondern als bereichernd empfunden. Neuling bedeutet schließlich nicht BSDM-Neuling, sondern nur Anfänger*in in dieser spezifischen Nische. Kenntnisse und Praktiken anderer BDSM-Teilbereiche können also durchaus bereits vorhanden sein. Dadurch ergibt sich zum Teil ein Austausch über Praktiken und Techniken, die durchaus *Workshop-Charakter* annehmen können. Das Verhältnis von erfahrenen und neuen Eventbesucher*innen ist dabei ausschlaggebend. FENNO drückt das so aus:

FENNO: »Also, machbar ist dieses Event mit einer kompletten Neubesetzung gar nicht, oder andersrum, nur unter massivsten Energieaufwand von der Organisationsseite her, weil du nämlich jedem alles vor […][141] musst. Jemand, der mit dem Rollenspiel nicht sicher ist, jemand, der mit dem Kontext nicht sicher ist, jemand, der mit diesem Machtgefälle und Uniform und allem, dieser Knastsituation nicht sicher ist, der schießt sich und andere dadurch aus der Rolle, weil er sich halt nicht artgerecht verhält.«

---

141 Unverständliche Textpassage.

Das SM-Paradoxon

Auch in diesem Interview werden die Organisator*innen mit dem SM-Paradoxon, das heißt der scheinbaren Umkehr der eingenommenen Rollen im BDSM-Kontext, konfrontiert. Das Phänomen wird dabei besonders dadurch sichtbar, dass die Passiven durch ihre Tabu- und Vorliebenlisten letztlich den Rahmen für die Aktiven vorgeben, in welchem die Rollenausübung dann stattfinden kann. GALANE und FENNO fassen es so zusammen, dass die Passiven letztlich definieren »was geht, aber wie es geht, sagt der Aktive«. FENNO berichtet von einer passiven Person, die in ihrer Tabu- und Vorliebenliste ihr Interesse an einer Gang-Bang-Situation[142] bekundet hat. Diese Situation wurde durchgespielt, allerdings so verfremdet, dass sie von der passiven Spielerin nicht durchschaut werden konnte. Die Verfremdung der Situation ist dabei das wesentliche Moment, welches das Spiel authentisch macht:

FENNO: »Genau. Das ist genauso, wie sie mir auch schon mehrfach mitgeteilt hat, dass sie auch mal Bock drauf hat (.) so 'ne Gang-Bang-Situation […].«
I: »Ihr Wille geschehe?«
FENNO: »Genau, aber nicht nach ihrem Drehbuch, sondern es wird so verpackt, dass zwar unterm Strich der Wunsch erfüllt wird, ja genau (GALANE *lacht*). Ich geh dann her, die wird dann aus dem Häftlingstrakt geholt, wird geduscht, wird aufgepimpt, ja?! Kriegt so ein richtiges Nuttenoutfit an, mit allem Drum und Dran. Und dann holt man jemand extern aus dem Event, der halt gar nicht dazugehört, den ich natürlich im Vorfeld organisiert und gebrieft hab (.) und erzähl ihr, dass ich auf STÄDTISCHEN Straßenstrich in kompletter Dienstuniform war, und ein Freier für sie bestellt hab, ja?! Und das geile ist halt, das glaubt die in dem Moment und zwar definitiv und auch die Feilscherei um die Kohle. Er hat mir 25 Euro in Fünf-Euro-Scheinen vor ihren Augen in meine Hand reingezählt, um dann mit der auf diesem netten wackeligen Bett die ›Indianer und ich reite‹-Nummer abzuziehen.«

Zeitliche Veränderungen

Das Event an sich besteht nun seit etwas mehr als vier Jahren. Mit jeder Veranstaltung haben sich auch die Regelungen weiterentwickelt und konkretisiert. Der

142 Gang-Bang ist eine Art Gruppensex, bei dem eine oder wenige passive Personen von mehreren aktiven Personen penetriert werden.

Regelkatalog, die Einverständniserklärung, die Tabu- und Vorliebenlisten etc., die als Grundlage des Events anzusehen sind, werden im Anschluss an jedes Event reflektiert und gegebenenfalls abgeändert, um Verständnisprobleme zu vermeiden. Die Regelungen und verschrifteten Satzungen unterliegen also einem Prozess:

FENNO: »Das ist ein laufender Prozess, weil auch da ist, sag ich mal die Szene, auch ein bisschen abhängig von den Leuten, die mit dabei sind, ist das eine Sache, die nicht fix in Stein gemeißelt ist. Das ist wie bei allem, du musst halt immer schauen, dass du am Puls der Zeit bleibst. Du kannst nicht einfach Gesetze von vor zehn Jahren als heute noch gültig betrachten, also gesellschaftlich.«

Das LARP-Event wurde von einigen Spieler*innen schon mehrmals besucht. Dadurch ergibt sich die Situation, dass es im Laufe der Zeit nicht nur durchorganisierter, sondern eben auch eingespielter erlebt wird.

Kurzes Resümee

Für dieses Event lässt sich Folgendes zusammenfassen: Eine einmal entdeckte sexuelle Rolle oder Vorliebe kann sich im Laufe der Auseinandersetzung mit der persönlichen Sexualität durchaus ändern oder präzisieren. Zumeist ist die Ausübung jedweder Rolle oder Neigung auch von der Spielkonstellation oder explizit von den Spielpartner*innen abhängig.

Workshops bieten die Möglichkeit – wie eine Art Trockenübung – BDSM-Praktiken und -Techniken sicher und von ausgewiesenen Expert*innen zu erlernen.[143] Sie fördern somit die Weitergabe und Umsetzung des spezifischen Szenewissens und auch die Regeln und Gebote der Szene. Gleichzeitig tragen Workshops dazu bei, BDSM auch im privaten Bereich nach einem allgemeinen Grund- oder Metakonsens – also vor allem *safe, sane and consensual* – zu realisieren.

Im Vergleich zu den anderen Events ist die Struktur des LARP-Events am präzisesten und am kontrolliertesten gehalten. Niemand spielt in eigener Regie, sondern stets innerhalb des vorgegebenen Handlungsrahmens. Dadurch ergeben

143 Mir wurde in einem anderen Zusammenhang davon berichtet, dass manche Workshops sogar Zertifikate über die erlernten Praktiken und Techniken ausstellen, was die Vertrauensbeziehung zwischen den Spielpartner*innen erleichtert.

sich einerseits weniger unkontrollierbare Situationen, aber andererseits besteht gerade deswegen die Möglichkeit, mehr Praktiken und Grenzen auszutesten. Die konkreten Regeln und Verhaltensanweisungen sowie die straff hierarchisch organisierte Personalstruktur ermöglichen Praktiken, die in einem weniger reglementierten Event wahrscheinlich nicht realisierbar sind. Die gesicherte Überwachung der Spielsituation ermöglicht den Spieler*innen mehr Freiheit im Kontrollverlust sowie die Annäherung an die eigenen Grenzen und deren kontrollierte Ausweitung. Dies erscheint zuerst paradox, allerdings spielt hierbei sicher auch die geringe Zahl der Teilnehmer*innen eine Rolle. Wie von den Organisator*innen beschrieben, ist die soziale Kontrolle der einzelnen Situationen beim LARP-Event um einiges höher, als bei Events, die explizit privates und intimes Ausleben von Sexualität ermöglichen wollen, deren Praktiken also nicht vor den Augen Dritter stattfinden. Ein anderer Grund ist meines Erachtens auch darin zu sehen, dass es sich bei den Teilnehmer*innen dieses Events ausschließlich um erfahrene BDSM-Praktizierende handelt, welche die Grenzen von Gewolltem und Nicht-Gewolltem meistens weiter auffassen als komplett unerfahrene Spieler*innen. Die Definition dessen, was gefällt und was nicht, entwickelt sich erst im Laufe des Kennenlernens der persönlichen Vorlieben und Abneigungen, vergleichbar mit Howard Beckers »Karriere eines Abweichlers« (vgl. Becker, 1981).

Regelverletzungen werden im äußersten Fall mit dem Ausschluss vom Event bestraft. Das kommt den Organisator*innen zufolge jedoch selten vor, da alle Teilnehmer*innen das Ziel haben, das Event selbst und somit die 40 Stunden Rollenspiel durchzuhalten, das heißt, alle wollen das Event gemeinsam beenden. Die bewusste organisatorische Steuerung der Handlungen und Praktiken ist bei diesem Event unabdingbar. Durch die Anweisungen der Schichtleiter*innen an die aktiven Spieler*innen werden mögliche Konflikte bereits am Entstehen gehindert. No-Go-Praktiken sind dabei letztlich alle Handlungen, die nicht in den Eventkontext passen. Meist handelt es sich dabei um unabsichtlich und unvorhergesehen herbeigeführte körperliche Verletzungen.

Die Authentizität des Rollenspiels hängt vor allem von der Rollenausübung jeder einzelnen spielenden Person ab. Probleme ergeben sich daher hauptsächlich auf interindividueller und persönlicher Ebene, beispielsweise durch Konflikte mit der eigenen Rollenausübung, mit der Hierarchiestruktur oder mit anderen Spieler*innen oder durch körperliche Beschwerden, die einen Rollenverlust nach sich ziehen können. Dennoch ist das LARP-Event eines der hier behandelten Events, das am wenigsten Konfliktpotenzial aufweist.

Zusammenfassung der Ergebnisse

Abschließend möchte ich die Ergebnisse der Untersuchungen der einzelnen Events zusammenfassend betrachten.

Unter BDSM sind zunächst individuelle und interindividuelle Vorlieben für gewisse sexuelle und non-sexuelle soziale Praktiken zu verstehen. Da diese Vorlieben in der öffentlichen Wahrnehmung einen anderen Stellenwert einnehmen als die vorherrschenden Praktiken, ist zur tatsächlichen Realisierung von BDSM eine intensivere Reflexion der persönlichen Sexualität notwendig, als gültige sexuelle Paradigmen ohne größere Auseinandersetzung zu übernehmen. Das heißt jedoch nicht, dass ein anderes Sexualverhalten übliche Praktiken oder Vorlieben gänzlich ausschließen muss. Es kann genauso monogame, homosexuelle Spanker geben als auch polyamore, heterosexuelle Verheiratete. Die Vorliebe für dies oder jenes ist dabei auf interindividueller – nicht auf gesellschaftlicher – Ebene angesetzt. Der Umgang mit der sexuellen und nonsexuellen Vorliebe für BDSM-Praktiken bleibt daher der Umgang mit der eigenen Sexualität an sich. Manche reden freizügiger über ihre Sexualität, andere sehen Sexualität als Privatsache an. Manche reden mit ihren Eltern über Sexualität, andere nicht. Es geht letztlich um den Grad des Vertrauens, um den es sich bei der sozialen Beziehung handelt, innerhalb derer das Thema Sexualität besprochen wird.

BDSM ist eine extrem kontrollierte Praxis, die hohe Handlungskompetenz erfordert. Starke Alkoholisierungen kommen bei den Events nicht oder nur im Einzelfall vor. Das unterscheidet BDSM-Praktiken von sexuellen Handlungen zwischen zwei Menschen, die unter starkem Alkoholeinfluss oder spontan zustande kommen (z. B. One-Night-Stands oder sexuelle Bekanntschaften in Bars oder Clubs).

BDSM findet entweder privat oder halb-öffentlich statt. Halb-öffentlich wird BDSM in seiner Realisierung hauptsächlich als (Szene-)Event organisiert. Die BDSM-Szene formiert sich dabei als Agglomerat unterschiedlicher kultureller Strömungen und Einflüsse. Sie konstituiert sich in Interaktion mit den vorherrschenden Paradigmen der Mode, der Sexualität, des Gesetzes etc. und variiert, je nach Kohorte oder Generation, in ihren Ausprägungen. Beispielsweise sind die modischen Einflüsse der heute 20- bis 30-jährigen BDSM-Szenegänger*innen eher in der Gothic-Szene angesiedelt, während die Mode der heute 40- bis 50-jährigen einen höheren Anteil an Leder aufweist.

Individuelle Fantasien in Richtung BDSM führen noch lange nicht zur Realisierung von BDSM. Die bereits a priori wahrgenommene soziale Etikettierung von BDSM erschwert diesen Schritt deutlich. Der Szene-Eintritt verläuft dabei zum Teil ähnlich der von Howard Becker geschilderten Karriere eines Außenseiters:[144]

> »Ein letzter Schritt in der Laufbahn des Verhaltensabweichenden ist der Eintritt in eine organisierte Gruppe von Abweichenden. [...] Mitglieder von organisierten Gruppen Verhaltensabweichender haben natürlich eines gemeinsam: ihre Verhaltensabweichung. Dies gibt ihnen das Gefühl, ein gemeinsames Schicksal zu teilen, im gleichen Boot zu sitzen. Aus dem Gefühl des gemeinsamen Schicksals, des Zwanges, sich mit den gleichen Problemen auseinanderzusetzen, erwächst die abweichende Subkultur« (Becker, 1981, S. 34).

Der Eintritt in die Szene erfolgt in der Regel über erste Recherchen im Internet, wobei man unweigerlich auf einschlägige Diskussionsforen und Plattformen stößt, die mittlerweile ersten körperlichen Erfahrungen mit BDSM vorgelagert sind. Die erste Kontaktaufnahme mit anderen BDSM-Interessierten geschieht mehrheitlich über Internetforen und Stammtische, weil hier die Eintrittshürde am niedrigsten ist. Sie dienen als erste Kontaktmöglichkeiten mit etablierten Szenegänger*innen oder erfahrenen Spieler*innen. Es ließe sich hierfür eine Hierarchisierung der Schritte aufstellen, die Beckers Schema der Karriere eines Außenseiters ähnelt. Für einen Menschen, der beginnt, sich für BDSM zu interessieren bis hin zum etablierten Szenemitglied könnten die einzelnen Schritte idealtypisch wie folgt aussehen:

144 Becker spricht vor allem von delinquenten Abweichungen, also Abweichungen, die auch in kriminelle Organisationen münden (vgl. hierzu insbes. die verschiedenen Stadien, die er dazu herausgearbeitet hat [Becker, 1981, S. 22–35]).

1. erste Informationssuche über das Internet (Foren, Communitys);
2. erste reale, physische Kontaktaufnahme mit bereits erfahreneren Spieler*innen (nicht unbedingt Szenegänger*innen) auf Stammtischen;
3. erstes reales, physisches Kennenlernen und Einübung der verschiedenen Praktiken und Techniken über Workshops mit BDSM-Thematik (erste mögliche BDSM-Interaktionen);
4. erstes privates Spielen im halb-öffentlichen Rahmen bei noch kleinen Veranstaltungen (privater, intimer, setzt bereits BDSM-Interaktionspartner*innen voraus);
5. erfahrenes Spielen, Ausweitung des persönlichen Kenntnis- und Praxisrahmens bei halb-öffentlichen Play-Partys;
6. Spezifizierung und Etablierung des persönlichen Kenntnis- und Praxisrahmens, Besuch spezifischerer Events (z. B. CFNM oder CMNF[145]);
7. nochmalige Spezifizierung und Stabilisierung der eigenen Vorlieben, eventuelles Aufsuchen von Nischen (z. B. Spanking-Partys, Rollenspiele etc.);
8. Festlegung und Saturierung des persönlichen Kenntnis- und Praxis-Rahmens, Abneigungen und Intoleranzen gegenüber anderen BDSM-Praktiken werden hier möglicher.

Diese Hierarchie ist als eines von möglichen Ordnungs-Schemata zu verstehen, das beschreibt, wie die einzelnen Stationen aussehen könnten, die ein Mensch passieren muss, um als ein etabliertes BDSM-Szenemitglied bezeichnet zu werden.

Wenn man dieses Schema mit den Ergebnissen der Trierer Studie vergleicht fällt auf, dass sich die Zugangsmodalitäten im zeitlichen Verlauf stark geändert und in virtuelle Räume verlagert haben. Bereits die Trierer Studie nennt dem realen Treffen vorgelagerte Medien (z. B. Inserate in Zeitschriften und Zeitungen [vgl. Wetzstein et al., 1993, S. 90–94]). Da die Studie jedoch Anfang der 1990er Jahre durchgeführt wurde, konnte das Internet als interaktives Medium noch keine Berücksichtigung finden. Eine dem realen Treffen vorhergehende Interaktion war lediglich über das Telefon oder mittels Briefwechsel möglich.

BDSM folgt einer eigenen Ordnung, eigenen Regeln und konstituiert somit die eigene Bezeichnung dessen, was BDSM ist und was es nicht ist. Was BDSM, was Nicht-BDSM oder was Nicht-mehr-BDSM ist, wird unter anderem in der Auseinandersetzung mit vorherrschenden sexuellen Paradigmen diskursiv gene-

145 CMNF (Clothed Men, Naked Female): aktive Männer und passive Frauen, also das Gegenteil von CFNM (Clothed Female, Naked Male).

riert. BDSM konstituiert sich somit in Praktiken, die in diesem Kontext normal und gewünscht oder nicht-mehr-normal und unerwünscht sind. Metakonsens herrscht hierbei vor allem bei der SSC-Regel. RACK oder DEBRIS haben sich im Allgemeinen bisher noch nicht weitläufig durchgesetzt.

BDSM-Praktiken sind nicht gleich BDSM-Praktiken. Je nachdem, in welchem Raum die Definition von BDSM ausgehandelt wird, generiert sich automatisch das dazugehörige abweichende BDSM-Verhalten – die Meta-Devianz also. In dieser Untersuchung konnten zwei Arten abweichenden Verhaltens und somit auch zwei Arten von Tabus ausgemacht werden.[146] Das sind erstens diejenigen Tabus, die sich die Szene selbst gibt (z. B. die genannten meta-devianten Praktiken wie Cutten, Branding, KV, NS etc.). Zweitens diejenigen, die auch außerhalb von BDSM als Tabu gelten (z. B. Vergewaltigungen, Rassismus, Rechtsextremismus etc.). Hier wird vor allem die Vermischung von Spiel und Realität betont, die Anlass für unscharfe Grenzziehungen gibt, denn gerade hier überschneiden sich die Normalitäten. Der Raum, in dem innere und äußere Normalität zusammenfallen, kann dabei als normalisierbarer BDSM-Raum verstanden werden, das heißt also ein Raum, der als Aushandlungsfläche darüber fungiert, was sowohl innerhalb als auch außerhalb dieses Raumes zu BDSM gehört und was nicht.

Es stellt sich dabei die Frage, ob die genannten Praktiken dabei wirklich als Tabu bezeichnet werden können oder lediglich als Meta-Devianz verortet bleiben. Es ist aber anzunehmen, dass diese Praktiken weniger öffentlich diskutiert und häufiger verschwiegen werden. Wie sich bei den Interviews gezeigt hat, werden sie häufig als Privatsache abgetan.

Wie sich bei allen Events zeigt, haben *Ekel-Praktiken* ein besonderes metadeviantes Potenzial. Hierbei geht es letztlich aber nicht um die Exklusion von Körperausscheidungen generell. Der Diskurs formiert sich eher um das Thema Hygiene, die Gefahren einer Ansteckung mit übertragbaren Krankheiten sowie um die Unmöglichkeit, die Praktiken sicher und kontrolliert auszuführen (z. B. durch ungenügende Hygiene- oder Lichtverhältnisse).

Die BDSM-Szene differenziert sich in ihrem laufenden Bestehen immer weiter aus und nimmt zunehmend Eventcharakter an. Die Eventstruktur hat den Vorteil, dass die Veranstaltung spezifischer auf die einzelnen Vorlieben und Neigungen der Teilnehmer*innen ausgerichtet werden kann. Die Klientel wird somit spezifischer und gleichzeitig homogener. Das Konfliktpotenzial nimmt dadurch

146 Diese Aufzählung muss als unvollständig gelten, da sie sich nur auf die hier untersuchten Events in den hier untersuchten Räumen bezieht. Es ist daher interessant, welche Arten von Devianz in anderen Studien zu dieser Thematik ausgemacht werden können.

einerseits zu und andererseits ab, was zunächst paradox klingt. Homogenität sorgt innerhalb des Events für weniger Konfliktpotenzial unter den Spieler*innen, da hier bereits ein erster spezifischerer Konsens darüber herrscht, wie BDSM verstanden und ausgelebt wird. Zwischen den Events erhöht die interne Homogenität jedoch das Konfliktpotenzial, da erstens die Auseinandersetzung und die Konfrontation mit anderen – als den eigenen – BDSM-Vorstellungen fehlen und zweitens diese Vorstellungen sich innerhalb der Events festigen können, also robuster gegenüber Fremdeinflüssen werden und somit oft eine schärfere Grenze zu anderen BDSM-Vorstellungen gezogen werden kann.

Gerade was den Umgang mit anderen Spieler*innen angeht, scheinen in dieser Untersuchung die meisten Konflikte auf interindividueller Ebene angesiedelt zu sein. Die Mehrzahl der Probleme ergeben sich dabei erstens durch das Einmischen und Kommentieren der Spiele durch die anderen Teilnehmer*innen, zweitens durch zwischenmenschliche Antipathien und drittens durch manifeste oder latente Abneigungsbekundungen anderer Definitionen von BDSM. Die individuelle Rahmensetzung von BDSM fällt mit der öffentlichen Diskussion um BDSM generell zusammen: Was gehört dazu, was nicht? Dabei kann eine bestimmte Praktik oder Vorliebe für die einen durchaus BDSM-Normalität sein, für die anderen jedoch bereits ein Tabu darstellen. FENNO drückt seinen Umgang mit dieser Thematik, ebenso wie ATHIA in einem anderen Interview, so aus:

FENNO: »Genau. Also, pervers wird es erst dann, wenn du keinen mehr findest, der mitmacht. So! Das ist im Prinzip genau der Punkt.«

Viertens sind Rollenkonflikte mit den Geschlechterkonzepten zu nennen, die sich außerhalb und innerhalb des Events oder der Szene konstituieren, vor allem der Rollenkonflikt von aktiven Frauen und passiven Männern auf der einen Seite und etablierten, vorherrschenden Vorstellungen um geschlechtliche Zuschreibungen außerhalb der Szene auf der anderen Seite. Diese Konfliktlinie lässt sich innerhalb der Szene anhand der einzelnen Events aufzeigen: Während die genannte Rollenverteilung beim CFNM-Event gewünscht und das Event auch darauf ausgerichtet ist, nimmt die Realisierung dieser Konstellation bei der Play-Party und beim Paare-Dinner anteilsmäßig auf die Hälfte ab. Beim LARP-Event ist diese Rollenverteilung zwar gewünscht aber in der Minderheit und bei der Spank-Party sowohl unbekannt als auch unmöglich, weil nur Männer zum Event zugelassen sind. Ein aktiver biologischer Mann und eine aktive biologische Frau haben allem Anschein nach einen ungleichen Stellenwert. Die Gründe sind – so denke ich – in der Auseinandersetzung mit dem immer noch vorherrschenden, dichotomen geschlechtlichen Paradigma von männlich als aktiv und weiblich als passiv zu verstehen. Im Zuge der Gleichberechtigung von Mann und Frau – außerhalb der Szene – kann möglicherweise davon ausgegangen werden, dass dieser Rollenkonflikt auch innerhalb der Szene an Bedeutung und Wichtigkeit verliert.

Ein interessantes Phänomen, das ich an dieser Stelle beobachtet habe, führt zur folgenden Annahme: Gleichberechtigung der Geschlechter und gleichberechtigte Partnerschaften als *neues* gesellschaftliches Ideal führen unweigerlich dazu, Ungleichberechtigung und ungleichberechtigte Partnerschaften zu verdrängen oder als nicht mehr wünschenswert zu konstituieren. Doch wohin mit den alten Strukturen? Dies wurde vor allem beim CFNM-Event sichtbar. Auf den Punkt gebracht könnte man folgende Vermutung äußern: Das Stereotyp des *Machos* als aktiver Mann in einer ungleichen, asymmetrischen Machtbeziehung wird durch das neue Ideal der Gleichberechtigung zunehmend aus der bestehenden Normalität ausgegrenzt. Realisierung kann diese Beziehungskonstellation dann aber nur noch dort erfahren, wo explizit asymmetrische Macht- und Beziehungskonstellationen praktiziert werden können. Das Stereotyp des männlichen *Machos* beispielsweise würde damit nicht mehr unter die hegemoniale Normalitätsvorstellung fallen und somit exkludiert und in die bestehende Normalität der BDSM-Szene inkludiert. Das Thema Ungleichheit würde dadurch zunehmend in die BDSM-Szene verdrängt werden und könnte daher als szene-internes Diskussionsthema häufiger stattfinden. Letztlich würde die BDSM-Szene als einer von möglichen Austragungsorten fungieren, an dem sich das Thema um geschlechtliche, sexuelle und rollenspezifische Ungleichheit manifestieren könnte. Gerade das Beispiel von BENIKE und CAJA – die BDSM nicht miteinander oder nur in Anwesenheit Dritter praktizieren – stützt die Vermutung, dass BDSM eine gleichberechtigte Partnerschaft, wie sie bei BENIKE und CAJA besteht, untergraben oder destabilisieren würde – eben durch den Aspekt der Ungleichberechtigung. Letztlich soll dieser Gedanke aber nur eine Vermutung bleiben und lediglich als Denkanstoß dafür dienen, welchen Einfluss bestehende und kommende soziale Dynamiken auf die BDSM-Szene haben könnten.

Abseits der interindividuellen Ebene bringt auch die spezifische Rahmung eines jeden der hier untersuchten Events unterschiedliche Konfliktmöglichkeiten mit sich. Das Thema Alter ist insbesondere bei der Spank-Party von großer Bedeutung. Den Organisatoren zufolge wird in der Schwulen-Szene generell um Nachwuchs gerungen, was mit BDSM aber nur bedingt etwas zu tun hat, denn die Sorge um Nachwuchs kann bei den anderen Events nicht festgestellt werden. Dennoch gibt dieses Phänomen Aufschluss über mögliche Entwicklungstendenzen, welche die Szene als strukturelle Form in Zukunft erfahren könnte. Womöglich altert die Klientel mit der Vergemeinschaftungsstruktur. Das bedeutet, dass die Vergemeinschaftungsform und -struktur durchaus von äußeren gesellschaftlichen Bedingungen abhängig sind. Während sich die Szene als Form und Struktur noch durch fixe Örtlichkeiten und festere Schließungsmechanismen auszeichnet, ist das Event als Vergemeinschaftungsform im Hinblick auf die räumliche und zeitliche Fixierung bereits flexibler angelegt. Das Identifikationspotenzial kann somit lockerer verstanden werden. Stammkundschaft oder eine Art Stammtischkultur lässt sich auf jedem Event finden. Bekannte Gesichter, also Gäste, die regelmäßig kommen, formieren sich auch durchaus in Spielkreisen. Je kleiner das Event, desto familiärer ist dabei die Atmosphäre. Womöglich übernehmen die Events dabei zunehmend die Funktion der Identifizierungsmöglichkeit mit einer Gemeinschaft.

Eine weitere Ursache für Konflikte besteht in der Diskussion um Transgender sowie Trans- und Intersexualität. Während unbestimmte Rollenzuschreibungen bei einigen Events kein Problem darstellen, werden sie bei denjenigen zum Problem, die auf eindeutige geschlechtliche – und vor allem dichotome – Rollenverteilungen angewiesen sind (z. B. LARP- und CFNM-Event oder Spank-Party). Bisexualität und die sexuelle Orientierung sind dabei weniger problematisch. Vielmehr geht es um die für alle sichtbare Einteilung oder Übernahme der persönlichen Sexualität. Eine Frau, die im Körper eines Mannes lebt, aber an sich dominant ist, wird beim CFNM-Event aufgrund des männlichen Körpers nicht zugelassen. Ebenso sind Männer, die biologisch einen weiblichen Körper aufweisen, von der Spank-Party ausgeschlossen. Hierzu bietet sich eine mögliche Erklärung an: Transgender und Transsexualismus weisen beide in sich keine kohärente Geschlechtlichkeit auf, sie durchbrechen also damit die klare dichotome Geschlechterordnung. Sie bilden quasi eine Grenzüberschreitung etablierter vorherrschender Ordnungsbemühungen, vor allem der Homogenität von biologischem Geschlecht und sexueller Identität. Eine Frau in einem männlichen Körper ist von außen als solche weniger erkennbar und für Männer gilt umgekehrt das Gleiche, wobei ein wichtiger Punkt heraussticht: BDSM ist nicht die Verneinung bereits bestehender Ordnungskonzepte zugunsten keiner Ordnung, sondern letztlich nur die Um- oder Neu-Formierung durch Auseinandersetzung mit den bereits existierenden Konzepten. Egal, mit welchem neuen Inhalt sie gefüllt werden, bleiben sie doch in ihrem jeweiligen Rahmen gleich bindend. Für das Geschlechter-Konzept im BDSM-Kontext kann also Folgendes angenommen werden: Gleichgültig, wie offen, neu oder anders die Rollen im BDSM im Vergleich zu den vorherrschenden Rollenvorstellungen definiert werden, sie sind fest beschrieben und mit ihnen werden fixe Zuschreibungen getroffen. Die Binarität der Geschlechter wird dabei aber nicht aufgegeben. Bei CFNM-Praktiken sind die Rollen von Frau und Mann klar und fest definiert: Die Frau ist dominant, sadistisch, aktiv und hat einen biologisch weiblichen Körper, der Mann ist devot, masochistisch, passiv und hat einen biologisch männlichen Körper. Alle anderen möglichen Sexualitätsformen verstoßen letztlich gegen die aufgestellte Ordnung, sie sind aber nur bedingt vom Event ausgeschlossen. Letztlich entscheiden die Organisator*innen, wie mit Uneindeutigkeiten verfahren wird.

BDSM wird innerhalb eines vorgegebenen Rahmens – zumeist mit Eventcharakter – interindividuell realisiert. Die BDSM-Praktizierenden definieren innerhalb ihrer Spielkonstellation – und unter Einhaltung der Eventregeln – zugleich ihre eigenen Grenzen und Regeln. Die Spielkonstellationen müssen nicht unbedingt der gängigen Definition von monogamer Partnerschaft entsprechen. Gerade hier kann eine erweiterte Konfliktlinie beobachtet werden: Was tun Menschen, die in einer monogamen Partnerschaft leben, wenn die eigene Partnerin oder der eigene Partner die Vorliebe für BDSM nicht teilt? Einige realisieren sexuelle Vorlieben mit BDSM-Anteilen einfach nicht, andere arrangieren sich mit der Situation, das heißt, sie lagern BDSM aus der Ehe oder Partnerschaft aus: BDSM wird dann mit festen oder wechselnden Spielpartner*innen praktiziert, andere sexuelle und partnerschaftliche Vorlieben verbleiben dabei in der Ehe. Hier wird unter anderem der Vorteil des *Fremden* erwähnt: Um die bestehende Partnerschaft zu stabilisieren oder aufrechtzuerhalten, werden gewisse sexuelle und non-sexuelle Vorlieben ausgelagert. Entweder, weil sie mit bestehenden, in der Partnerschaft eingenommenen Rollen divergieren und sich somit Realität und BDSM-Spiel zu sehr vermischen, oder weil man sich bei fremden Personen oft mehr zutraut als bei Nahestehenden.[147] Eine andere Lösung ist die Trennung von dieser Partnerin bzw. diesem Partner, um seine Sexualität eventuell in einer anderen Partnerschaft oder möglichst mit nur einer Person ausleben zu können. Weiter fällt auf, dass gerade Events mit vermehrt heterosexuellem Publikum dyadisch geschlossener sind, als dies beispielsweise bei der Spank-Party zu beobachten ist, was sich deutlich in dem Hinweis der Organisatoren auf die ausgerichteten

147 Hier könnte Mark Granovetters netzwerktheoretischer Ansatz der »Weak Ties« eine Erklärung bieten. Demnach sind die unmittelbaren, *starken* sozialen Beziehungen für Bindung, Festigung und Sozialintegration verantwortlich, die *schwachen*, distanzierteren sozialen Beziehungen ermöglichen jedoch neue Informationen und Einflüsse. Mit neuen Menschen kann man neue Dinge – auch im sexuellen Sinne – erfahren, die womöglich die feste Beziehung zur Partnerin bzw. zum Partner nicht zulässt oder sich zu destabilisierend auf die Partnerschaft auswirkt (vgl. Granovetter, 1973).

gemischten Partys zeigt. Oft kommen die Gäste bereits dyadisch oder in Spielkreisen formiert zur Party. Man könnte diese Formation auch als dyadische – bei Spielkreisen dann generell soziale – Schließung bezeichnen. Die Kontaktaufnahme zu anderen Gästen wird damit deutlich erschwert.

Die Gentrifizierungsthese

Aus der sozialtheoretischen Ausgangsposition heraus verstehe ich das Phänomen BDSM zunächst als ein Agglomerat sozialer Praktiken, das sich privat oder halböffentlich – dann meistens in Eventform – organisiert. BDSM gehört zur sozialen Wirklichkeit und nimmt dabei, je nach zeitgeistlichem Verständnis, eine normative – und durchaus auch funktionale – Positionierung und auch Rolle in Relation zur gesamtgesellschaftlichen Perspektive ein. Soziale Wirklichkeit ist hierbei als diskursiv konstruiertes, soziales Gebilde mit einer Ordnung *sui generis* zu begreifen. Diese Ordnung ist der Wechselwirkung äußerer und innerer Faktoren ausgesetzt. Die hergestellte Ordnung kann als ein interaktionistischer und diskursiver Aushandlungsprozess aufgefasst werden, der die Grenzen zwischen denjenigen sozialen Praktiken bildet, die zu dieser Ordnung gehören, und denjenigen, die von dieser Ordnung ausgeschlossen sind.

Es breitet sich ein allgemein geteiltes Wissen darüber aus, was zu dieser Ordnung gehört – was als normal, wirklich, richtig bezeichnet wird und was nicht. Die herrschende soziale Ordnung ist für ihre Angehörigen bindend, bleibt aber dennoch flüchtig, denn der Herstellungsprozess der jeweiligen Normalität und ihrer dazugehörigen Nicht-Normalität ist nur in dessen Ausschnitthaftigkeit als endgültig oder unabänderlich zu betrachten. Die Grenzziehung zwischen Normalität und Nicht-Normalität ist somit immer nur temporär fixiert. Man könnte sie als wandelbar, sich den zeitlichen und kulturellen Veränderungen anpassend und somit historisch gewachsen bezeichnen.

Diejenigen sozialen Praktiken, die am Rande der Ordnung stehen, dienen sozusagen als Kampfarenen, an denen die Grenzziehungen der etablierten Ordnung ständig verschoben werden. Mittel oder Formen dieser Grenzziehungen sind beispielsweise das Sichtbar- oder Unsichtbarmachen der behandelten Thematiken –

also die Diskursivierung derjenigen Praktiken, die neu in zugehörig und nichtzugehörig eingeteilt werden sollen oder müssen. Mögliche Formen der Diskursivierung können dabei sein:

- das öffentliche – vor allem mediale – Zur-Schau-Stellen eines Gegenstandes, also die Sichtbarmachung der Thematik, um sie öffentlich neu verhandeln zu können,
- die Tabuisierung, also die Unsichtbarmachung eines Gegenstandes, da er als unlösbarer Konflikt behandelt wird, der die Aufrechterhaltung der sozialen Ordnung gefährdet,
- die Integration bisher ausgeschlossener sozialer Praktiken durch Normalisierung,
- die Exklusion bisher eingeschlossener sozialer Praktiken (z. B. durch Denormalisierung[148], Stigmatisierung, Kriminalisierung) oder – in einem weiteren Schritt –
- die Kontrolle und Verwaltung devianter Praktiken durch Einschluss in halb-öffentliche, andere Räume.

An diesem Punkt ergänzt sich die bisher eingenommene Perspektive durch die in dieser Untersuchung zustande gekommenen Ergebnisse. Das Konzept des Raumes sticht dabei besonders hervor. Wird dieser Raumgedanke den bisherigen Überlegungen und Aussagen hinzugefügt, dann verdichten sich die konstatierten Phänomene in ihrer Kombination zu einer These, die im Folgenden beschrieben werden soll:

Die beschriebenen Grenzziehungen schaffen neue soziale Räume. Grenzziehung wird somit zur Raumbildung. Die erwähnten Kampfarenen zwischen Normalität und Nicht-mehr-Normalität können als solche Räume begriffen werden. Raum versteht sich dabei als ein soziales Ordnungs- und Verteilungsverfahren von Menschen oder auch Handlungen und Praktiken (vgl. Schuster, 2010, S. 31f.). Die Zusammenfassung von Menschen in geordnete Räume ist als ein Konzept sozialer Kontrolle anzusehen. Schuster zufolge zeigt das Raumkonzept auf, »wie wichtig Normen und Normierungen für die Raumkonstitution sind und wie die Gesellschaft sich hinsichtlich baulich-räumlicher Platzierungen organisiert, um mit Abweichungen von der Norm umzugehen und dabei die Norm stabil zu erhalten« (ebd., S. 51). Dies ermöglicht, in einem kontrollierten Rahmen unter

148 Denormalisierung soll im Sinne Links als gegenläufiger Prozess zur Normalisierung verstanden werden – also das *Nicht-mehr-normal-Machen* einer sozialen Praktik (vgl. hierzu explizit Link, 2013, S. 62–65).

der bestehenden sozialen Ordnung diejenigen Praktiken auszuleben und zu realisieren, die sonst nicht zur Ordnung gehören würden. Dies sind unter anderem Praktiken, die als abweichend bezeichnet werden, unter die Etikettierungen *nicht-normal, krank, illegal* etc. fallen oder sozial eine negative Konnotation aufweisen. Es werden also gleichzeitig auch Möglichkeitsräume geschaffen, die mitunter sogar Schutzfunktion haben. Sie stellen sich hierbei demnach nicht nur als eine Form sozialer Kontrolle zur Reglementierung abweichenden Verhaltens dar, sondern auch als sicherer Rahmen, der es ermöglicht, die verschiedensten individuellen Lebensweisen zu realisieren sowie – nicht mehr offiziell als abweichend, krank, pervers oder anormal abgetan – diese vor negativer Stigmatisierung einzelner Gesellschaftsmitglieder oder Gruppen zu schützen.

In Bezug auf die hier besprochene Thematik gehe ich davon aus, dass diskursiv konstruierte *sexuelle Räume* sichtbar werden, die bestimmte sexuelle Praktiken beinhalten und in welche bestimmte – nicht-normale oder nicht-mehr-normale – sexuelle Praktiken verdrängt, also gentrifiziert werden.

Der Begriff der Gentrifizierung wird ursprünglich in der – nicht nur soziologischen – Stadt- und Raumforschung gebraucht. Gentrifizierung bezeichnet unter anderem den Prozess eines stattfindenden soziodemografischen Wandels, dem ganze Stadtteile und -viertel unterliegen können. Der Begriff wird verwendet

> »zur Beschreibung eines schnellen Ansteigens des Anteils an Bewohnern der (oberen) Mittelschicht in ehemaligen Arbeiterwohnquartieren bzw. in zuletzt von Arbeitern bewohnten Gebieten. Dieser Vorgang geht einher mit einer Modernisierung des Wohnungsbestandes sowie der Umwandlung von Miet- in Eigentumswohnungen« (Blasius, 1993, S. 14).

Jörg Blasius konstatiert das Phänomen der Gentrifizierung anhand empirischer Untersuchungen in ausgesuchten Stadtteilen von Köln. Er kommt zu folgenden Ergebnissen:

> »In ein Viertel, welches bis dato durch den Zuzug von ›Anderen‹ und ›Unteren sozialen Schichten‹ gekennzeichnet war, kommen in der ersten Phase der Wiederaufwertung Pioniere und verdrängen die Alteingesessenen (erste Invasions-Sukzessions-Phase). In der zweiten Invasions-Sukzessions-Phase wird der Anteil der Gentrifier an den Hinzuziehenden stetig größer, während der Anteil der Pioniere in ähnlichem Maß sinkt; bei diesen Zuzügen werden die meisten der noch anwesenden ›Alteingesessenen‹ und ein Teil der Pioniere verdrängt« (ebd., S. 35).

Durch Restrukturierung und Modernisierung der Innenstadtviertel werden die bisher dort lebenden Menschen zunehmend verdrängt. Die explosionsartig steigenden Mieten können nur noch von einkommensstärkeren Personen oder Haushalten gezahlt werden. Blasius schreibt weiter:

> »Gleichzeitig wird den traditionellen Bewohnern dieser Gebiete der Zuzug stark erschwert, sie können weder die geforderten Mieten bezahlen, noch haben sie ein ausreichendes Vermögen zum Erwerb einer Eigentumswohnung. Aus diesen Gründen kommt es im Lauf der Wiederaufwertung zu einer Umstrukturierung der Bevölkerung nach sozio-demographischen Merkmalen. Während die Hinzuziehenden als eine relativ homogene Gruppe beschrieben werden, gelten die Verdrängten als relativ heterogen zusammengesetzt« (ebd., S. 28).

Wenn ich Blasius' Erkenntnisse auf meine eigene Untersuchung anwende lassen sich sowohl die hegemoniale Ordnung als auch die BDSM-Szene selbst als teilbare Räume verstehen. Diejenigen Praktiken, die nicht mehr in die hegemoniale Ordnung passen, werden gentrifiziert, das heißt in andere Räume verdrängt. Auch die BDSM-Szene ist als ein solcher Raum zu betrachten. Sexuelle Räume werden in dieser Perspektive als kontrollierbare und kontrollierte Räume verstanden. Sie stellen dabei Freiheit und Kontrolle zugleich dar. Dies soll anhand Siguschs These der »Neosexualitäten« konkretisiert werden:

> »Die angedeuteten kulturellen Prozesse [...] kurzum die Banalisierung sexueller Vorlieben und Praktiken, die vordem als widernatürlich, gottlos, pervers und unmenschlich gegolten haben, integrieren die vordem isolierten partiellen Lüste auf verschiedene Weise. Einerseits schalten sie sie [...] auf abstrakte Weise konkret gleich [...]. Andererseits werden partielle Lüste zu Spezialitäten deklariert, die das normale Sexualleben bereichern« (Sigusch, 2005, S. 104).

Sexuelle Räume würden der Gesellschaft zur Verfügung gestellt, ja geradezu institutionalisiert. Es bestehe sogar ein gesellschaftliches »Anliegen, Sexualität nicht als private Praxis in Schlafzimmern, sondern auch und konstitutiv öffentlich zu konzeptualisieren [...] [vgl. Laumann et al., 2004]. Nicht nur seien die Chancen, spezifische Sexualitäten für sich zu entdecken oder zu praktizieren, von der jeweiligen Stadt vorstrukturiert [...], sondern die Städte selbst offerierten Sexualitätsräume« (Löw, 2008, S. 439).

Ob sexuelle Räume tatsächlich von Stadt zu Stadt divergieren, bleibt hier dahingestellt. Dennoch scheinen sexuelle Räume heutzutage nicht nur einer Institutionalisierung zu unterliegen, sondern auch gesellschaftlich strukturiert zu sein: »In short, when space is collectively defined as sexual, it improves markets coordination because it signals the type of partner, sexual activities, and possible relationships that one can expect to find there« (Laumann et al., 2004, S. 22).

Die bis dahin noch erscheinende Grenzzone zwischen Normalität und Nicht-Normalität wird als realer Raum definiert, konstituiert und unter Marktbedingungen den Individuen zur Verfügung gestellt. Man könnte diesen Raum als *Nicht-mehr-Normalität* und oder *Noch-nicht-Normalität* bezeichnen. Hierunter fallen somit all jene sozialen Praktiken, die nicht eindeutig zuzuordnen sind und in genau diese neu geschaffenen Räume verdrängt – also gentrifiziert – und dadurch zugeordnet werden. Es geht hierbei letztlich wieder um den sozialen Umgang mit bestehenden Kategorisierungen – oder einfacher gesagt: um *Sowohl-als-auch-Räume* in einer *Entweder-oder-Welt*. In der Real-Werdung werden diese Räume erwartbar und kontrollierbar – in ihrem absehbaren Moment zeigt sich demnach das kontrollierende Prinzip. Dies erinnert an Foucaults These der Parzellierung und an die Taktik der räumlichen Anordnung, die er in *Überwachen und Strafen* (1976) ausführt:

> »Der analytische Raum thematisiert die Verbindung zwischen Diskurs und architektonischem Raum. […] Die Gestaltung des Raumes zeigt sich vor allem in seiner Parzellierung. […] Die Parzellierung hat je nach Raumfunktion ganz unterschiedliche praktische Auswirkungen. Allgemein lässt sie sich als konzentrationssteigernde Maßnahme wie auch als verbesserte Kontrollmöglichkeit der dort ausgeübten Tätigkeiten begreifen« (Ruoff, 2007, S. 175).

Es wird also ein kontrollierter Raum geschaffen, um die gesellschaftliche Norm gleichzeitig zu bestätigen und infrage zu stellen, indem sie verneint, neutralisiert oder auch überhöht wird. Die hegemoniale Ordnung bleibt dabei der Referenzpunkt, auf den sich der geschaffene Raum bezieht, sie somit als gegeben anerkennt und dadurch in ihrem Sein bestätigt. Man könnte wie Schuster somit zu dem Schluss kommen, dass alle »gesellschaftlichen Bereiche von der Norm geprägt sind, wobei die Norm in unterschiedlichen, teilweise auch subversiven Spielarten zutage tritt, abhängig von den jeweiligen örtlichen und räumlichen Kontexten« (Schuster, 2010, S. 245).

Durch die Technik der Gentrifizierung würde nicht nur der nötige Raum geschaffen, um nicht-normiertes Verhalten dorthin zu verdrängen um es ausleben zu können, sondern auch die nötige Verortung für das Individuum bereitgestellt, sich selbst zu positionieren und zu identifizieren. Man kann mit Martina Löw durchaus argumentieren, dass erst durch solche Räume »sich klar definierbare soziale Gruppen an den je spezifischen Orten [finden lassen] und [...] in der praktizierten Sexualität (und sei sie noch so sehr als *abweichend* definiert) die soziale Ordnung der Gesellschaft [reproduzieren]« (Löw, 2008, S. 440 [Hervorheb. im Orig.]). Das Konzept des Raumes erweist sich dabei als geeignetes Mittel, Zusammenfassungen sozialer Praktiken als Räume zu begreifen, in denen Sozialität in ihrer eigens gefassten Normalität gelebt werden kann.

Wenn man das Raumkonzept auf die BDSM-Szene und die hier behandelten Fragestellungen anwendet, so lässt sich die These vertreten, dass demnach auch Räume konstituiert werden, welche diese Funktionen für die sexuelle Norm und – in Verbindung damit – für den sozialen Umgang mit Gewalt und Macht erfüllen. Räume, in denen BDSM praktiziert wird, können dafür als Paradebeispiel angesehen werden: »Das Thema SM bleibt seinem Wesen nach ambivalent und bewegt sich, so könnte man sagen, in einem Grenzraum« (Wagner, 2014, S. 42).

In einer gewissen Weise geben die Institutionalisierung und die gleichzeitige Anerkennung von BDSM-Praktiken und -Lebensweisen Menschen die Möglichkeit, als aggressiv oder gewalttätig etikettierte oder auch andere sexuelle und nonsexuelle Praktiken sozial verträglich auszuleben. Gleichzeitig kann man behaupten, dass innerhalb dieses Raumes BDSM den eigens konstruierten Normen und Regeln entsprechend ausgelebt werden kann, die so in anderen gesellschaftlichen Räumen keine Realisierung finden. Die hier vorgestellten BDSM-Events werden dabei als Räume begriffen, in die sich Menschen selbst verorten oder verortet werden können. Das Event dient somit als geschützter, begrenzter Möglichkeitsraum zwischen *noch-normalen* und *nicht-mehr-normalen* sozialen Praktiken. BDSM liegt also in einem Grenzraum zwischen *Normalität* und *Nicht-mehr-Normalität*. Der Grenzraum kann demnach als ein Ort verstanden werden, »an dem Widersprüche aufeinandertreffen und das Sowohl-als-auch Gestalt annimmt« (Geisen, 2003, S. 117).

Gesellschaft wird somit als ein Agglomerat von sozialen Räumen und Positionierungen verstanden, die ihre jeweiligen sozialen Praktiken unter ihre jeweilige Norm stellen und sie somit erst ermöglichen. Dabei können die unterschiedlichen Räume gesellschaftlich als *normal* – also zugehörig – und *nicht-normal* – also nicht zugehörig – bewertet und verortet werden. Jeder Raum für sich ist jedoch stets Normalität und bringt seine dazugehörige *Nicht-Normalität* hervor. Einige Räume fungieren dabei als ständige Arenen, an denen sich die Grenzziehung extremer oder häufiger manifestiert. Durch die Art und Weise, wie und wo diese Grenze gezogen wird, wird erst sichtbar, wie die Gesellschaft mit diesen

Thematiken umgeht – und letztlich, wie weit Gesellschaft reicht. Der Prozess der Verdrängung ist somit ein Prozess der Exklusion und Inklusion – das Zusammenspiel der einzelnen Räume kann demnach als Verdrängung aus und in Normalitätsräume verstanden werden.

Die BDSM-Szene fungiert in gewissem Sinne als eine mögliche Schnittstelle der Diskurse um Gewalt, Macht, Aggression und Sexualität. Dabei erfolgt nicht nur eine öffentliche Grenzziehung von außen, sondern auch eine Grenzziehung von innen. Durch die eigene Regel- und Normsetzung wird die BDSM-Szene selbst zur grenzziehenden und somit zur verdrängenden Instanz. Wir haben es also mit internen und externen Zuschreibungen von *Normalität* zu tun. Dadurch werden letztlich aber auch unterschiedliche Fassungen von Normalität, also unterschiedliche Normalitätsräume produziert, wobei der eine womöglich nur umfassender und mitunter wirkmächtiger oder durchsetzungsfähiger ist als der andere. Dieser Frage soll aber hier nicht nachgegangen werden. Festzuhalten ist, dass beide Normalitätsräume aufeinander reagieren und miteinander interagieren, sich also gegen- und wechselseitig herstellen und konstituieren. BDSM wird somit zum Gegenstand interagierender Normalitätsräume.

Fazit und Ausblick

> »Der grundlegende Unterschied zwischen der gesellschaftlich bedingten Modalität moderner und postmoderner Fremder besteht aus bereits genannten Gründen darin, daß die modernen Fremden zur Vernichtung vorgesehen waren und die vorrückende Grenzlinie der entstehenden Ordnung markierten, während die postmodernen freudig oder widerwillig, jedoch unter allgemeiner Zustimmung oder Resignation zum Hierbleiben da sind.«
>
> *Bauman (1999, S. 58)*

Liberalisierung, Postmodernisierung, Diskursivierung, Normalisierung – die anfangs von mir genannten Perspektiven auf den heutigen sozialen Status quo verdichten sich zu folgendem Fazit: Es ist festzustellen, dass sich der Norm- und Normalitätsbegriff sowohl generell als auch spezifisch ausgeweitet hat. Die postmoderne Vielfalt scheint das Paradigma der Gleichheit abzulösen, was mit einigen Umstrukturierungen verbunden ist. Sozialität erweitert sich um andere Formen. Vergemeinschaftung und soziale Integration finden mehr Ausprägungen und Möglichkeiten, um sich zu realisieren. Das postmoderne Paradigma klingt dabei nahezu ideell:

> »Die Postmoderne hat sich von dem Ordnungszwang der Moderne emanzipiert, lässt Ambivalenzen ausdrücklich bestehen und setzt auf ein der allgegenwärtigen Ambiguität Respekt zollendes Leben mit dem Ungeklärten. Die größte Chance der Moral liegt dabei in dem Wissen um die Unsicherheit des moralischen Handelns« (Kron, 2002, S. 223f.).

Nicht zu leugnen ist die Tatsache einer vernetzteren Welt und somit einer gestiegenen Anzahl an sozialen Interaktionen. Gesellschaftliche Differenzierung schafft Vielfalt. Es scheint dabei gewissermaßen eine Einigung darauf zu bestehen, dass die Vielfalt an Lebensweisen letztlich am besten dadurch realisiert und verwaltet werden kann, wenn viele davon in einen kontrollierbaren Normalitätsraum integriert und somit ausgelebt werden können: Normal ist heute mehr als noch vor 50 Jahren. Ideale wie Gleichheit, Freiheit, Toleranz, Menschenrechte und Liberalisierungsgedanken stellen dabei veränderte soziale Umgangsformen dar, die sich letztlich aber noch im Prozess der Etablierung befinden. Die oben geschilderte Loslösung von modernen Umgangsformen erfolgte bisher somit nur partiell, vielmehr ist sie ein sukzessiver Prozess neuer Strukturierungsbemühungen zur Etablierung eines neuen sozialen Paradigmas: »Wo jeder ein Fremder ist, ist es keiner. Heißt das, dass sich mit Verallgemeinerung – und gleichzeitigen Auflösung – der Fremdheit das Problem des Umgangs mit dem Fremden in der Spätmoderne verflüchtigt hat? Das Gegenteil ist der Fall [...]« (Eickelpasch, 1999, S. 11).

Wenn man sich daran erinnert, dass sich Gesellschaft stets in einem Prozess der Inklusion und Exklusion sozialer Praktiken innerhalb eines Ordnungsrahmens befindet, so ist eine Vollinklusion Aller deshalb unmöglich, da gewisse Praktiken den Grenzbereich zum Außen bilden müssen. Dieser Grenzbereich wird jedoch immer schneller und detaillierter aktualisiert – und damit unübersichtlicher. Gefühlte Unordnung ist die Folge. Gerade das Flüchtige sozialer Ordnung wird von postmodernen Ansätzen betont:

> »Wir können noch einen Schritt weitergehen und sagen, daß *Ordnungschaffen* nun ununterscheidbar wird vom Verkünden ständig neuer ›Anomalien‹, der Einführung ständig neuer Trennlinien, dem Identifizieren und Ausgrenzen immer neuer *Fremder*. Altvertraute und unproblematische nächste Nachbarn können sich, sobald eine neue Ordnung ins Auge gefaßt wurde, über Nacht in furchterregende Fremde verwandeln« (Bauman, 1999, S. 25 [Hervorheb. im Orig.]).

Der sich etablierenden postmodernen Unordnung – aufgrund der Unübersichtlichkeit durch Vielfalt – müssen sich aber andere, womöglich neue Ordnungsmöglichkeiten zur Seite stellen, um sie überhaupt erhalten zu können. Es werden also soziale Räume geschaffen, die ordnen, verwalten und positionieren, in denen eine definierte Normalität und die dazugehörigen Verhaltensweisen anzutreffen sind – und nur diese: neue Schubladen für neue Kombinationen sozialer Praktiken also. Dies lässt im Einzelnen die nun folgenden Ausblicke wagen.

Neue Schubladen und geordnete Räume

Durch die Ausweitung des allgemeinen Normalitätsraumes ergeben sich mehr Möglichkeiten, mehr soziale Praktiken unter das Postulat der normalen Praxis zu stellen. Auf meine Erkenntnisse bezogen sind es vor allem sexuelle Praktiken, die davon profitieren oder betroffen werden: »So gesehen muss von einer Demokratisierung der Sexualität gesprochen werden, in der Rollen und Praktiken nicht festgelegt, sondern mit dem Anspruch an eine Gleichberechtigung der Verhandlungspartner_innen immer wieder neu ausgehandelt werden können« (Wagner, 2014, S. 24).

Mit dem Postulat der Einvernehmlichkeit werden letztlich diejenigen Praktiken zum Problem, die nicht in eine von Gleichberechtigung geprägte Ordnung passen. Darunter fallen generell zuerst alle asymmetrischen sozialen Beziehungen. Eine Annahme hierbei ist, dass solche Beziehungsformen letztlich aus der Öffentlichkeit ausgelagert und in Szenen mit dieser Thematik verdrängt werden. Für die BDSM-Szene kann vermutet werden, dass gerade solche partnerschaftlichen Arrangements zunehmen, die vermehrt die Elemente Macht und Dominanz aufweisen. Im Interview erwähnt CAJA, eine der Organisatorinnen des CFNM-Events, den männlichen *Macho*, der mit BDSM in erster Linie noch nichts gemein hat. Da dieses Stereotyp im Zuge der gesellschaftlichen Bemühungen um geschlechtliche Gleichberechtigung vermehrt aus den öffentlichen Bereichen verschwinden wird – so die Annahme –, muss er durch diese Exklusion in einem anderen sozialen Raum Inklusion erfahren. Die soziale Parole könnte heutzutage beispielsweise so lauten: »Ungleichberechtigte Paare sind out! Wohin mit ihnen?«. Die BDSM-Szene bietet sich mit ihrem *Spezialdiskurs* (vgl. Link, 2005, S. 86f.) letztlich für eine Integration an. Aber auch Szenen, die verjährte gesellschaftliche Rollendefinitionen ausleben (z. B. die Rockabilly- und die Rockabella-Szene) würden hier eine Aufnahmemöglichkeit bieten. Es wird sich noch herausstellen, wie und vor allem wo hier der Grenzbereich zwischen *noch-normal* und *nicht-mehr-normal* aktualisiert und festgelegt wird.

Wenn man die Kategorie der sozialen Praktiken betrachtet, welche die Themen Gewalt und Aggression behandeln, so ist auch hier eine Verschiebung des Grenzbereichs zu erkennen. In der öffentlichen Sphäre – die scheinbar immer gewaltfreier wird – werden solche Praktiken womöglich immer weniger geduldet, sondern erfahren zunehmend mediale Skandalisierung. Mit zunehmender Befriedung und Selbstdisziplinierung gestaltet sich Aggressionsabfuhr jedoch immer schwieriger. Hierbei schaffen institutionalisierte Räume die Möglichkeit, die Aggressionen zu binden und kontrolliert auszuleben. Aggressionen können sich somit zwar nicht frei – im Sinne von willkürlich –, jedoch in sozial geregelten und damit sozial legitimierten Formen sowie innerhalb der konsensuellen Einwilligung der eingebundenen Akteure äußern (vgl. Ostermeyer, 1975, S. 36).

Die BDSM-Szene, innerhalb derer sadomasochistische sexuelle Praktiken kontrolliert realisiert werden können, bietet sich somit als ein möglicher sozialer Raum innerhalb der gesellschaftlichen Sphäre an, der die gültige gesellschaftliche Norm von Sexualität, Gewaltfreiheit und Gleichberechtigung genau dadurch aufrechterhalten kann, weil eben beides eine Kanalisation oder Verdrängung in einen anderen sozialen Raum erfährt: die Parzellierung gesellschaftlicher Thematiken in sozial konstruierte, dafür vorgesehene Räume also. Die Positionierung dieser Räume zum hegemonialen Raum und auch der hegemoniale Raum selbst werden dabei diskursiv festgelegt. Auch innerhalb der BDSM-Szene – auf subkultureller Ebene – ist dieses Phänomen anzutreffen. Wie bereits im Interview mit BENIKE beschrieben, erfolgt auch auf den Events selbst eine räumliche Parzellierung der verschiedenen Praktiken und Vorstellungen über BDSM.

Die BDSM-Szene stellt einen institutionalisierten Raum dar. Soziale Praktiken mit Gewaltelementen werden innerhalb des BDSM-Kontextes gesellschaftlich geduldet. Es gibt aber auch weitere soziale Räume, welche die Thematik Gewalt und Aggression zum diskursiven Gegenstand haben. Helmut Ostermeyer beschreibt hierzu eine ganze Palette an sozialen Möglichkeiten, Elemente von Gewalt auszuleben:

> »Unter dem Druck des gesetzlichen Gewaltverbots bilden sich Formen gewaltfreier oder gewaltarmer Ersatzabfuhr […]. Es reagiert sich in Klatsch, Tratsch, Entrüstung, Intrigen und Schikanen ab oder läßt sich durch Schlaftabletten, Psychopharmaka und Tranquilizer chemisch dämpfen. Leserbriefspalten, Gerichtsreportagen, Kriminalromane und -filme und die Fernsehsendung Aktenzeichen XY können schon als institutionalisierte Ersatzabfuhr angesehen werden. Auch in Innen- und Außenpolitik, im beruflichen Leistungs- und Konkurrenzkampf und in Sportveranstaltungen, insbesondere Boxkämpfen, Autorennen und Fußballspielen, ist ein gewisser Grad von Institutionalisierung der Ersatzaggression erreicht« (Ostermeyer, 1975, S. 115).

Meines Erachtens ist dieser Aspekt wissenschaftlich durchaus anschlussfähig. Wo und vor allem wie lassen sich gesellschaftliche Räume mit welchen Themenkomplexen ausfindig machen? Es könnte dabei beispielsweise an dispositivanalytische Verfahren gedacht werden, um diesen Fragen weiter nachzugehen. Außerdem bietet die computergrafische Modellierung solcher Räume ein höchst aufschlussreiches Instrument für eine zukünftige soziologische Perspektiveinnahme an.

Alternative Vergemeinschaftungsformen – Die Eventisierung

In nahezu allen Interviews wird die Abgrenzung von BDSM zur Swinger-Szene betont. Obwohl auch die Swinger-Szene in ihren Örtlichkeiten darauf achtet, Räume für BDSM-Praktiken zur Verfügung zu stellen, wird sie von fast allen Organisator*innen als Beispiel dafür genannt, was BDSM nicht ist.

In der Swinger-Szene zeigt sich aktuell eine erste Trennung zwischen normalisierten Swinger-Praktiken und einem daraus veränderten Selbstbild der Swinger-Szene. Miriam Venn nennt diesen Prozess auch Eventisierung und liefert dabei Ergebnisse, die in diese Richtung deuten. Demnach differenziert sich die Swinger-Szene in *normalisierte* Swinger-Partys und in einen *eingefleischten* Kern, sozusagen einem *Hardcore* bestimmter Swinger-Praktiken aus (vgl. Venn, 2015, S. 249–274). Die Eventisierung geht einher mit einer Öffnung der Szene oder aber einer veränderten Form, Swinger-Praktiken auszuleben. Manche Praktiken werden normalisiert und drängen sich letztlich an den Rand des intern definierten Szenebegriffes.

Die Szene als Strukturierungsmöglichkeit sozialer Praktiken – dies wurde bereits in der *Schwulen-Szene* konstatiert – scheint sich in ihrer Begrenzung zu verändern. DANTE und ELOS, die Organisatoren der Spank-Party, berichten im Interview davon, dass auch zunehmend die Strukturierung derartiger Events davon beeinflusst wird. Außerdem zeichnet sich bei manchen Events ein Rückgang der Gästezahlen ab. Gleichzeitig müssen auch die Events differenzierter werden. Sowohl das Angebot von Events als auch die Nachfrage sind größer geworden. Die Vorlieben für BDSM wollen von mehr Personen detaillierter ausgelebt werden. Im Interview mit DANTE und ELOS ging es letztlich darum, dass man in der Schwulen-Szene keine allgemeine Fetisch-Party mehr machen könne. Vielmehr müsse man den Fetisch präziser fassen:

DANTE: »Ja. Ja, das haben wir jetzt auch gelernt zu sagen, okay: ›Wenn ich jetzt wieder eine Fetisch-Party mach, dann mach ich halt eine, wo ich dann sage, das ist halt eine Gummi-Leder-Lack-Party‹ oder was, ne?! Oder halt mit Frauenklamotten, was fehlt *(lacht)*.«

Die Szene differenziert sich aus: Homosexuell ist nicht gleich Homosexuell, BDSM ist nicht mehr gleich BDSM. Der gemeinsame Nenner, die gemeinsamen Identifizierungsmöglichkeiten sind detaillierter und präziser geworden: Religion, Nationalität, Sexualität allein verbinden nicht mehr. Außerdem haben Latex-Fetisch und menschliches Möbelstück, peitschende Domina und Natursekt auf den ersten Blick vielleicht nur wenig miteinander zu tun, dennoch verbinden sie sich auf einer subkulturellen Ebene zum Begriff BDSM.

Man könnte von den Entwicklungen in den genannten Szenen unmittelbar einen Ausblick auf wahrscheinlich eintretende Dynamiken in der BDSM-Szene, womöglich auch in Szenen generell wagen: Nicht die Szene bildet sich zurück, sondern die Szene als Vergemeinschaftungsform tritt zugunsten flexiblerer und offenerer Strukturen und Formen von Vergemeinschaftung in den Hintergrund. Die Szenestruktur ist somit für manche – vor allem *normalisierte* – soziale Praktiken womöglich nicht mehr geeignet. Die Eventstruktur nimmt daher zu. Sie zeichnet sich durch eine prinzipielle Öffnung der Szenegrenzen aus. Die Eintrittshürden sind dabei herabgesetzt, wodurch gewisse Praktiken öffentlich zugänglicher werden. Unterstützt wird diese Öffnung durch Diskursivierungen, vor allem in Form der medialen Auseinandersetzung mit dem Thema. Für die BDSM-Szene deutet sich durch den medialen *Hype* um die Roman-Trilogie *Fifty Shades of Grey* von E. L. James sowie deren Verfilmung eine Normalisierung von BDSM an. Man könnte demnach Siguschs (2005) Annahmen zumindest insofern zustimmen, als bereits seit Längerem zu beobachten ist, dass sich sadomasochistische Elemente durchaus in den sexuellen *Mainstream* mischen: Handschellen, Dildos und Vibratoren gesellen sich zum bereits bestehenden Sortiment gängiger Drogeriemärkte etc. Dennoch kann nicht davon ausgegangen werden, dass BDSM gänzlich mainstream- oder salonfähig wird. Die Frage bleibt zudem, wie die BDSM-Szene auf diesen von außen an sie herangetragenen Hype reagieren wird. ATHIA, die Organisatorin der Play-Party und des Paare-Dinners, liefert hierzu eine mögliche Annahme:

I: »Ja, die Frage wäre jetzt eben, wenn jemand *Shades of Grey* gelesen hat und dann sagt, ich hab auch solche Fantasien, ich möchte das mal ausprobieren, und sich so automatisch eher zur Szene zählt, obwohl er vielleicht noch nie da war, dann kommt und dann vielleicht so die grundlegendsten Regeln vielleicht noch gar nicht kennt weil, [...] also, dass die Eintrittshürde (.)«

ATHIA: »Dass die Eintrittshürde herabgesetzt wird, dadurch, dass SM durch diesen Roman irgendwie gesellschaftsfähig wurde.«

I: »Besser hätte ich es nicht ausdrücken können [...].«

ATHIA: »Ja, ich glaube, dass aufgrund dieses Romans sehr viele, uns auch sehr viele neue Leute zugelaufen (.) gekommen sind (.) dass aber sehr viele es bei einem Besuch dann belassen, also ...«

I: »(//mhm//) Weil sich da doch nochmal was (.)?«

ATHIA: »Weil das halt dann doch noch mal ein bisschen was anderes ist, wenn man dann wirklich sieht, wenn einer einen blutigen Hintern hat *(lacht)*.«

In dieser Weise muss zwischen Normalisierung der BDSM-Szene und der Normalisierung bestimmter Praktiken mit BDSM-Elementen differenziert werden. Die Normalisierung bestimmter BDSM-Praktiken führt nicht unweigerlich zu ihrer

Verdrängung aus der BDSM-Szene. Sie erfahren aber einen anderen sprachlichen Umgang in Richtung Verharmlosung oder Banalisierung. Das, was öffentlich als BDSM dargestellt wird, wird bewusst von dem unterschieden, was unter BDSM innerhalb der Szene verstanden wird. GALANE, eine Organisatorin des LARP-Events, beschreibt es so:

GALANE: »Es gibt dann Leute, wo dann einfach sagen, sie gehören der Szene an, aber das sind ›äähh‹ für die ist dann wirklich (.) SM ist dann Sex in Handschellen. Das ist so die Plüschhandschellen[fraktion] (.)«

Die Normalisierung der BDSM-Szene würde sich beispielsweise darin zeigen, wenn *härter* definierte BDSM-Praktiken zunehmend aus den Eventräumen verdrängt würden. Ein Indiz für diese Entwicklung wäre ATHIA zufolge darin zu sehen, wenn »von den härteren Spielarten die Leute wegbleiben«:

I: »(//mhm//) Und bleiben die schon weg?«
ATHIA: »›äähh‹ Naja, diese eine Gruppe, die blieb aber schon vor vier Jahren weg, also, das hat jetzt mit *Shades of Grey* nix zu tun.«
I: »Welche eine Gruppe?«
ATHIA: »Diese mit den Nazi-Uniformen. [...] Ansonsten kamen bisher alle irgendwann mal wieder. Ich mein, manche Leute – muss man auch ganz klar so sehen – die waren früher da, jetzt sind sie Oma und Opa und passen halt aufs [Enkel-]Kind auf. Es ändern sich ja auch die Lebensumstände von den Leuten. Also, erstens wird keiner jünger, und dann lässt man sich scheiden, dann bleiben die weg (.) das haben wir alles schon erlebt, dass da sehr viel äußere Lebensumstände dann dazu führen, dass uns jemand nicht mehr besucht.«

Stiller werdende Öffentlichkeit und der Rückzug ins Private

Man muss zugeben, dass der öffentliche soziale Umgang mit Abweichungen toleranter geworden zu sein scheint. Womöglich schafft die erhöhte Konfrontation mit Abweichungen aller Arten und Formen einen erweiterten Toleranzbereich: Die Auseinandersetzung mit Abweichungen – gerade was städtische Strukturen angeht – wird häufiger und somit auch normaler. Vielleicht sind dies aber nur Konsequenzen eines unpräziser werdenden Verständnisses von Normalität. Diese Entwicklungen lassen sich durchaus auf gesamtgesellschaftlicher Ebene betrachten. Sie äußern sich zudem in einer Ausweitung und Differenzierung subkultureller Praktiken und Vergemeinschaftungsformen. Dabei bilden die Vergemeinschaftungsformen jeweils für sich ihre eigenen Grenzen und somit ihre eigenen Normbereiche, was auch in der BDSM-Szene festgestellt werden kann. Die Szene selbst bestimmt ihre Normen und ihre *normalen* und *abweichenden* Praktiken.

Es stellt sich dabei die Frage, wie szene-intern mit diesen Abweichungen umgegangen wird. Es ist anzunehmen, dass solche meta-devianten Praktiken ihre Realisierung zunehmend im privaten Bereich finden werden. Sie werden in gewisser Weise aus den halb-öffentlichen Räumen ins Private verlagert oder verdrängt, wodurch sie dann wieder zahlenmäßig kleiner werden. Die Verkleinerung der Einheit wirkt oft familiärer, normativ bindender und somit auch identitätsstiftender. Es ist festzustellen, dass auch BDSM eine Privatisierung erfährt – und somit eine Auslagerung bestimmter sozialer Praktiken aus der BDSM-Szene stattfindet. Letztlich lässt sich dies damit erklären, dass immer mehr der *sonstigen* Szenegänger*innen einen privaten Raum für BDSM-Praktiken finden. Dies kann bereits in der *Schwulen-Szene* beobachtet werden:

I: »Ja gut, aber ich mein, man braucht doch ab und zu das ETABLISSEMENT, einfach die Einrichtung mit den ganzen ich meine, wer hat schon daheim ein Beichtstuhlzimmer?«

ELOS: »Jaaa (.) also, ich kenn viel Schwule, die wirklich einen richtig professionellen Playroom zu Hause haben mit Andreaskreuz und allem Drum und Dran. Da kenn ich nicht nur einen, da kenn ich sicher viele.«

Ob damit ein Schwund oder eine Verkleinerung der Szene einhergeht, bleibt gewiss noch von anderen Faktoren abhängig.

Mit dem Rückzug ins Private eng verbunden ist ein gleichzeitig zu konstatierender Rückzug aus öffentlichen oder halb-öffentlichen Räumen in virtuelle Räume. Diese Veränderung soll aus den stattfindenden Entwicklungen in der Schwulen-Szene abgeleitet und auf die BDSM-Szene übertragen werden. Fixe Örtlichkeiten wie öffentliche Kneipen oder Szene-Clubs werden vor allem aufgesucht, um real und physisch in Kontakt zu treten. Die ersten Kontaktaufnahmen finden jedoch vermehrt über das Internet statt:

ELOS: »Dazu kommt dann auch noch der Chat, ne?! (//mhm//) Alles ins Internet verlagert. Da trifft man sich dann privat wiederum privat, so kommt das eine ins andere.«

Wenn es um Vergemeinschaftung geht, so geht es immer auch um die Herstellung einer sozialen Identität. Der Grad der Identifikationsmöglichkeiten variiert dabei je nach gewählter Vergemeinschaftungsform und persönlichem Bedürfnis. Hierzu passt das Zitat aus dem Interview mit FENNO, einem der Organisator*innen des LARP-Events. Letztlich fasst er das postmoderne Dilemma wie folgt zusammen:

FENNO: »Sagen wir mal so, pass auf: Wenn wir uns alle einen Wald vorstellen, wird jeder seinen Wald sehen und keiner den gleichen. Und wir leben in einer Gesellschaft, was die Sexualität angeht, open-mindeder gegenüber vor 20 Jahren. Es wird viel mehr experimentiert auf der einen Seite. Auf der anderen Seite haben wir immer noch Klischee-Denken. Das heißt, wenn du dich heute mit Menschen in, sagen wir mal, Middle-Ages unterhältst und das Thema *Swinger-Club* in den Raum wirfst, dann war davon ein gewisser Prozentsatz dort, aber es wird noch nicht 'ne große Schnittmenge sein, aber jeder hat ein Bild davon im Kopf. Wenn du dich dann über BDSM unterhältst, dann wirst du mit allen Menschen auch genau eines erreichen, die haben ein gesellschaftlich geprägtes, grundstrukturelles Bild davon, dieses wird etwas positiv verändert durch Dinge wie *Shades of Grey*, weil die Menschen experimenteller werden, aber was sie damit nicht bekommen, und das ist im Prinzip das große Problem, dass sie ›äähh‹ eine gewisse Freiheit in der Denke hinbekommen, auch anderen Dinge zu gönnen, die sie selber für nicht praktikabel halten. Also, dieses Akzeptanz-Toleranz-Problem ändert sich damit nicht zwingend.«

Interdiskursive Normalitätsräume

Ich konnte bisher zwei Arten der diskursiven Grenzsetzung kenntlich machen: einerseits eine Grenzsetzung von außen – also durch öffentliche Diskursivierungen des Gegenstandes BDSM – und andererseits die Grenzsetzung von innen durch die BDSM-Szene selbst. Ich bin davon ausgegangen, dass die BDSM-Szene keine hermetisch abgeriegelte Szene darstellt, sondern gesellschaftlichen Diskursen ebenso unterworfen ist, wie andere Szenen auch. Gleichzeitig konstituiert die BDSM-Szene gesellschaftliche Diskurse (z. B. über Macht, Gewalt und Sexualität) mit, indem einerseits öffentlich über die BDSM-Szene gesprochen wird und andererseits die BDSM-Szene wiederum selbst Einfluss auf die öffentlichen Diskurse hat.

Die BDSM-Szene stellt sich als eine Art Reibungsfläche dar, an der sich abzeichnet, wie die Gesellschaft mit diesen Thematiken umgeht. Anhand der BDSM-Szene werden diskursiv Möglichkeiten konstituiert, um nicht erwünschte Formen sozialer Praktiken dieser Themenkomplexe zu realisieren. Die Diskurslogik wirkt sich dabei auf die organisationale Ebene und Struktur aus. Man könnte von einer Grenz- oder auch Aushandlungszone zwischen Leitkultur und Subkultur, zwischen dem öffentlichen Diskurs um BDSM und dem Diskurs innerhalb der BDSM-Szene sprechen. Link verwendet hierbei die Begriffe »Elementardiskurs« auf der einen Seite und »Spezialdiskurs«[149] auf der anderen Seite (vgl. Link, 2005, S. 79). In beiden Diskursen geht es um das Thema BDSM, dennoch muss es sich dabei nicht zwingend um ein und dasselbe Verständnis oder Wissen von BDSM handeln. Die Interaktion, also den diskursiven Austausch beider Diskurse, nennt Link schließlich »Interdiskurs«: »Die oben erwähnte, der Tendenz zur Wissensspezialisierung gegenläufige, entdifferenzierende, partiell reintegrierende Tendenz der Wissensproduktion führt zur paradoxen Konstitution eigener Diskurse, deren Spezialität sozusagen die Nicht-Spezialität ist und die ich Interdiskurse zu nennen vorgeschlagen habe« (Link, 2005, S. 87).

Als bekannte Beispiele nennt Link letztlich alle Arten von Populärwissenschaft, Populärliteratur, Populärgeschichte etc. (vgl. ebd.).

Auf das Beispiel BDSM angewendet heißt dies Folgendes: Es werden sowohl *Elementardiskurse* (d.h. szene-extern stattfindende Diskurse) als auch *Spezialdiskurse* (d.h. szene-interne Diskurse) über BDSM geführt. Es gibt demnach mehrere Betrachtungen ein und desselben BDSM-Begriffes und auch ein und derselben BDSM-Szene: die Betrachtung von außen mit ihrem Verständnis von *normalem* und *nicht-normalem* BDSM und die Betrachtung von innen mit ihrem Verständnis von *normalem* und *nicht-normalem* BDSM. Als *Interdiskurs* könnte man in diesem Zusammenhang beispielsweise Populärliteratur zum Thema BDSM bezeichnen (z.B. die Verfilmungen der Roman-Trilogie *Fifty Shades of Grey* von E.L. James). Letztlich vermitteln Interdiskurse zwischen Spezial- und Elementarwissen – indem sie die notwendigen »Brücken schlagen« (vgl. ebd.) und die Kommunikation zwischen beiden überhaupt erst möglich und anschlussfähig machen.

149 Unter »Elementardiskurs« versteht Link den *Alltagsdiskurs*. Unter »Spezialdiskurs« würden dann beispielsweise wissenschaftliche Diskurse fallen (vgl. Link, 2005, S. 86f.). Spezialdiskurse unterscheiden sich von den Elementardiskursen vor allem durch das etablierte Wissen, das nötig ist, um daran teilzunehmen und dadurch, dass nicht jeder zu diesen Diskursen Zugang hat. In der Sprechweise von Berger und Luckmann (2012) könnte man auch »Jedermanns-Wissen« und »Spezialwissen« sagen.

Im interdiskursiven Prozess findet einerseits eine Normalisierung und andererseits eine Ab- oder *Denormalisierung* von Praktiken statt – also die diskursive Aushandlung darüber, welche Praktiken dann jeweils außerhalb und innerhalb der BDSM-Szene als *normal* und als *nicht-normal* gelten. Es bildet sich ein inneres und äußeres anerkanntes Wissen – wenn man so will ein innerer und äußerer *Mainstream* – darüber heraus, was zu *normalem* BDSM zählt und was nicht. Wir haben es also mit mehreren BDSM-Räumen und ebenso mit mehreren Normalitätsräumen zu tun, die sich durch ihre reziproke Interaktion ständig wieder selbst konstituieren und rekonstituieren. Diejenigen Praktiken, die beispielsweise in den *Fifty-Shades-of-Grey*-Verfilmungen als BDSM dargestellt werden, mögen außerhalb der BDSM-Szene durchaus als *normal* oder zumindest normalisierbar erlebt werden; innerhalb der BDSM-Szene werden diese Praktiken sicherlich anders bewertet bzw. banalisiert. Womöglich werden sie aus der BDSM-Szene ausgegrenzt, da sie bereits zu einer *normal* definierten Sexualität gehören. Dennoch stellt der Interdiskurs über BDSM die notwendige, sogar essenzielle Vermittlungsinstanz zwischen gesellschaftlichem und gemeinschaftlichem Wissen dar. Ohne den Interdiskurs könnte BDSM demnach gesellschaftlich weder bekannt, noch verstanden und somit gemeinschaftlich auch nicht ausgelebt werden. Der Interdiskurs zwischen BDSM-Szene und BDSM im Elementardiskurs ermöglicht damit aber auch den Schutz vor Tabuisierung und Kriminalisierung, gerade weil BDSM diskutiert, kommuniziert und somit verstanden – oder zumindest gekannt, wenn auch oft verkannt – wird.

Es stellt sich die Frage nach den Auswirkungen, wenn Interdiskurse – also die Vermittlungsinstanzen zwischen Gesellschaft, Gemeinschaft und Individuum ausblieben; das heißt die Frage, wie sich diese Verständigungsschwierigkeiten äußerten und welche Auswirkungen dies für die jeweiligen gesellschaftlichen Komponenten hätte. Diese und andere weiterführenden Fragen stellen einen Ausblick und auch die Möglichkeit zum wissenschaftlichen Anschluss dar. Sie werden jedoch an anderen Stellen behandelt und diskutiert. Dieses Buch soll daher mit dieser letzten Fragestellung ein offenes Ende finden.

Literatur

Allolio-Näcke, L. (2010). *Diskursanalyse*. In G. Meyring & K. Mruck (Hrsg.), *Handbuch Qualitative Forschung in der Psychologie* (S. 662–675). Wiesbaden: VS Verlag.

Angermüller, J. (2005). *Sozialwissenschaftliche Diskursanalyse in Deutschland. Zwischen Rekonstruktion und Dekonstruktion*. In E. Keller, A. Hirseland, W. Schneider & W. Viehöver (Hrsg.), *Die diskursive Konstruktion von Wirklichkeit. Zum Verhältnis von Wissenssoziologie und Diskursforschung* (S. 23–47). Konstanz: UVK.

Arbeitsgruppe Bielefelder Soziologen (Hrsg.). (1981). *Alltagswissen, Interaktion und Wirklichkeit*. Opladen: Westdeutscher Verlag.

Athanassoulis, N. (2002). The Role of Consent in Sado-masochistic Practices. *Res Publica, 8*(2), 141–155.

Auer, D. (2008). *Die Konflikttheorie der Hegemonietheorie*. In T. Bonacker (Hrsg.), *Sozialwissenschaftliche Konflikttheorien. Eine Einführung* (S. 249–265). Opladen: Leske + Budrich.

Baatz, U. (1993). *Das Spiel ist Ernst, der Ernst ist Spiel*. In U. Baatz & W. Müller-Funk (Hrsg.), *Vom Ernst des Spiels. Über Spiel und Spieltheorie* (S. 5–20). Berlin: Dietrich Reimer Verlag.

Baatz, U. & Müller-Funk, W. (Hrsg.). (1993). *Vom Ernst des Spiels. Über Spiel und Spieltheorie*. Berlin: Dietrich Reimer Verlag.

Barck, K., Gente, P., Paris, H. & Richter, S. (Hrsg.). (1992). *Aisthesis. Wahrnehmung heute oder Perspektiven einer anderen Ästhetik*. Leipzig: Reclam.

Bauman, Z. (1999). *Unbehagen in der Postmoderne*. Hamburg: Hamburger Edition.

Becker, H. S. (1981). *Außenseiter. Zur Soziologie abweichenden Verhaltens*. Frankfurt/M.: Fischer.

Berger, P. & Luckmann, T. (2012). *Die gesellschaftliche Konstruktion der Wirklichkeit*. Frankfurt/M.: Fischer.

Berner, W. (2011). *Perversion*. Gießen: Psychosozial-Verlag.

Blasius, J. (1993). *Gentrification und Lebensstile. Eine empirische Untersuchung*. Wiesbaden: Deutscher Universitäts-Verlag.

Bloch, I. (1907): *Das Sexualleben unserer Zeit in seinen Beziehungen zur modernen Kultur*. Berlin: Louis Marcus.

Blumer, H. (1981). *Der methodologische Standort des Symbolischen Interaktionismus*. In Arbeitsgruppe Bielefelder Soziologen (Hrsg.), *Alltagswissen, Interaktion und Wirklichkeit* (S. 81–146). Opladen: Westdeutscher Verlag.

Bogner, A., Littig, B. & Menz, W. (Hrsg.). (2005). *Das Experteninterview. Theorie, Methode, Anwendung*. Wiesbaden: VS Verlag.

Bohnsack, R., Nentwig-Gesemann, I. & Nohl, A. M. (Hrsg.). (2001). *Die dokumentarische Methode und ihre Forschungspraxis. Grundlagen qualitativer Sozialforschung*. Opladen: Leske + Budrich.

Böhnisch, L. (2010). *Abweichendes Verhalten. Eine pädagogisch-soziologische Einführung*. Weinheim und München: Juventa.

Bonacker, T. (2008). *Sozialwissenschaftliche Konflikttheorien. Eine Einführung*. Wiesbaden: VS Verlag.

Breidenstein, G., Hirschauer, S., Kalthoff, H. & Nieswand, B. (2013). *Ethnografie. Die Praxis der Feldforschung*. Konstanz: UVK.

Clarke, A. E. (2012). *Situationsanalyse. Grounded Theory nach dem Postmodern Turn*. Wiesbaden: Springer VS.

Diekmann, A. (2009). *Empirische Sozialforschung. Grundlagen. Methoden. Anwendungen*. Reinbek bei Hamburg: Rowohlt.

Dollinger, B. & Raithel, J. (2006). *Einführung in Theorien abweichenden Verhaltens*. Weinheim und Basel: Beltz.

Dunde, S. R. (Hrsg.). (1992). *Handbuch Sexualität*. Weinheim: Deutscher Studien Verlag.

Eickelpasch, R. (1999). *Grundwissen Soziologie. Ausgangsfragen, Schlüsselthemen, Herausforderungen*. Stuttgart: Ernst Klett Verlag.

Elias, N. (1976). *Über den Prozeß der Zivilisation. Soziogenetische und psychogenetische Untersuchungen. 2 Bände*. Frankfurt/M.: Suhrkamp.

Ernulf, K. E. & Innala, S. M. (1995). Sexual Bondage: A Review and Unobtrusive Investigation. *Archives of Sexual Behavior, 24*(6), 631–654.

Eskapa, R. D. (1987). *Die bizarre Seite der Sexualität*. Hamburg: Ernst Kabel Verlag.

Ford, C. S. & Beach, F. A. (1951). *Patterns of sexual behavior*. New York (NY): Harper & Brothers.

Foucault, M. (1976). *Überwachen und Strafen. Die Geburt des Gefängnisses*. Frankfurt/M.: Suhrkamp.

Foucault, M. (1977). *Sexualität und Wahrheit. Band 1: Der Wille zum Wissen*. Frankfurt/M.: Suhrkamp.

Foucault, M. (1978). *Dispositive der Macht. Über Sexualität, Wissen und Wahrheit*. Berlin: Merve Verlag.

Foucault, M. (1991). *Die Ordnung des Diskurses*. Frankfurt/M.: Fischer.

Foucault, M. (1992). *Andere Räume*. In K. Barck, P. Gente, H. Paris & S. Richter (Hrsg.), *Aisthesis. Wahrnehmung heute oder Perspektiven einer anderen Ästhetik* (S. 34–46). Leipzig: Reclam.

Foucault, M. (2005). *Die Heterotopien. Der utopische Körper. Zwei Radiovorträge*. Berlin: Suhrkamp.

Fras, D. (2012). Guantánamo – Obamas gebrochenes Versprechen. *Frankfurter Rundschau online*, 10.01.2012. http://www.fr-online.de/politik/10-jahre-militaergefaengnis-guant-namo-guant-namo---obamas-gebrochenes-versprechen,1472596,11417502.html (12.11.2017).

Freikamp, U., Leanza, M., Mende, J. & Müller, S. (Hrsg.). (2008). *Kritik mit Methode? Forschungsmethoden und Gesellschaftskritik. Reihe: Texte der Rosa-Luxemburg-Stiftung, Band 42*. Berlin: Karl Dietz Verlag.

Friedrichs, J. (Hrsg.). (1973). *Teilnehmende Beobachtung abweichenden Verhaltens*. Stuttgart: Ferdinand Enke Verlag.

Fromm, E. (1974). *Anatomie der menschlichen Destruktivität*. Stuttgart: Deutsche Verlags-Anstalt.

Froschauer, U. & Lueger, M. (2005). *ExpertInnengespräche in der interpretativen Organisationsforschung*. In A. Bogner, B. Littig & W. Menz (Hrsg.), *Das Experteninterview. Theorie, Methode, Anwendung* (S. 239–258). Wiesbaden: VS Verlag.

Geest, H. van der (1990). *Verschwiegene und abgelehnte Formen der Sexualität. Eine christliche Sicht*. Zürich: Theologischer Verlag.

Geisen, T. (2003). Grenze und Ambivalenz. In T. Geisen & A. Karcher (Hrsg.), *Grenze: Sozial – Politisch – Kulturell. Ambivalenzen in den Prozessen der Entstehung und Veränderung von Grenzen* (S.99–126). Frankfurt/M.: IKO-Verlag.

Geißler, R. (1996). Kein Abschied von Klasse und Schicht. Ideologische Gefahren der deutschen Sozialstrukturanalyse. *Kölner Zeitschrift für Soziologie und Sozialpsychologie, 48*(2), 319–338.

Glaser, B. G. & Strauss, A. L. (1998). *Grounded Theory. Strategien qualitativer Forschung*. Bern: Verlag Hans Huber.

Girtler, R. (1980). *Vagabunden in der Großstadt. Teilnehmende Beobachtung in der Lebenswelt der »Sandler« Wiens*. Soziologische Gegenwartsfragen, Band 44. Stuttgart: Ferdinand Enke Verlag.

Girtler, R. (1996). *Randkulturen. Theorie der Unanständigkeit. Mit einem Beitrag zur Gaunersprache*. Wien, Köln, Weimar: Böhlau Verlag.

Girtler, R. (2001). *Methoden der Feldforschung*. Wien, Köln, Weimar: Böhlau Verlag.

Girtler, R. (2009). *10 Gebote der Feldforschung*. Münster, Berlin, Wien: LIT Verlag.

Granovetter, M.S. (1973). The Strength of Weak Ties. *American Journal of Sociology, 78*(6), 1360–1380.

Goffman, E. (1973). *Asyle. Über die soziale Situation psychiatrischer Patienten und anderer Insassen*. Frankfurt/M.: Suhrkamp.

Goffman, E. (1977). *Rahmen-Analyse. Ein Versuch über die Organisation von Alltagserfahrungen*. Frankfurt/M.: Suhrkamp.

Grümer, K.-W. (1974). *Techniken der Datensammlung. Band 2: Beobachtung*. Stuttgart: Vieweg und Teubner.

Hark, S. (2013). *Deviante Subjekte. Normalisierung und Subjektformierung*. In M. Corsten & M. Kauppert (Hrsg.), *Der Mensch – nach Rücksprache mit der Soziologie* (S. 219–241). Frankfurt/M. und New York (NY): Campus.

Harring, M., Böhm-Kasper, O., Rohlfs, C. & Palentien, C. (Hrsg.). (2010). *Freundschaften, Cliquen und Jugendkulturen. Peers als Bildungs- und Sozialisationsinstanzen*. Wiesbaden: VS Verlag.

Harviainen, T. (2011). Sadomasochist Role-Playing as Live-Action Role-Playing: A Trait-Descriptive Analysis. *International Journal of Role-Playing, 1*(2), 59–70.

Helfferich, C. (2005). *Die Qualität qualitativer Daten. Manual für die Durchführung qualitativer Interviews*. Wiesbaden: VS Verlag.

Hillebrandt, F. (1997). *Die Disziplinargesellschaft*. In G. Kneer, A. Nassehi & M. Schroer (Hrsg.), *Soziologische Gesellschaftsbegriffe. Konzepte moderner Zeitdiagnosen* (S. 101–126). München: Wilhelm Fink Verlag.

Hillmann, K.-H. (2007). *Wörterbuch der Soziologie*. Stuttgart: Kröner.

Hitzler, R. (1994). *Devotion und Dominanz. Rituelle Konstruktionen in der algophilen Lebens-Welt.* In N. Schröer (Hrsg.), *Interpretative Sozialforschung. Auf dem Wege zu einer hermeneutischen Wissenssoziologie* (S. 151–166). Opladen: Westdeutscher Verlag.

Hitzler, R., Bucher, T. & Niederbacher, A. (2005). *Schwarze Szene.* In dies. (Hrsg.), *Leben in Szenen. Formen jugendlicher Vergemeinschaftung heute* (S. 69–81). Wiesbaden: VS Verlag.

Hitzler, R. & Niederbacher, A. (2010a). *Leben in Szenen. Formen juveniler Vergemeinschaftung heute.* Wiesbaden: VS Verlag.

Hitzler, R. & Niederbacher, A. (2010b). *Forschungsfeld »Szenen« – zum Gegenstand der DoSE.* In M. Harring, O. Böhm-Kasper, C. Rohlfs & C. Palentien (Hrsg.), *Freundschaften, Cliquen und Jugendkulturen. Peers als Bildungs- und Sozialisationsinstanzen* (S. 91–103). Wiesbaden: VS Verlag.

Hoffmann, A. (2010). SM-Lexikon. *Praktiken, Personen, Literatur, Film, Philosophie und vieles mehr.* Königswinter: Passion Publishing.

Hradil, S. (2001). Eine Alternative? Einige Anmerkungen zu Thomas Meyers Aufsatz »Das Konzept der Lebensstile in der Sozialstrukturforschung«. *Soziale Welt, 52*(3), 273–282.

Jäger, S. (2004). *Kritische Diskursanalyse. Eine Einführung.* Münster: Unrast Verlag.

Kaan, H. (1843). *Psychopathia sexualis.* Leipzig: Leopold Voss.

Kammler, C., Parr, R. & Schneider, J. (Hrsg.). (2008). *Foucault-Handbuch. Leben – Werk – Wirkung.* Stuttgart: J. B. Metzler.

Keller, R. (2005). *Wissenssoziologische Diskursanalyse als interpretative Analytik.* In R. Keller, A. Hirseland, W. Schneider & W. Viehöver (Hrsg.), *Die diskursive Konstruktion von Wirklichkeit. Zum Verhältnis von Wissenssoziologie und Diskursforschung* (S. 49–75). Konstanz: UVK.

Keller, R., Hirseland, A., Schneider, W. & Viehöver, W. (Hrsg.). (2005). *Die diskursive Konstruktion von Wirklichkeit. Zum Verhältnis von Wissenssoziologie und Diskursforschung.* Konstanz: UVK.

Keller, R., Hirseland, A., Schneider, W. & Viehöver, W. (Hrsg.). (2006). *Handbuch sozialwissenschaftliche Diskursanalyse. Band 1: Theorien und Methoden.* Wiesbaden: VS Verlag.

Kinsey, A. C., Pomeroy, W. B., Martin, C. E. & Gebhard, P. H. (1953). *Sexual Behavior in the Human Female.* Philadelphia (PA): W. B. Saunders.

Kinsey, A. C., Pomeroy, W. B., Martin, C. E. & Gebhard, P. H. (1954). *Das sexuelle Verhalten der Frau.* Frankfurt/M.: Fischer.

Krafft-Ebing, R. von (1886). *Psychopathia sexualis. Eine klinisch-forensische Studie.* Stuttgart: Ferdinand Enke Verlag.

Kron, T. (2002). Die Unordnung aushalten – *Zygmunt Baumans* Plädoyer für eine postmoderne Moral. In U. Schimank & U. Volkmann (Hrsg.), *Soziologische Gegenwartsdiagnosen I. Eine Bestandsaufnahme* (S. 215–226). Opladen: Leske + Budrich.

Kuckartz, U. (2007). *Einführung in die computergestützte Analyse qualitativer* Daten. Wiesbaden: VS Verlag.

Laumann, E. O., Ellingson, S., Mahay, J., Paik, A. & Youm, Y. (Hrsg.). (2004). *The Sexual Organization of the City.* Chicago (IL): University of Chicago Press.

Lewandowski, S. & Koppetsch, C. (Hrsg.). (2015). *Sexuelle Vielfalt und die UnOrdnung der Geschlechter. Beiträge zur Soziologie der Sexualität.* Bielefeld: transcript.

Lindemann, D. (2011). BDSM as therapy? *Sexualities, 14*(2), 151–172.

Link, J. (2005). *Warum Diskurse nicht von personalen Subjekten »ausgehandelt« werden. Von der Diskurs- zur Interdiskurstheorie.* In R. Keller, A. Hirseland, W. Schneider & W. Viehöver (Hrsg.),

Die diskursive Konstruktion von Wirklichkeit. Zum Verhältnis von Wissenssoziologie und Diskursforschung (S. 77–99). Konstanz: UVK.

Link, J. (2006). *Versuch über den Normalismus. Wie Normalität produziert wird*. Göttingen: Vandenhoeck & Ruprecht.

Link, J. (2013). *Normale Krisen? Normalismus und die Krise der Gegenwart*. Konstanz: University Press.

Löw, M. (2008). *Sexualität*. In N. Baur, H. Korte, M. Löw & M. Schroer (Hrsg.), *Handbuch Soziologie* (S. 431–443). Wiesbaden: VS Verlag.

Malinowski, B. (1973). *Magie, Wissenschaft und Religion. Und andere Schriften*. Frankfurt/M.: Fischer.

Malinowski, B. (1979). *Argonauten des westlichen Pazifik. Ein Bericht über Unternehmungen und Abenteuer der Eingeborenen in den Inselwelten von Melanesisch-Neuguinea*. Frankfurt/M.: Syndikat Verlag.

Mannheim, K. (1980). *Strukturen des Denkens*. Frankfurt/M.: Suhrkamp.

Marcuse, H. (1973). *Triebstruktur und Gesellschaft. Ein philosophischer Beitrag zu Sigmund Freud*. Frankfurt/M.: Suhrkamp.

Mayring, P. (2002). *Einführung in die qualitative Sozialforschung*. Weinheim und Basel: Beltz.

Mead, G. H. (1934). *Mind, Self and Society. From the Standpoint of a Social Behaviorist*. Chicago (IL): University of Chicago Press.

Merton, R. K. (1949). *Social theory and social structure*. New York (NY): The Free Press.

Merton, R. K. (1995). *Soziologische Theorie und soziale Struktur*. Berlin: Walter de Gruyter.

Meyer, T. (2001). Das Konzept der Lebensstile in der Sozialstrukturforschung – eine kritische Bilanz. *Soziale Welt, 52*(3), 255–271.

Moebius, S. (2009). Kultursoziologie heute. Entwicklungen und Herausforderungen. *Sozialwissenschaften und Berufspraxis, 32(1), 5–14*. http://www.stephanmoebius.de/ArtikelSuBKultursoziologie%20heute.pdf (12.11.2017).

Münch, R. (2007). *Soziologische Theorie. Band 2: Handlungstheorie*. Frankfurt/M.: Campus.

Ostermeyer, H. (1975). *Die bestrafte Gesellschaft. Ursachen und Folgen eines falschen Rechts*. München und Wien: Carl Hanser Verlag.

Parsons, T. (1976). *Das System moderner Gesellschaften*. München: Juventa.

Passig, K. & Strübel, I. (2009). *Die Wahl der Qual. Handbuch für Sadomasochisten und solche, die es werden wollen*. Reinbek bei Hamburg: Rowohlt.

Pfadenhauer, M. (2002). *Auf gleicher Augenhöhe reden. Das Experteninterview – ein Gespräch zwischen Experte und Quasi-Experte*. In A. Bogner, B. Littig & W. Menz (Hrsg.), *Das Experteninterview. Theorie, Methode, Anwendung* (S. 113–130). Wiesbaden: VS Verlag.

Reik, T. (1977). *Aus Leiden Freuden. Masochismus und Gesellschaft*. Hamburg: Hoffmann und Campe.

Ruoff, M. (2007). *Foucault-Lexikon*. Paderborn: Wilhelm Fink Verlag.

Schelsky, H. (1955). *Soziologie der Sexualität*. Reinbek bei Hamburg: Rowohlt.

Schmidt, G. & Sigusch, V. (1967). *Zur Frage des Vorurteils gegenüber sexuell devianten Gruppen*. Stuttgart: Ferdinand Enke Verlag.

Schütz, A. & Parsons, T. (1977). *Zur Theorie sozialen Handelns. Ein Briefwechsel*. Frankfurt/M.: Suhrkamp.

Schuster, N. (2010). *Andere Räume. Soziale Praktiken der Raumproduktion von Drag Kings und Transgender*. Bielefeld: transcript.

Schwarz, C., Röthling, F. & Plaschg, W. (2008). Aber bitte mit Schlag! Zur Legitimation von Lust, Macht und Gewalt in der SM-Szene. *SWS-Rundschau, 48*(3), 264–284.

Schwendter, R. (1993). *Theorie der Subkultur*. Hamburg: Europäische Verlagsanstalt.

Sigusch, V. (2005). *Neosexualitäten. Über den kulturellen Wandel von Liebe und Perversion*. Frankfurt/M.: Campus.

Simmel, G. (1983). *Exkurs über den Fremden*. In ders., *Soziologie. Untersuchungen über die Formen der Vergesellschaftung* (S. 509–512). Berlin: Duncker & Humblot.

Simon, W. (1996). *Postmodern Sexualities*. New York (NY): Routledge.

Simon, W. & Gagnon, J.H. (1970). *Sexuelle Außenseiter. Kollektive Formen sexueller Abweichungen*. Reinbek bei Hamburg: Rowohlt.

Singelnstein, T. & Stolle, P. (2008). *Die Sicherheitsgesellschaft. Soziale Kontrolle im 21. Jahrhundert*. Wiesbaden: VS Verlag.

Sodermanns, T. (2010). *Die BDSM-Bibel. Leben rund um Sadomasochismus, Dominanz und Submission*. Norderstedt: Books on Demand.

Spengler, A. (1977). Manifest Sadomasochism of Males: Results of an Empirical Study. *Archives of Sexual Behavior, 6*(6), 411–456.

Staubmann, H. (1995). *Die Kommunikation von Gefühlen. Ein Beitrag zur Soziologie der Ästhetik auf der Grundlage von Talcott Parsons' Allgemeiner Theorie des Handelns. Soziologische Schriften. Band 61*. Berlin: Duncker & Humblot.

Strauss, A.L. & Corbin, J. (1996). *Grounded Theory. Grundlagen qualitativer Sozialforschung*. Weinheim: Psychologie Verlags Union.

Strübing, J. (2013). *Qualitative Sozialforschung. Eine komprimierte Einführung für Studierende*. München: Oldenbourg Verlag.

Thomas, W.I. (1923). *The unadjusted girl. With Cases and Standpoint for Behavior Analysis*. Boston (MA): Little, Brown and Company.

Ullerstam, L. (1965). *Die sexuellen Minderheiten*. Hamburg: Kala Verlag.

Ulrich, P. (2008). *Diskursanalyse, Diskursforschung, Diskurstheorie. Ein- und Überblick*. In U. Freikamp, M. Leanza, J. Mende & S. Müller (Hrsg.), *Kritik mit Methode? Forschungsmethoden und Gesellschaftskritik*. Reihe: Texte der Rosa-Luxemburg-Stiftung. Band 42 (S. 19–31). Berlin: Karl Dietz Verlag.

Venn, M. (2015). *Zur Pluralisierung des Swinging in der eventisierten Lebenswelt der Swingerpaare*. In S. Lewandowski & C Koppetsch (Hrsg.), *Sexuelle Vielfalt und die UnOrdnung der Geschlechter. Beiträge zur Soziologie der Sexualität* (S. 249–274). Bielefeld: transcript.

Wagner, E. (2014). *Grenzbewusster Sadomasochismus. SM-Sexualität zwischen Normbruch und Normbestätigung*. Bielefeld: transcript.

Weber, M. (1972). *Wirtschaft und Gesellschaft*. Tübingen: Mohr Siebeck.

Weinberg, T.S. & Kamel, G.W.L. (1983). *S & M: An Introduction to the Study of Sadomasochism*. In T.S. Weinberg (Hrsg.), *S & M – Studies in Dominance and Submission* (S. 15–24). New York (NY): Prometheus Books.

Weiss, M. (2009). Rumsfeld! Consensual BDSM and Sadomasochistic Torture at Abu Ghraib. In E. Lewin & W.L. Leap (Hrsg.), *Out in Public. Reinventing Lesbian/Gay Anthropology in a Globalizing World* (S.180–201). Malden (MA): Blackwell Publishing.

Wetzstein, T.A., Steinmetz, L., Reis, C. & Eckert, R. (1993). *Sadomasochismus. Szenen und Rituale*. Reinbek bei Hamburg: Rowohlt.

Wilson, G. D. (Hrsg.). (1987). *Variant Sexuality. Research and theory*. Kent (UK): Croom Helm Ltd.

Witzel, A. (1985). *Das problemzentrierte Interview*. In G. Jüttemann (Hrsg.), *Qualitative Forschung in der Psychologie. Grundfragen, Verfahrensweisen, Anwendungsfelder* (S. 227–255). Weinheim und Basel: Beltz. http://www.ssoar.info/ssoar/bitstream/handle/document/563 (12.11.2017).

Witzel, A. (2000). Das problemzentrierte Interview. *Forum Qualitative Sozialforschung, 1*(1), Art. 22. http://www.qualitative-research.net/index.php/fqs/article/view/1132/2519 (12.11.2017).

Glossar

Ampelcode
Grundlagenregel bei der Ausübung von BDSM-Praktiken. Grün = alles gut, gelb = bitte nicht mehr, rot = sofortiger Abbruch.

BDSM
Akronym aus Bondage & Discipline, Domination & Submission, Sadism & Masochism.

B & D
Abkürzung für Bondage & Discipline.

CBT
Abkürzung für Cock-Ball-Torture. Die Folterung des männlichen Genitalbereichs (z. B. durch Schläge).

CFNM
Abkürzung für Clothed Female, Naked Male. Ein Event, an dem aktive Frauen und passive Männer teilnehmen können.

Chaps
(Leder-)Hosen, die an Gesäß und Geschlechtsteil ausgeschnitten sind. Sie können über anderen Hosen (z. B. Jeans) oder direkt getragen werden.

CMNF
Abkürzung für Clothed Male, Naked Female. Das Gegenteil von CFNM, also ein Event, an dem aktive Männer und passive Frauen teilnehmen können.

Cutting
Das Zufügen von Schnittwunden. Wird im sadomasochistischen Kontext weniger als Praktik eingesetzt, um Schmerzen zuzufügen. Es geht seitens der passiven Partner*innen eher darum, die aktiven Partner*innen *unter der Haut* spüren zu können.

DEBRIS
Domination Enhanced Beyond Rule Induced Superiority ist die extremste Form von Dominanz und Unterwerfung, d.h. das Dominieren der passiven Person über die geregelte Überlegenheit (meist über SSC) hinaus, und kann als erweiterte Kontrollregel im BDSM angesehen werden. Die passive Person hat dabei nicht das Recht, Sessions von sich aus durch ein Safeword abzubrechen, sie kann aber jederzeit die Beziehung – dann aber im vollen Umfang – beenden.

Dresscode
Die Kleiderordnung für Events innerhalb der BDSM-Szene.

D/S
Abkürzung für Dominance & Submission.

Einlauf
Auch Klistier genannt. Gängige Praktik aber auch Hygienemaßnahme zur Vorbereitung auf Spiele mit dem Analbereich. Ziel ist die (vollständige) Darmentleerung und auch Darmreinigung.

Fisting
Penetration von Anus oder Vagina mit der Faust. Die Penetration kann dabei bis hin zum Unterarm reichen.

Flagellation
Alle Arten und Techniken des Auspeitschens.

Gang-Bang
Gang-Bang ist eine Art Gruppensex, bei dem eine oder wenige passive Personen von mehreren aktiven Personen penetriert werden.

Kinky vanilla

Als kinky vanilla werden sexuelle und non-sexuelle Praktiken bezeichnet, die zwar BDSM-Elemente aufweisen, die aber außerhalb des BDSM-Kontextes von sogenannten StiNos (Abk. für stinknormal) – also Nicht-BDSM-Praktizierenden – realisiert werden.

Klinik

Medizinische Maßnahmen wie Katheterisierungen, Einführen von Kanülen, Spritzen etc. Klinik-Praktiken bedürfen höchster Sterilität und Fachkenntnis. Zum Klinik-Sex gehören oft Arzt/Ärztinnen-Patient*innen- oder Arzt/Ärztinnen-Pfleger*innen-Inszenierungen.

KV

Abkürzung für Kaviar, Kot: Spiele mit Exkrementen.

LARP

Abkürzung für Live-action-role-play.

Lederszene

Personen, die eine fetischistische Vorliebe für Lederkleidung und Ledermaterialien haben.

LLL

Abkürzung für Lack, Leder, Latex.

Nadelspiele

BDSM-Praktiken, bei denen Nadeln zur Stimulation sowohl an den Geschlechtsteilen als auch an anderen Körperstellen angebracht oder eingeführt werden. Häufig werden damit auch Vorhaut, Brustwarzen oder Schamlippen durchbohrt. Die Praktik sollte *sicher* erlernt sein. Sie wird daher oft in Form von Workshops angeboten.

NS

Abkürzung für Natursekt: Spiele mit Urin.

RACK

Risk Aware Consensual Kink ist eine erweiterte Kontrollform im BDSM. Bei RACK wird die Komponente der *Sicherheit* der SSC-Regel infrage gestellt, da es bei bewusst zugefügten Verletzungen immer ein unvermeidbares Risiko gibt. Bei RACK wird das Bewusstsein für dieses Risiko betont.

Safeword

Vor der Session abgemachtes Stoppwort, das bei Benutzung zum Abbruch des Spiels führt.

Sklave

Unterworfene Person, die (absoluten) Gehorsam gegenüber ihrer dominierenden Person zeigt oder zeigen möchte.

Sklavenversteigerung

Auch Sklavenauktion genannt. Inszenierung oder kurzzeitiges, kollektives *Roleplay*, bei dem submissive, devote Personen an dominante Personen (meist gegen Spielgeld) für einen bestimmten Zeitraum *verkauft* werden. Die Sklavenversteigerung dient oft einem ersten Kennenlernen der sich noch unbekannten Spieler*innen.

Sklavenvertrag

Der Sklavenvertrag stellt die formell festgehaltene Einwilligung einer passiven Person dar, sich ihrer dominierenden Person kurz- oder auch langfristig zu unterwerfen. Er enthält meist getroffene Regeln und Verpflichtungen sowie die jeweiligen Tabus und Vorlieben und kann von beiden Vertragspartner*innen jederzeit gekündigt werden, was oft das komplette Ende dieser Beziehung darstellt. Er ist vor Gericht aufgrund des Verstoßes gegen die Sittenwidrigkeit (vgl. §228 StGB) nicht haltbar.

Sklavenzentrale (SZ)

Mit über 170.000 registrierten Nutzern ist die SZ das größte und bekannteste Internet-Forum und -Portal für BDSM.

SM

Abkürzung für Sadomasochismus (Sadism & Masochism).

Spank-Party

Event speziell für Personen, die alle möglichen Formen von Schlag- und Flagellationstechniken ausüben.

SSC
Safe, sane and consensual kann als gängiger Regel-Konsens oder auch als Grundlagenregel innerhalb von BDSM (im halb-öffentlichen sowie im privaten Raum) verstanden werden. Es liegt im Interesse der Spielenden, BDSM-Praktiken sicher, einvernehmlich und im vollen Bewusstsein auszuführen.

StiNo
Abkürzung für *stinknormal*, soll BDSM-Praktizierende von Nicht-Praktizierenden unterscheiden, ohne das eine oder das andere als *normal* bzw. *nicht-normal* einzuordnen. Oft wird auch der Begriff *vanilla* oder *kinky vanilla* benutzt.

Strapon
Auch Strap-On genannt. Umschnall-Dildo, der vor allem von Frauen benutzt wird, um andere Personen – vaginal, anal, oral – zu penetrieren.

Swinger
Menschen, die häufig wechselnde Geschlechtspartner*innen haben. Geschlechtsverkehr kann dabei in Anwesenheit Dritter entweder allein, zu zweit, zu dritt oder zu vielt praktiziert werden. Oft wird diese sexuelle Praktik mit der *Orgie* verglichen.

Switchen
Auch Dual genannt. Das Ausleben sowohl der aktiven als auch der passiven Rolle. Manchmal wechselt die Rolle innerhalb einer Session, oft wechselt die Rolle in Abhängigkeit zum jeweiligen Gegenüber.

SZ
Abkürzung für Sklavenzentrale. Mit über 170.000 registrierten Nutzern ist sie das größte und bekannteste Internet-Forum und -Portal für BDSM.

Toilettensklave
Person, die auf Veranstaltungen die Ausscheidungen anderer Personen isst oder trinkt, oder sich dafür zur Verfügung stellt.

TS
Abkürzung für Transsexualität (das Gefühl der Zugehörigkeit zum anderen Geschlecht, häufig verbunden mit dem Anstreben einer Geschlechtsangleichung) oder Transsexuelle.

TV
Abkürzung für Transvestismus (das Bedürfnis, z. B. mittels Kleidung, Schminke oder Gestik die Rolle des anderen Geschlechts anzunehmen) oder Transvestit*innen.

Vanilla
Bezeichnung für Personen oder für sexuelle und non-sexuelle Praktiken, die keinerlei BDSM-Elemente beinhalten.

24/7-Beziehung
Beziehungsform zwischen aktiver und passiver Person. Die hier eingenommenen Rollen werden weit über die Zeit einer Session hinaus praktiziert und – wenn möglich – in den Alltag integriert. Diese Beziehungsform ist (theoretisch) als andauernd, also 24 Stunden am Tag und sieben Tage die Woche zu verstehen.

Julia Sparmann

Lustvoll körperwärts

Körperorientierte Methoden für die Sexuelle Bildung von Frauen

2018 · 161 Seiten · Broschur
ISBN 978-3-8379-2736-8

Julia Sparmann liefert mit diesem Praxisbuch eine umfangreiche Zusammenstellung körperorientierter Methoden, die bisher nicht für die Sexuelle Bildung zur Verfügung standen. Die Sammlung speist sich aus Konzepten und Erfahrungen aus dem klinisch-sexologischen Ansatz Sexocorporel, aus Körperpsychotherapien, Achtsamkeitstraining, Tantra und der Kreativpädagogik. Die aufbereiteten Übungen sind für die Sexuelle Bildung von Frauen jeden Alters konzipiert, aber auch auf Einzelprozesse in der Sexualberatung und Psychotherapie übertragbar.

Die von Julia Sparmann vorgestellten innovativen Formate und Methoden für die sexuelle Erwachsenenbildung bieten sinnlich-erfahrbare Impulse für individuelle sexuelle Lernprozesse, Entdeckungen und Erkenntnisse. Damit richtet sich dieses Buch nicht nur an Lehrende und PraktikerInnen aus der sozialen Arbeit sowie der Angewandten Sexualwissenschaft und -pädagogik, sondern auch an PsychologInnen, PsychotherapeutInnen und FrauenärztInnen mit Interesse an psychosomatischer Arbeit.